高等院校"十二五"旅游管理类课程系列规划教材

会展策划理论与实务

Theory and Practice of Exhibition Planning

吴志才 编著

经济管理出版社
ECONOMY & MANAGEMENT PUBLISHING HOUSE

图书在版编目（CIP）数据

会展策划理论与实务/吴志才编著. —北京：经济管理出版社，2016.1
ISBN 978-7-5096-3942-9

Ⅰ.①会… Ⅱ.①吴… Ⅲ.①展览会—策划 Ⅳ.①G245

中国版本图书馆 CIP 数据核字（2022.12 重印）第 203935 号

组稿编辑：王光艳
责任编辑：许　兵
责任印制：司东翔
责任校对：王　淼

出版发行：经济管理出版社
　　　　　（北京市海淀区北蜂窝 8 号中雅大厦 A 座 11 层　　100038）
网　　　址：www. E-mp. com. cn
电　　　话：(010) 51915602
印　　　刷：北京市海淀区唐家岭福利印刷厂
经　　　销：新华书店
开　　　本：720mm×1000mm/16
印　　　张：21.25
字　　　数：410 千字
版　　　次：2016 年 5 月第 1 版　　2022 年 12 月第 4 次印刷
书　　　号：ISBN 978-7-5096-3942-9
定　　　价：58.00 元

前　言

　　本书是作者根据讲授会展策划课程的教学实践经验独立完成的第一部会展教材，主要针对会展专业及其相关专业的教学需要，同时兼顾会展从业人员的培训需求，是一门理论与实践紧密结合的教材。

　　与同类教材相比，本书有如下四个特点：

　　第一，集中研究，讲授"商业性展览"。与以往出版的类似教材相比，绝大多数教材将不同类型的会展策划混为一谈，无法准确反映会展策划工作的实际，本书研究范围高度集中，着重讲述"商业性展览"的策划。

　　第二，追求创新，构建策划思想体系。本书创新性地总结了会展策划思想体系，包括"需求多样化"、"项目无限化"、"市场共享化"、"利益一体化"、"产业无边界"及"跳出系统外"，从市场、产业、平台、社会、经济等方面，从微观到宏观层面讲述会展策划思想，并贯穿于会展策划工作的全过程。

　　第三，引用案例，突出教材的实用性。本书注重理论与实践的联系，将理论渗透于实务中，作者结合多年来的教学积累和课题实践，采用大小案例结合的方式，提高了教材对实践操作的指导价值。

　　第四，把握趋势，引领会展的前瞻性。会展策划需要从大战略、大平台、大视角把握会展业大趋势，通过国际化、产业化、"互联网+"、人文化的大思维考虑会展业发展，使会展走在行业潮流前沿，为读者提供一个前瞻性的学科视角。

　　本书内容包括三大部分共十二章。理论思想部分：第1~2章的内容。主要对会展策划理论与思想进行概述，明确研究对象，讲述会展策划相关学科基础，重点介绍会展策划的思想方法。总体策划部分：第3~6章的内容。主要梳理会展策划技术路线与流程，介绍会展发展条件分析方法，分析会展主题的选择与确定，阐述会展策划基本内容框架体系的构建。专题策划部分：第7~12章的内容。重点从会展品牌策划、招展招商和活动策划、会展营销策划、会展现场服务和应急管理、会展客户关系管理、会展评估和展后服务等方面进行展开。

本书在编写过程中参考了许多专家的成果，虽已尽量在参考文献中详尽列出，如有遗漏，深表歉意。由于作者水平有限，书中肯定有不少值得商榷的地方，欢迎学术界及业界朋友不吝赐教，作者以最大的诚意接受来自各方面的批评和建议，力争通过不断的修订，将本教材打造成精品。

吴志才

目 录

第一章　会展策划概述

会展策划是一门综合性、实践性很强的学科，需要多学科交叉的理论与实践知识紧密结合。

在具体介绍会展策划思想与理念前，本章首先对会展、策划以及会展策划三个基本概念进行阐述，并对本书的研究对象进行界定，最后对会展策划相关学科，如产业经济学、市场营销学及管理学等学科的研究情况进行简要分析（见图1-1）。为读者深入学习会展策划思想与实务提供理论基础。

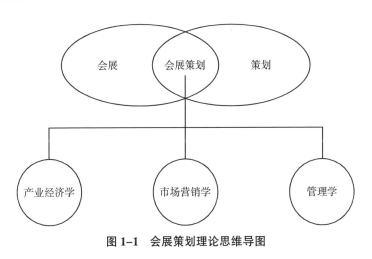

图1-1　会展策划理论思维导图

第一节　概念体系

一、会展

会展业作为新兴产业，在我国发展历史较短，仍处于起步探索阶段，关于会展问题的理论研究更是落后于实践。目前我国对会展业的研究主要集中于行业现状、问题及对策等方面的定性分析，缺乏深层次的定性与定量相结合的理论研究。对于会展的定义，目前学术界尚未形成统一的观点。

从狭义角度，可将会展定义为会议与展览，即"会议展览"（Convention and Exhibition，CE）或"会议展览"（Meeting and Exhibition，ME）。

随着会展行业实践的进一步发展，会展内涵更加丰富，外延更加广泛，会展被定义为"MICE"——即企业会议（Meeting）、奖励旅游（Incentive）、大会（Convention）以及展览（Exhibition）。而节事活动在会展业中的重要地位日益凸显，亦丰富了会展的定义，学者们在"MICE"基础上加上了节事活动（Event），演变为"MICEE"。刘大可（2004）将会展的内涵定义为：①展览；②大型活动；③会议；④节庆活动；⑤其他特殊活动五个层面。过聚荣（2006）亦指出，狭义的会展是会议及展览等集体性活动的简称，广义的会展包括大型会议、博览会、展览展销活动、体育竞技运动、集体性质的交易活动以及节日、纪念日庆典。戴光全（2006）运用现代市场营销学的整体产品概念（Total Product Concept，TPC）对会展产品的本质进行了阐述，指出会展产品包括核心产品层、实体产品层和附加产品层。附加产品层往往是一个会展品牌的特色和卖点（Unique Selling Point，USP）所在，是会展品牌特色的基本体现（见图 1-2）。

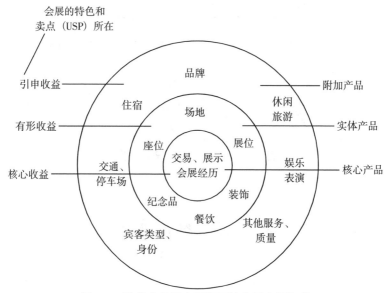

图 1-2　整体产品概念框架下的会展产品构成

本书认为，会展是指从社会供给与需求两方面出发，在特定的时间内依托一定的空间载体，对有形或无形的物品进行直观展示，从而实现价值传递和信息交流目的的社会性活动。

二、策划

策划，最早用于军事和社会领域，以后在商业、文化领域也广为应用。辛弃疾曾在《义练民兵准疏》中说"事不前定不可以应猝，兵不预谋不可以制胜"，道破了策划的重要性。

随着社会各个领域的竞争愈发激烈，只有善于策划，并有效实施策划方案的人，才有可能在市场竞争中立于不败之地。不同行业的策划工作都迫切需要策划理论作为行动的基础，为此，部分学者开始尝试从理论的高度梳理策划理论系统。

在策划理论体系具体发展过程中，策划学科体系发展为普通策划学和策划科学有待创建的分支学科这两个生长极。普通策划学主要研究各行业策划活动的一般性或普遍性规律，是策划科学的基础，而策划科学的各个分支学科则是普通策划学向社会实践活动领域和相关学科领域的延伸（见图 1-3）。

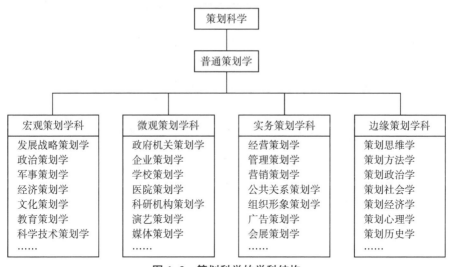

图 1-3　策划科学的学科结构

总之，策划，即谋划，是为实现某一特定活动目标，根据已获取的信息及相关背景，对事物发展方向进行判断，并设计、谋划、选择合理可行的行动方案的思维活动过程。

三、会展策划

会展活动的本质是通过营造一种现场体验以达到展会参与者沟通交流的目

的。目前学术界关于会展策划的研究仍停留在对实践操作中的具体问题进行阐述与讨论的阶段，关于会展策划的系统性理论研究还十分欠缺。

黄慧（2010）从传播学的角度，认为会展策划是对会展传播进行谋划并付诸实施的过程。刘雅祺（2008）指出，真正的会展策划包括宏观上的会展活动设计，中观上的会展活动宣传和微观上的展品展示创意。倪亚磊（2013）提出将"MERIT五核分析方法"运用于展会项目的可行性分析，以市场（Market）、经济效益（Economy Benefit）、项目的资源条件（Resources）、创新性（Innovation）以及发展趋势（Tendency）来指导展会项目组织者制定科学合理的办展策略。刘嘉龙（2011）构建了会展活动策划整合理论模型（ICSI），主要包括点子策划（Idea）、创意策划（Creativity）、系统策划（System）、整合策划（Integrate）四个方面。"点子策划"是对策划理念的抽象性概括；"创意策划"则将点子图像化、形象化；"系统策划"将"创意策划"具象化，以文案的形式展现；最后"整合策划"将前者进行复合化整合，并进行方案选优、科学决策及组织实施（见图1-4）。

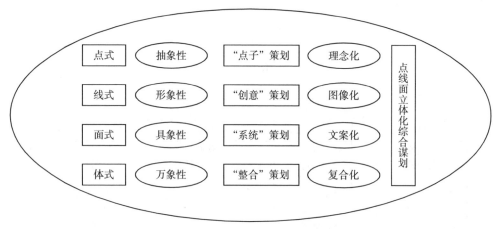

图1-4　会展活动策划整合理论模型

总之，会展策划就是对会展项目开发思路和发展战略的综合性谋划，其目的在于厘清思路，优化方案，避免或减少投资失误，保证项目在市场竞争中出奇制胜、稳妥制胜，并获得持续发展的能力。

第二节　研究对象

道耐欧德·盖特兹（Donald Getz，2008）根据事先经过策划的事件目的和内容的不同，将会展策划分为八类：文化庆典、政治及政府事件、艺术及娱乐事件、商业贸易事件、教育与科学事件、体育竞赛、休闲事件以及私人事件，其中商业贸易事件包括会议及年会、消费性展览、交易会及市场营销活动等。

本书所研究的对象，主要是会展行业当中的商业性展览，即以获取一定的经济效益并兼顾实现社会效益为目的的展览活动。文中提到的会展、展会、展览等词汇都指"商业性展览"。

根据展览性质的不同，主要分为贸易型展览、消费型展览以及综合型展览三种。贸易型展览主要以交流信息、洽谈贸易为目的，面向产业内部；消费型展览则以直接商品销售为目的，主要面向公众举办。

在展览内容上，商业型展览主要划分为综合型展览和专业型展览两类。综合型展览的展示内容囊括全行业或多个行业，如工业展；而专业型展览则主要针对某一特定行业或某一产品举行，如 LED 展、钟表展等。随着行业分工的专业化、精细化，专业型展览越来越受到行业的青睐，并逐渐成为商业展览的主流（见表 1-1）。

为方便研究和阐述，本书将博览会、展览会、交易会、展销会等不同性质的会展活动统称为"展会"、"展览会"。

表 1-1　展览的常见分类

分类标准	类　型	说　明
按性质划分	贸易性质的展览	主要目的是交流信息、洽谈贸易
	消费性质的展览	主要目的是直接销售
	综合性展览	具有贸易和消费两种性质
按内容划分	综合展览	包括全行业或数个行业的展览会，也被称作横向型展览会，比如工业展、轻工业展
	专业展览	展示某一行业甚至某一项产品的展览会，比如钟表展
按规模划分	国际、国家、地区、地方展	这里的规模是指展出者和参观者所代表的区域规模，而不是展览场地的规模
	单个公司的独家展	
按时间划分	定期展览	一年四次、一年两次、两年一次等
	不定期展览	视展期分为长期和短期

资料来源：过聚荣.会展导论［M］.上海：上海交通大学出版社，2006.

第三节 学科基础

一、产业经济学

会展活动作为重要的社会经济活动之一，是产业经济的重要组成部分。本书在研究会展策划时，也始终站在产业发展的角度，将会展活动放在具体的行业当中研究，并对"小会展"行业与"大会展"产业之间的联系和互动进行深入的阐述。因此，在本书开始学习时，我们需要对产业的相关理论进行初步的了解。

1. 产业与产业经济

从广义上理解，产业是企业生产与消费者消费所构成的一个系统（Porter M. E.，1980）。狭义上则从企业或生产的角度，认为产业是介于宏观经济与微观经济之间，具有某一相同属性的企业的集合（杨治，1985；苏东水，2000）。

对于产业经济研究，国内外主要形成两大理论流派："窄派"主要以产业组织理论为核心，将产业组织理论等同于产业经济学；"宽派"则认为除产业组织理论外，应将产业政策与产业发展、产业布局和产业结构、产业关系理论等涵盖在内（赵秀丽等，2011）。产业结构理论主要研究产业之间的相互关系及其演化的规律性；产业关联理论主要从技术经济的角度，描述产业之间的关联性。

2. 会展产业的界定

目前学术界对会展产业的研究主要从产业链的角度进行分析。徐坡（2012）将会展产业链定义为一种以场馆为物质基础、以区域内产业为依托、以展览活动为契机，将展会组展方及相关利益方连接起来而形成人流、物流、资金流、技术流，从而实现资源及市场信息共享的经济联系。会展产业链一般分为上游、中游及下游三个环节。上游主要指从事会展活动开发及策划的企业或部门；中游指为展会活动提供场地、配套设施及服务的组织；下游指为展会活动顺利举办提供服务的部门。余向平等（2008）从会展产业上游、中游、下游三个环节研究其延伸效应。仇其能（2006）从产业链理论出发，剖析会展产业链的结构及效应，从而构建合理、高效的会展产业链运作模式。

根据产业关联理论，会展产业关联包括前向关联、后向关联和旁侧关联。前向关联指会展产业与那些为展会活动提供服务的行业之间的联系程度；后向关联指会展产业与诸如广告、设计咨询等吸收会展产业服务的行业之间的联系程度；旁侧关联是指会展产业与诸如住宿、交通、餐饮、旅游等自身相互促进、相得益彰、共同发展的产业之间的联系程度。董姗姗（2005）将会展行业对相关行业产生的三种效应归纳为拉动效应、扩散效应和旁侧效应（见图1-5）。

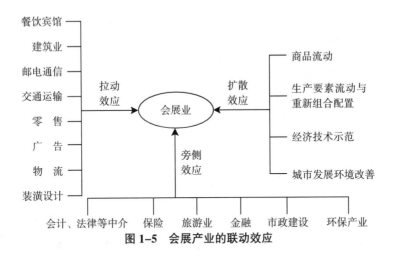

图 1-5　会展产业的联动效应

王春雷、诸大建（2006）从城市的角度，构建会展产业发展系统——由会展需求牵动、会展供给推动、中介机构引导和相关发展条件辅助的互动系统（见图1-6），同时指出城市会展产业发展系统的主要构成要素（见表1-2）。

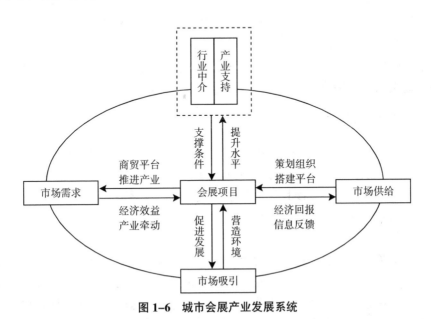

图 1-6　城市会展产业发展系统

表 1-2　城市会展产业发展系统

子系统	代表性要素
市场需求系统	经济和贸易发展、参展企业、中间商等
市场供给系统	会展活动策划和组织企业（如组展方）、展览物流、媒体、展示设计与搭建企业、餐饮住宿企业、会展场馆及物业管理企业、休闲娱乐企业
市场吸引系统	办展地经济、政治与文化、信息与科技、旅游资源、区域形象等
产业支持系统	硬件（如城市交通网络、餐饮住宿等服务设施、会展场馆等专业设施）、软件（公共服务水平、政策法规、人力资源状况）
行业中介系统	行业协会、专业代理机构等

3. 会展产业的本质

在知识经济的大背景下，以智力、品牌价值、网络等无形要素驱动的产业，呈现出边界趋于无穷的显著特征，预示着将有一大批企业进入"无边界时代"。王慧敏（2007）将无边界产业的特征归纳为：①与相关产业融合，并不断衍生出新产业。②软要素是核心竞争力。③产业边界的动态变化。王静（2013）从会展产品的角度研究，认为"会展产业的本质是无边界产业"，提出以创意为起点，以产业链、产业集群、产业融合模式为手段，实现产业共生的会展产业发展模式。会展作为一个交流、交易平台，综合了不同类型与功能的产品，会展行业的自身属性决定了它无法与其他相关产业完全分离。

会展产业无边界的本质，也是会展业社会经济效益不可估量的重要原因。会展策划人员对于会展产业无边界理念的深入理解，有助于在策划实操过程中，更加灵活地处理好会展行业核心圈层与其他相关支撑产业之间的关系，为展会的顺利举办提供动力与保障。

二、市场营销学

"酒香不怕巷子深"的年代早已过时，在会展行业竞争愈发激烈的今天，如何有效营销会展产品、塑造展会品牌形象已成为影响展会可持续发展的重要因素。因此会展策划人员应该具备营销思维，利用各种营销方法与手段，将会展之"香"带出巷子，传播给目标客户。

1. 市场营销发展趋势

随着市场环境的复杂化和消费者的个性化需求的发展，目前国内外营销学的关注重点亦发生关键性转变。首先，营销学的概念外延正不断扩展，经历了生产观念、产品观念、推销观念、营销观念、社会营销观念的一步步发展，再到全面营销观念的演化。菲利普·科特勒（Philipkotlor）阐述了全方位营销观念的概念，它是以开发、设计和实施营销计划、过程及活动为基础的，涉及关系营销、整合营销、内部营销及绩效营销四个维度的营销观念（见图1-7）。全方位营销观念认为市场营销中的所有细节都至关重要，需要从广义的视角、基于整合的观点看待市场营销。

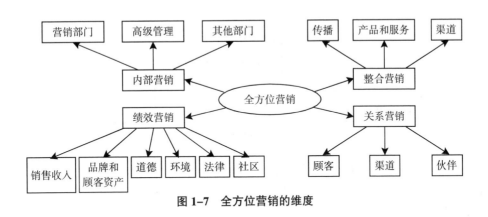

图 1-7　全方位营销的维度

其次，营销目的从以交易为导向转变为以关系与合作的建立为导向。美国营销协会重新将营销定义为："一项包括价值创造和价值传递，并维系企业与顾客之间的关系，从而使企业及利益相关者获得收益的有组织的活动。"可见目前营销活动的重要目标是价值的创造与传递，并在关键的利益相关者之间建立起高效的关系网络。随着营销策略的发展，企业需要在向最终顾客交付价值的过程中，与顾客建立长久关系，将主要供应商、分销商作为自己的合作伙伴，使关系网络中的每个参与者都有所受益，这样才能使企业在竞争中立于不败之地。

再次，营销关注的对象逐渐从产品转向消费者，再转向与顾客共同创造价值。服务营销、定制营销、口碑营销等策略都体现出顾客的地位已上升至一个前所未有的位置，企业的关注点也从产品发展转变为顾客的终身价值。顾客不再是产品与服务的单纯接受者，而是价值的创造者，营销管理走向与顾客共创价值的时代。

最后，在数字化时代下，营销的战略及模式亦在发生深刻的变革。它改变了传统渠道的单向传递，实现了利益相关方的多重交流、互动。大数据时代的到来使市场信息获取途径发生巨大变化，更促使营销工作向科学化、定量化发展。通过大数据的应用，以消费者为中心的营销时代正在向我们走来，大数据为精准的、个性化的商品推介提供了可持续发展的沃土。

2. 节事营销相关研究

国外对于节事及节事营销的研究较早，小伦纳德·霍伊尔（Leonard Hoyle, Jr）在《会展与节事营销》一书中提出节事营销的"5P"要素，即产品（Product）、价格（Price）、地点（Place）、公共关系（Public Relations）、定位（Positioning）

（见图 1-8），其中，产品是核心要素，只有在节事产品被清晰定义后，才能够通过价格、地点、定位及公共关系策略制定相关的营销策略。

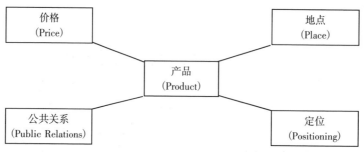

图 1-8 节事营销 "5P" 要素

盖特兹（Getz，1991）提出将节事活动转化为可销售产品，并提出 "8P" 营销组合，即产品、地点、计划、人（包括表演者、观众、主办方、来宾）、合伙人、促销、包装和门票的分配及价格。

为了进一步分析营销策划的可行性、可能性和可持续性，约翰·高德布莱特（Joe Goldblatt，2002）提出营销 "5W"，即原因（Why）、谁（Who）、时间（When）、地点（Where）、内容（What）（见表 1-3）。"5W" 作为所有营销战略的基础，为市场营销调查、营销信息开发及营销决策提供了基础要素。

表 1-3 节事营销 "5W"

原因（Why）	● 强调节事收益 ● 描述节事活动的起源 ● 使用人员推销手段 ● 需求诉求
谁（Who）	● 受众的范围 ● 受众的原则和兴趣 ● 受众对节事活动的认知 ● 经验等级（从生手到专家）
时间（When）	● 市场营销计划/方式 ● 一天中的时间选择 ● 一周中的时间选择 ● 一年中的时间选择（季节选择）
地点（Where）	● 会场独特性 ● 方便性 ● 旅行的通达性 ● 地方支持的可获得性
内容（What）	● 阐述节事的目的 ● 明确和创造期望 ● 项目特点的优先和识别 ● 回顾 "谁"（Who）的准则

随着营销工作的不断深入，节事营销观念亦在不断创新，"满足顾客需求"的传统营销观念转变为"不仅满足顾客需求，更要创造顾客需求"的创新营销理念。卢晓（2009）在《节事活动策划与管理》中总结了四大节事营销创新观念，包括：亲情营销、绿色营销、体验营销及品牌营销观念。

3. 会展营销

会展营销是利用服务、定价、渠道、促销及品牌塑造等手段，达到招揽目标客户、提高展会品牌价值及增强影响力的一系列市场推广活动。会展营销的最终目标是促进销售，建立展会品牌，获取良好的经济和社会效益。学术界对于会展营销的研究主要基于坚实的市场营销学研究基础并结合会展行业的实际来展开，然而研究的问题相对松散，尚未形成完整的理论体系。

邢振超（2006）根据会展活动中各利益相关方，包括会展企业、参展商（与会者）、观众、政府及媒体之间的营销关系，构建了一个相对完整的会展利益相关主体营销体系。对于具体的展览会活动，他将主要的营销对象及目标归纳如下（见表1-4）。

表1-4 展览会营销的主要对象与目标

主要营销对象	营销对象的特点	营销目标	备注
政府部门（相关协会）	拥有公共权力，能有效组织社会力量	获得政策、资金等方面的支持	政府起扶持产业发展和制定行业规范的作用
参展商及专业观众	参展效益为导向，对展会有选择权	吸引对方参展	专业观众促进与招展工作相辅相成
新闻媒体	能够影响公众的思想和观点	鼓励正面的宣传报道	媒体的话语权在展览会营销中越来越重要

会展行业服务替代性强，客户较为分散，因此开展会展关系营销，巩固客户资源、提高展会各方的忠诚度具有其重要性与必要性。吴善群（2011）指出，可从以下几方面开展关系营销：①实行会展会员制度。②提高展会附加价值。③充分利用"展前会"、"展后会"。他强调会展全球营销观念，即会展业需要打破地域界限，摒弃项目利益观，形成大行业利益观，积极开拓国际市场，通过各类调研了解消费者需求，将全球消费者需求作为展会策划的出发点和归宿，这样才能够应对将来会展经济格局的变化，提高展会自身的国际化竞争能力。

何瑞群（2012）将整合营销的概念引入会展营销当中，通过充分了解与会者的需求、考虑与会者愿意付出的成本、加强与与会者的双向交流、建立与会者信息数据库以及整合营销传播手段等方式，实现展会整合营销。

三、管理学

1. 管理学基础及发展趋势

现代管理理论创始人法约尔（Henri Fayol）将管理定义为由计划、组织、指挥、协调及控制等职能为要素组成的活动过程。周三多等（2008）指出管理活动最基本的职能是：计划、组织、领导、控制和创新。

国内外对于管理学的研究已比较成熟，美国理查德·帕斯卡尔（Richard Tanner Pascale）和安东尼·阿索斯（Anthony G. Athos）教授曾在《日本企业管理艺术》一书中提出"7S"结构，即战略（Strategy）、结构（Structure）、制度（System）、风格（Style）、员工（Staff）、技能（Skill）、共同价值观（Shared Value），这是一个较为完整的管理学研究体系。王玉等（2010）根据对2001~2009年国内外管理学研究文献的整理，指出战略管理、人力资源管理、组织结构是近年来国外管理学的热点研究领域；公司治理和竞争优势则是国内管理学的热点研究领域。战略和技能将成为未来国外管理学研究的重点领域；结构和共同价值观则将成为未来国内管理学研究的重点领域。

随着全球化、信息化的发展，尤其是知识经济时代的到来，管理学体系也经历着变革与发展。陈劲、王鹏飞（2010）认为管理学新体系正经历着从以运营为导向到以创新为导向，从聚焦组织内部到重视组织间关系，从管理和控制到领导和民主的变化过程，并且兼顾经济绩效与伦理平等的平衡。他们还在此基础上提出了领导与计划、组织运营与创新、资源与能力、治理与控制四大基本职能（见图1-9）。

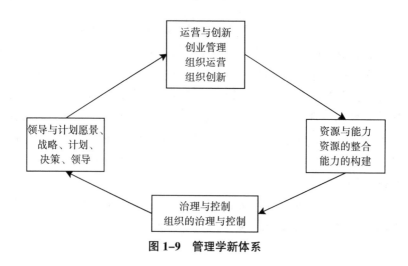

图 1-9　管理学新体系

2. 项目管理

项目管理是指以项目为对象，通过临时、专门的柔性组织，在资源有限的情况下，以系统的观点、方法及理论，对项目进行高效的计划、组织、指导与控制，从而实现项目全过程动态管理和项目目标综合协调及优化的系统管理方法（王莹，2010）。美国项目管理协会（Project Management Institute，PMI）在《项目管理知识体系指南》（A Guide to the Project Management Body of Knowledge，PMBOK）中指出项目管理知识体系从动态管理与静态管理两方面展开——项目的动态管理，即项目进程管理；项目静态管理，涵盖项目综合管理、范围管理、进度管理、费用管理、质量管理、人力资源管理、沟通管理、风险管理及采购管理九大知识领域，涉及启动、计划、执行、控制、收尾五大管理过程。

3. 会展项目管理

在具体的展会项目当中，各类组织、筹划的工作纷繁复杂，涉及客户关系管理、场馆营销、展览设计、搭建、展品运输、报关、商检、参展人员后勤保障、展会广告宣传、展后评估及反馈等各类工作，是多渠道、多平台的沟通协调工作，具有较高的系统性与复杂性。因此在展会项目实施前，展会策划人员还需要对展会不同时期的管理环节进行统筹谋划，为展会的顺利举行打下基础。

武邦涛、柯树人（2010）把会展项目管理定义为：在相应环境下，通过会展参与方的合作，运用各类资源，实现展会目标，使展会参与方的需求及期望得到满足的过程。

王壮飞（2011）从项目管理的角度，总结了展会项目管理主要包括项目的可行性分析、立项、规划、执行、现场操作管理和分析总结六个阶段。其中在展会项目立项阶段，需要分析展会举办地的行业情况、市场背景、竞争者情况，并确定目标市场、进行相关资料收集；在项目规划阶段，组展方需要对展会的组织架构、人员及时间进度进行管理策划，这是成功策划和举办展会的前提条件之一；展会项目的执行则包括参展商及观众的营销管理、供应商选择、广告宣传、相关展会活动的组织等（见图 1-10）。

马勇、陈慧英（2013）以内在质量、规模质量、收益质量、结果质量及潜力质量为会展项目质量的核心价值理念，构建由会展项目内在质量、会展项目规模质量、会展项目收益质量、会展项目结果质量及会展项目潜力质量五个维度组成的会展项目质量综合评价指标体系（见图 1-11）。

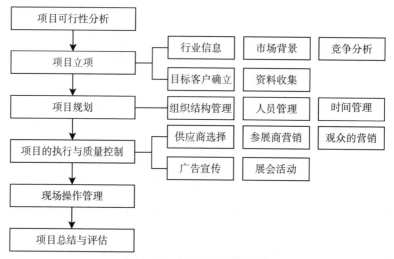

图 1-10　会展项目管理流程

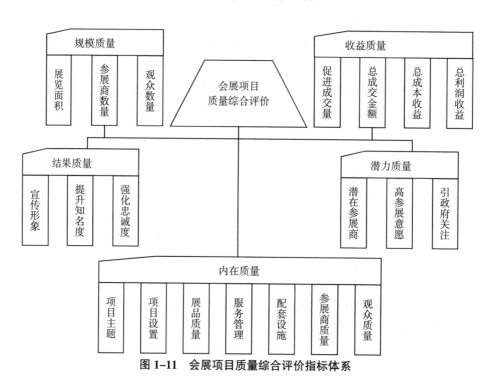

图 1-11　会展项目质量综合评价指标体系

思考与展望

　　本章首先从会展策划的基本概念开始展开阐述，对会展、策划以及会展策划的概念及研究进行了梳理。不难发现，会展作为一门新兴学科，目前学术界相关研究仍处于初级阶段，学科中的很多问题和观点存在不同的意见。而在策划以及会展策划领域，尽管行业实践经验相当丰富，但在理论上的研究还十分欠缺，尚未形成较为统一而成熟的研究体系。

　　此外本章对全书的研究对象进行了界定，并在详细阐述会展策划思想前，对相关学科，如产业经济学、市场营销学及管理学的学科研究现状及发展趋势进行了简要总结。会展是一个综合性较强的学科，与相关学科关系密切，因此经过本章的学习，会展策划人员除了掌握相关基本概念外，还应该关注学科研究的最新进展，如体验经济的发展、互联网思维对行业实践的影响、大数据时代对客户关系管理的影响等。这对开拓策划思维、创新策划内容具有重要作用。

第二章 会展策划思想

会展策划是科学，也是一种创作，思想境界的高低决定了项目的高雅与平庸。策划的创新首先是思想创新。策划思想是一种理性的意识或观念，它不直接产生经济效益，但能转化为指导决策的思想方法。在一个好的思想方法指导下的策划是成功的前提，在市场经济社会中即表现为经济效益。

本章首先从微观层面，以市场需求作为内核，从产业发展的方向出发，阐述会展项目无限化的原因，从而说明产业发展现状及趋势对展会主题的选择及相关策划工作的重要性，并从市场共享的角度思考如何更有效地开展招展、招商工作。其次从中观层面，从会展的利益相关方以及会展与其他相关产业的关系入手，说明兼顾会展参与者利益，打造会展"生态圈"以及协调"大会展"圈层关

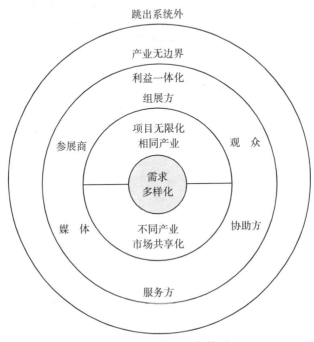

图2-1 会展策划思想体系

系对会展可持续发展的重要性。最后从宏观层面，阐明会展项目不但是某一产业的经济活动，它还与举办地的政治、经济、社会、文化等因素具有联动关系。因此，会展策划不但需要在会展产业当中寻找发展的动力，还需要跳出会展系统之外，从区域内社会宏观环境乃至区域外的大环境中"借力"（见上页图 2-1）。

第一节　需求多样化

会展活动是社会经济生活中的重要环节，在进行会展策划之前，需要站在市场的角度，从市场出发，最终回归市场。市场中客户需求将直接影响其消费动机与行为，因此会展策划的重要目的是通过策划工作，更好地满足目标客户的需求。

需求是个体行为的内核与关键，继而影响一个组织、行业、区域经济乃至于社会文化的发展趋势，因此本章阐述的会展策划思想将以需求多样化为起点进行展开。

一、需求发展演变

菲利普·科特勒指出：需求是有支付能力购买具体的商品，用于满足自身欲望。随着社会经济的发展，人类的需求亦处于动态变化当中。在不同经济形态下，市场需求具有不同的时代特点，同时对消费者的具体行为带来一定的影响。

1. 需求层次与消费行为

从个体而言，菲利普·科特勒将人的消费划分为：量的消费、质的消费、情感消费三个阶段。

图 2-2 指出，在农业经济社会，生产力相对低下，人们追求温饱等生存与安

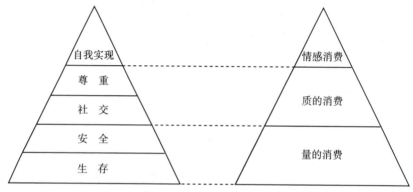

图 2-2　马斯洛需求层次模型与消费行为的变化

全基本需求，这一阶段市场处于供不应求的状态，消费者以量的消费为主；随着生活水平的不断提高，市场供应相对宽松，消费者更加关注自身的社交和受他人尊重的需求，并希望通过消费物质产品的质量反映自身生活水平，属于质的消费阶段；而在后工业社会，市场供给远大于需求，此时消费者不再以温饱作为消费的主要目的，而是追求产品对于精神与自我概念的满足，从而进入情感消费阶段。

2. 经济形态变化与需求变迁

如前文所述，随着社会生产力的不断发展，经济形态发生相应变化，市场供求关系亦处于动态变化当中，这将影响市场中供应商与消费者的具体行为。

具体而言，在农业经济阶段，其重要供给物为自然化产品，主要用于满足消费者的基本需求，市场处于供不应求的状态，为卖方市场；工业经济阶段，供应紧张的情况有所缓解，此时主要供给物为加工制造所获得的商品，它们是有形的、标准化的，此时市场仍以卖方市场为主；在服务经济时代，市场逐渐呈现供过于求的状态，消费者更加注重自身利益的实现，服务提供商需要向消费者提供无形的、定制化的服务，实现价值传递，属于买方市场；而在体验经济时代，供给远大于需求，消费者追求难忘的消费感受，需求更加多样化、个性化，属于完全买方市场（见表2-1）。

表2-1 不同经济形态下的市场需求变化

经济形态	农业经济	工业经济	服务经济	体验经济
经济功能	采挖提炼	加工制造	价值传递	舞台展示
供给物	产品	商品	服务	体验
供给物的性质	可替代	有形的	无形的	难忘的
供给物属性	自然化	标准化	定制化	个性化
卖方	贸易商	制造商	提供商	展示者
买方	市场	用户	客户	客人
需求内核	特点	特色	利益	感受
供求关系	供不应求	供应宽松	供过于求	供远大于求

资料来源：约瑟夫·派恩，詹姆斯·吉尔摩.体验经济［M］.北京：机械工业出版社，2002.

未来学家托夫勒在《未来的冲击》一书中指出，当消费者收入水平达到一定程度时，其消费开始追求个性化，使消费方式从大众化的、标准化的、单一化的转变为人性化的、多样化的、个性化的。

目前我国会展行业正处在从工业经济向服务经济过渡，并向体验经济提升的过程。单向的产品经济时代已经过去，服务经济更强调将产品与服务有机结合。会展市场需求亦发生了相应的变化。在卖方市场向买方市场转变的过程中，企业所面对的竞争愈发激烈，因此消费者的深层次需求变化及相应的产品特点调整，是新时代市场研究的重要课题。

3. 我国当前消费市场需求特点

随着我国社会经济的快速发展，在新的政治、经济格局下，市场需求亦呈现"新常态"：需求主体的多样化发展以及多层次消费需求并存的格局。

（1）需求主体多样化。由于我国人口众多，幅员辽阔，少数民族较多，受到经济、政治、文化、自然、技术环境的差异以及消费者自身年龄、职业、文化程度、收入水平、生活习惯和消费个性等因素的影响，消费主体具有多种特点。相应地，他们的消费行为亦呈现出多样化特点。

（2）需求类型多层次并存。根据马斯洛需求层次模型，当低层次需求得到满足后，将向更高层次的需求发展，而已经实现的低层次需求仍然存在。因此，在体验经济愈发繁荣的今天，消费者追求的是个性化的难忘体验，但是对产品和服务的需求依然存在，不仅更加注重产品和服务的质量及个性化，同时需求层次与内容也趋于多元化。

二、会展市场需求

会展市场主要由观众市场和参展商市场组成，其他利益相关方围绕供需双方市场展开各类经营合作及交流互动，共同创造价值。客户需求是一切会展策划组织工作的起点，会展需求的多样化将直接影响相关行业展会项目的多样性和复杂性，是展会项目形成差异的本质原因。

1. 观众市场需求

罗秋菊（2008）在研究展会观众市场需求时，通过选取五个国内具有代表性的展览项目，对专业观众参展动机进行了研究。结果表明信息搜集、市场关系建立、考察奖励、采购行为是专业观众参与展会活动的主要动机。而观众的参展动机则受其企业规模、性质、地域以及个人的性别、学历、职位等因素的影响（见表 2-2）。

表 2-2　专业观众展览会参观动机因子

信息搜集	市场关系建立
● 搜集产业发展趋势信息	● 寻找合作伙伴
● 搜集产业技术信息	● 寻找新产品进行代理
● 了解竞争者情况	● 寻找新供应商
● 进行市场调研	● 与其他参观商建立联系
● 发现新产品、新技术	● 巩固与老供应商的关系

续表

考察奖励	采购行为
● 公司奖励员工，给员工外出旅游机会	● 比较价格
● 参加研讨会或其他特别活动	● 下单采购
● 为未来参展考察做准备	● 确认已做的购买决策是否明智

资料来源：罗秋菊. 专业观众展览会参观动机研究——来自东莞的证据［J］. 暨南学报（哲学社会科学版），2008（2）.

传统的展会策划工作往往以参展商为导向，而忽视了观众的需求。事实上，当前社会经济以买方市场为主导，"顾客就是上帝"已成为市场的至理名言。无论是参展企业还是组展方，都希望在展会活动中最大限度地满足目标客户的需求。因此，我们在进行展会策划时，应当将观众需求置于与参展商需求同等重要的位置上，通过多样化的营销手段、丰富的活动设计、精细的观众关系管理，提高专业观众的参展效益。

2. 参展商市场需求

对于参展企业，罗秋菊（2007）将其参展目的划分为产品销售、建立客户关系、信息搜集、奖励员工以及企业形象宣传五类。其中，建立客户关系、进行产品销售是参展企业最主要的参展目的（见表2-3）。

表2-3 企业参展动机因子

产品销售	建立客户关系
● 获得订单 ● 推广新产品 ● 推销老产品 ● 结识新客户 ● 结识新分销商 ● 产品打入国际市场 ● 开拓新市场	● 巩固与老客户的关系 ● 巩固与老分销商的关系 ● 把展会作为公司客户管理的平台 ● 与其他参展商建立业务联系
	企业形象宣传
	● 树立、维护公司形象 ● 使顾客确信公司的雄厚实力 ● 获取公共关系 ● 对潜在客户进行有效的信息传递
信息搜集	
● 获取产业最新动态和信息 ● 为新产品开发寻求新理念 ● 听取大众对展示产品的评价 ● 搜集竞争对手的信息 ● 搜集供应商、顾客的有关信息	**奖励员工**
	● 公司奖励员工，给员工外出旅游机会 ● 为销售人员提供结识客户的奖励平台 ● 培训新的销售队伍

企业参展需求亦呈现从低层次向高层次发展的趋势（见图2-3）：①对于刚刚进入市场的企业，他们需要通过参加展会，降低营销成本，销售自身产品，以保证企业的基本生存与发展。英联邦展览业联合会调查结果显示，展会活动作为有

效的营销中介，可以降低销售成本。通过展会寻找一个客户所需成本约35英镑，而通过一般渠道所需成本则高达219英镑。②对于具有一定行业地位的企业，他们更希望在展会上巩固客户关系，了解竞争者的情况和行业最先进的技术，以促进自身产品、技术的进步。③对于行业较成功的企业，他们将参与展会作为肯定员工价值和满足其社会尊重需求的重要途径。④对于行业领先企业，他们的参展目的已不在于简单的销售与社交关系，而是通过展会巩固企业形象，提高企业知名度。

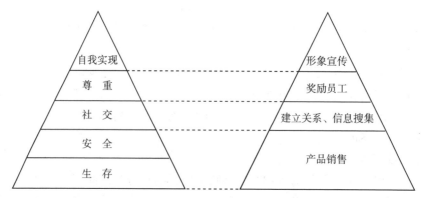

图2-3　马斯洛需求层次模型与企业参展需求层次

特别地，体验经济时代中参展商不再拘泥于传统的展示形式，而是强调客户参与的体验式营销，从生硬、单向的信息传递转变为灵活、双向、个性化的信息交流，以提高营销效率。

由此可见，企业的参展目的是多样的、复合的，其参展决策是基于多维度、多层次的内在需求而做出的。同时，参展商的需求又是动态的，它会随着社会经济背景和行业发展的变化而改变。因此，组展方在进行展会项目策划时，首先，需要着重考虑参展商希望结识新客户、销售商品这两个最重要的参展目的，通过展示形式创新、展前活动策划、现场活动组织、展后客户关系维护等多种方法，做好专业观众的组织工作。其次，应该在展会策划前进行充分的市场调研，深入了解行业需求，并对参展商的潜在需求进行甄别，引导参展商设定更加明确和细化的参展目标，以便提供相应的观众信息，提高参展满意度。

【案例分析】"情景式展会"创造崭新参展体验

"无印良品"作为日本著名杂货品牌，以纯朴、简洁、环保、以人为本作为产品理念，产品类型覆盖了文具、食品、服装、野营用品和厨房用具等。自2010年起，"无印良品"联合日本各类户外用品企业举办户外用品展览。

该展会以"亲眼观看、亲手触摸、亲身体会"为主旨，在选址上，组展方选择了"无印良品"户外野营基地群马县孺恋村为展会提供了一个现实的理想野营场所。在展示方式上，不同的参展商将联合在一起，针对消费者不同的需求提供整合式的户外野营体验。如为喜欢登山的消费者提供登山绳索、衣饰、安全保障等物品，为其创造完整的登山体验；为喜欢家庭野营的消费者提供宿营、户外食品试吃、垂钓、娱乐等物品，为其创造完整的户外野营体验；为喜欢户外驾驶的消费者提供山地车、场地，为其创造户外驾驶体验；为喜欢户外休闲的消费者提供皮艇、电子书、吉他等物品，满足其远离喧闹、享受恬静原野的体验需求等。通过不同的产品组合，为观众提供完整而贴合其个性化需求的户外感官体验。

此类户外用品展览打破了传统的固定"摊位式"展览形式，强调"以观众为中心"，在选址、展示形式、参展商组织等不同细节中增加了参展商及观众的参与性、体验性，让参展商及观众成为"演员"，亲身创造难忘的体验，从而实现准确传达产品信息并增强产品感知性与感染力的目的。

资料来源：宋冰雪，姚微. 体验式会展研究——以日本无印良品户外用品展示会为例 [J]. 旅游纵览（下半月），2013（7）.

三、会展市场需求特点

目前我国会展行业正进一步向国际化、市场化发展，会展市场需求呈现多样化发展趋势，这将为各类展会项目的成长提供良好的土壤。具体而言，会展市场需求多样化主要表现在参展目的层次化、展示内容多元化、展会服务个性化以及展示形式体验性等方面。

1. 参展目的层次化

展会活动的目标客户并不局限于参展商及观众等直接参与者，还包括展会服务方、协助方以及媒体。对于不同规模的目标客户，其参展目的均有所差异，如行业领导者的参展目的一般为巩固品牌形象、树立品牌威信；而行业跟随者主要参展目的是拓展市场、直接促进产品销售，因此客户需求形成多层次的特点。值得一提的是，客户参与展会的目的并非是单一的，而是复杂的、综合的，因此组展方在进行展会策划时，需要做好目标市场的分层工作，选择某一个或多个层次市场，有针对性地进行项目策划。

2. 展示内容多元化

会展作为一个多方合作共赢的大平台，产业链中不同环节的企业均通过该平台进行产品展示与信息交流。日新月异的科学技术催生了更多的新产品与新技术，因此展示内容亦呈现多元化发展趋势，为展会的创新及个性化发展提供了产业基础。

3. 展会服务个性化

在展会同质化程度越来越高的今天，标准化的展会服务已经无法满足目标客户的参展需求，组展方需要在与客户的沟通交流中了解客户的真实需求，并提供个性化、定制化的展会服务，才能够提高客户满意度和忠诚度。

4. 展示形式体验性

随着会展行业的进一步发展，展会展示形式亦呈现多样化趋势，更加重视展会的体验性，从观众的实际需求出发，为观众提供独特的、难以忘怀的参展体验。

第二节　项目无限化

会展是区域经济及产业结构发展到一定程度的产物。就微观而言，展会项目的立项及发展与其所在行业的发展态势息息相关。新兴产业的出现、产业结构的改变、产业的发展更替等都会使产业内原有展会面临发展的机遇与挑战。因此，在进行展会策划时，应该始终立足于展会所在的行业，从产业的角度出发思考及策划展会项目。

产品市场的多元化发展、产业在不同发展阶段的变化以及同一时期不同产业的融合、产业链的延伸，都将催生不同主题、不同类型的展会项目。产业、产品、需求的多样性决定了展会项目的多样性，从某种意义上来说，只要是满足市场需求主题的展会，其展会项目是"无限的"。

一、产品市场的多元化发展

通过对我国会展市场的研究，不难发现，几乎各行各业都拥有专业展会。特别是在当前买方市场的基本格局中，企业均需要一个平台以公开展示自己的产品，因此，近年来有越来越多的新生展会主题出现在会展市场当中，其范围涵盖第一、第二产业。随着体验经济的兴起，展会展示范围不再局限于实体展品，更是向无形的服务、信息延伸。

中国会展经济研究会统计工作专业委员会对国内 125 个城市所能收集到的展览项目进行划分，共涵盖 39 个行业、121 个细分类别，包括现代农业、茶业等第一产业，工业制造、机床模具、建筑材料、汽车制造等第二产业以及食品饮料、文化广告、科技教育、贸易投资、信息科技、美容美发等第三产业（见图 2-4）。

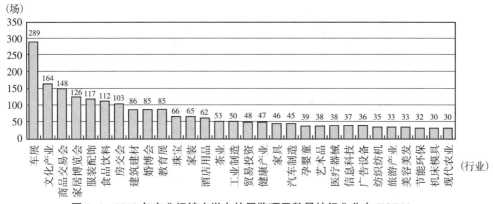

图2-4 2013年专业场馆中举办的展览项目数量按行业分布TOP30
资料来源：2013年中国展览数据统计报告。

由于展品性质、特征的不同，展会的展示方式、参展商与观众的组织形式以及展会相关活动的设置都会相应有所不同，从而形成千差万别的展会项目。

二、产业链的静态结构延伸

随着我国市场经济的发展，产业内部分工更加精细，不同企业之间形成竞合关系，并逐渐演化成产业链。产业链是指在从最初原材料到最终产品的生产过程中，包含的不同性质的产业根据生产逻辑所构成的完整链条。

林学强（2002）指出，在经济现实运行当中，产业链主要以产品关联性较强的优势产品作为核心，以产品、技术联系为纽带，从而促使优势产品向上下延伸、前后联系，最终形成链条。特别是在信息爆炸、资源相对紧缺的今天，企业之间的竞合关系愈发密切，通过市场交易来实现不同专业企业之间的协作日益困难，交易成本急剧增长，因此，产业链成了企业分工与协作，降低交易成本，应对市场精细化、全球化的重要形式。

在这一过程当中，处于产业链条中不同节点的企业，存在着大量的产品、资金、信息传递的需求，这将催生更多新的展会项目。通过会展平台，企业可接触上游基础产业及技术研发环节，亦可进入下游产业拓展市场，降低交易成本。

从图2-5中我们可以看到，产业的分化与专业化都极大地丰富了展会的内容，形成了不同的细分市场，衍生出更多元化的市场需求，新产品、新技术、新工艺的不断涌现，都为相关行业的展会带来发展的原动力。从图2-6中的房地产产业链可以看出，产业链中的核心环节逐渐有了与上游、下游产业进行信息交流、商务贸易等方面的需求。由此可见，在某一时期内，产业链上企业的发展以及不同企业之间的互动，都为该行业专业展会的发展提供了肥沃的土壤。

展会策划应该从产业的角度出发，通过研究产业现状，具有针对性地举办展会活动，这是会展策划制胜关键之一。

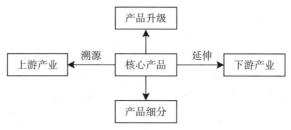

图 2-5　产业链的变化与发展

【案例分析】法国戛纳房地产交易会——房地产全产业链展示

法国戛纳房地产交易会（MIPIM）由德国瑞德集团主办，创办于 1990 年，每年 3 月在法国戛纳举办。作为国际级房地产行业展会，每年 MIPIM 都吸引了来自全世界的开发企业、物业中介、地方政府、房地产投资者以及企业终端用户等慕名而来，成为国际级房地产行业盛会。

与单一的楼盘展示不同，法国戛纳房地产交易会着重打造房地产行业商务贸易综合平台。该展会从房地产产业链出发，涵盖了从房地产行业上游的土地资源、资金募集，到中游的规划设计及实施，再到下游的租赁管理等环节。由于房地产开发产业链较长、涉及领域众多，行业内分工呈现精细化特征，因此产业链中上游与下游企业交流、贸易的需求旺盛。随着房地产行业服务的专业化发展，该产业链将进一步延伸。另外，由于市场需求的多样化，房地产市场衍生出包括住宅、商业、物流、旅游等不同类型的产品。不难想象，产业链的延伸以及产品细分化发展，都将吸引更多的企业参与到戛纳房地产交易会当中（见图 2-6）。

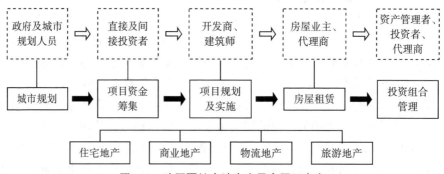

图 2-6　法国戛纳房地产交易会展示内容

除此之外，展会组委会始终围绕搭建供需双方商务交流平台的目标，在展会活动的设置上，创造更多互动交流的机会，包括举办"市长智囊团会议"，来自20个国家的超过60个地方政府的代表讨论如何提高城市吸引力和竞争力；展会期间举办各类项目宣传推介及竞投活动；为供应商和采购商举办快速贸促会议；举办各类商务活动等。

由此可见，在产业需求与结构导向下的会展策划，从展示的内容、参展商及观众的组织以及展会活动的设置上，都与产业结构和特点有着不可割裂的联系，这亦成为会展项目呈现多元化、无限化特征的重要原因。

资料来源：法国戛纳房地产交易会官方网站〔DB/OL〕. http://www.mipim.com.

三、产业的动态发展

产业生命周期理论认为，产业的发展将经历进入期、成长期、成熟期和衰退期四个阶段，图 2-7 描述了产业生命周期曲线。

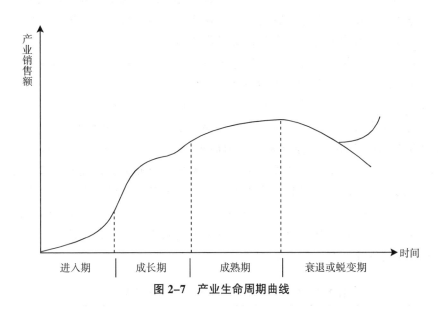

图 2-7　产业生命周期曲线

处于进入期的产业，市场规模狭小，市场对产品接受程度较弱，行业竞争程度低。此时企业亟待一个进入市场的机会，因此，一些企业将选择参加相关行业的展会，通过现场展示，提高产品的市场认知度。

当该产业进入成长期，市场规模迅速扩大，产品呈现多样化、差异化特点，企业数量激增，需要抢占市场，导致产业内部竞争增加。此时大量企业需要一个展示、销售产品，结识新客户的平台，行业专业展会应运而生。

随着产业进入成熟期，产业集中程度高，市场规模趋于平稳，企业规模呈分化趋势。这一阶段的行业展会亦相应走向成熟，企业参展的目的不再停留于产品销售和客户关系维护上，而是追求企业形象的巩固和提高等。

在衰退期，新产品与替代品出现，产业竞争力下降，企业数量减少，此时产业的专业展会将面临两种发展方向：一种是由于科技进步、产品创新而促使产业转型升级，专业展会顺势而为，进行旧项目的转型，为该产业带来新的生命力；另一种是行业展会伴随行业的萎缩而走向衰亡。

总之，处于不同生命周期阶段的产业，都有其举办展会的需要，但办展目的有所差异，加之产业特点的不同，使会展市场的项目形态千变万化。会展策划者在进行项目策划前，应当充分研究项目所在产业的生命周期及相应的市场特点，做到有的放矢。

【案例分析】产业集群与会展发展的关系

地域化产业集聚是指相当数量的企业在一定范围内集中分布，由龙头企业带动，配套企业协作，从而形成自发性企业群落，并通过衍生、扩张，拓展为更大范围、具有更大影响力的区域布局，实现集约利用生产要素并释放规模效应。全球化大背景下，世界经济进入产业链竞争的时代，产业集聚不再是简单的地理位置上的聚集，而是更加深入而密切的竞合关系。

基于产业集群而形成的专业展会，呈现出鲜明的综合性特点。展会参与者来自产业链的各个环节，包括上游的技术开发、产品设计；中游的加工生产企业；下游的贸促机构及相关服务机构。展示的内容涵盖全产业链，从原材料到半成品，从成品到技术工艺。通过集聚效应能够为当地专业展会的发展提供庞大的参展商、采购商市场以及丰富的参展商品，如东莞虎门作为服装专业镇举办的中国（虎门）国际服装交易会、全国最大的小商品生产基地浙江义乌举办的义乌国际小商品博览会、深圳举行的中国国际高新技术成果交易会等，都是基于产业集群而成长起来的专业展会（见表2-4）。

表2-4 珠三角、长三角部分产业集群与会展关系

地 区	城市	产业集群	展会项目
珠三角	深圳	高新科技	中国国际高新技术成果交易会
		灯饰	中国灯饰博览会
	中山	五金	中国轻工业产品博览会
		音像	中国国际音像展览会
		家具	国际名家具展览会

地 区	城市	产业集群	展会项目
珠三角	东莞	电子	东莞国际电脑资讯产品博览会
		自动化	华南国际电子工业博览会
		服装	中国（虎门）国际服装交易会
	佛山、顺德	家电	中国顺德国际家用电器博览会
长三角	宁波	服装	宁波国际服装博览会、中国国际服装服饰交易会
		机械	中国国际机械工业博览会
	义乌	袜业	义乌国际袜业、针织展览会
		工艺品	中国义乌工艺品交易会

当产业集群发展到一定阶段后，就会产生对会展的需求，良好的产业基础将会为会展业发展提供强大的发展后劲。若一个地区具备发展成为产业集群的潜力，就有专业展会快速切入的机遇，如深圳高交会正是在深圳高新科技产业面临产业结构调整的背景下诞生的。

产业集群的提升还会对专业性展会品牌建设起到推动作用。借助集群的品牌力和外向性，可扩展展会的影响力，同时企业亦希望借助会展平台，达成更为广泛的贸易沟通，因此组展方需要吸引具有实力的参展商和有价值的专业观众，更加重视展会品质的提升，提供更加完善的服务才能够进一步满足集群中的企业需求。

最后，产业集群可为区域会展提供完善的配套服务、基础设施以及产品支撑，同时突破展会发展所面临的展品、客源以及基础设施的资源"瓶颈"。

在集群演化发展的不同阶段，专业展会发挥着不同的作用：

● 地理集聚但尚未形成产业分工联系的集群

此时产业还处于产品复制模仿、低价取胜的初级阶段，企业参展的主要目的是开拓市场、争取客户订单、占领市场份额。现场促成交易是重要的参展需求。

● 地理集聚并形成产业分工联系的企业集群

这一阶段集群内企业开始关注自己的核心技术，专注于生产过程中的高附加值环节。此时企业参加专业展会主要是为了展示最新产品及自身技术优势，交流行业信息。

● 空间扩展但有产业分工联系的企业集群

第三阶段集群企业开始关注自身品牌价值的传播，同时通过参加展会寻找相关配套服务企业。对于国际性的大型专业展会，将吸引来自世界各地行业当中的领头企业、专业采购商以及行业中的最新技术与工艺，为实现企业内部分工外部化、社会化奠定基础，最终实现集群从国内区域集群到国际价值链集聚的高层次目标。

资料来源：裴向军，陈英.现代会展业与产业集群的协同发展［J］.浙江经济，2009（10）.

第三节　市场共享化

从目前我国会展行业发展现状来看，几乎每一个行业都有自己的专业展会，而相同主题的展会同质化现象十分严重。展会项目若希望在激烈的行业竞争中脱颖而出，就需要通过不同的方式拓展市场范围，为展会补充新鲜血液。

一、自身内部市场共享

如果希望在行业当中发展新的专业展会，就需要转变思路，挖掘新的展示需求，才会在市场竞争中获胜。

一方面，在信息化时代，供应商和采购商始终具有双向选择的需求，由于一个专业展会的参展商和观众往往是产业链上的上、下游关系，因此参展商和采购商具有角色相互转化的潜力。利用现有的客户信息积累，对传统展会的采购商市场进行深入研究，实现二次开发，挖掘与其连接最为紧密的相关行业，以此作为新办展会的题材与招展、招商的基础，这将使新办展会的组织与管理工作事半功倍。

另一方面，对于展会当中发展较早、市场需求旺盛、客户基础较坚实的细分类别或展区，可以考虑逐步从原有展会中分离出来成为独立展会。这样能够充分利用原有展会的客户关系网络积累，依托原有展会的品牌知名度，既有利于对细分市场的培育，也便于针对细分市场提供更具有针对性的服务，为细分市场内部供应商和采购商营造一个有利于信息交流、商务贸易的专业化平台。

【案例分析】广东进口展实现参展商与观众"角色互换"

基于国际宏观经济环境变化，我国部分贸易型展会从单纯的出口贸易展会逐步发展为以出口为主、进口为辅，如广交会、华交会等就是主打出口、兼有进口性质的大型展会。随着我国制造业对进口技术与商品需求的增长，国内一线城市如上海、广州、北京等城市纷纷试水面向海外企业招展，面向国内采购商招商的纯进口型展览。

广东国际专业进口交易会正是依托广东坚实的产业发展基础以及《广东省战略性新兴产业发展"十二五"规划》中将高端新型电子信息产业、新能源汽车产业、LED 产业、生物产业、高端装备制造产业、节能环保产业、新能源产业、新材料产业作为产业发展重点的政策契机而策划举办的。

该展会以国家和广东战略性产业为展示内容，以国外高新技术企业作为主要目标参展商，国内机械设备制造商为主要目标采购商。据广州海关统计数据显示，1979~2011 年，广东累计实际利用外资将近 3250 亿美元，年均增长超 20%。截至 2011 年年底，外商投资企业工商登记 7.21 万家，居全国首位。2008~2011 年广东省的进口机电产品占当年进口总量的比重超过 60%，是进口产品的重要组成部分。这些为广东国际专业进口交易会提供了庞大的参展商基础；同时广东原有各类机械设备专业展览所积累的参展商也将成为广东国际专业进口交易会的潜在采购商。

此类进口展的举办，实际上是以传统行业中专业展会的客户资源为基础，挖掘供需市场的需求关系，转化参展商与采购商角色，从而实现自身内部市场的有效转化。

资料来源：吴志才主持《广东国际专业进口交易会立项研究》，2012，广东省对外贸易经济合作厅委托。

二、自身市场与其他市场共享

除了依靠自身力量，组展方还可以依托其他组织机构的力量，实现自身市场与其他市场的共享，提高展会的规模及层次。

1. 与不同展会组展方的合作

一般而言，会展策划人员在进行招展及招商方案策划时，应主要立足于展会所在行业的产业链，从展会涉及的核心产业及其上、下游产业当中挖掘市场潜在需求。对于需要进行上、下游产业延伸的展会，组展方可与相关行业专业机构进行合作，共享双方资源，达到高效组展的效果。

以广州国际设计周为例，为了更好地搭建"甲方业主—设计师—渠道商—品牌商"全设计产业链互动营商平台，展会组委会在合作方的选择、活动主题的制定上，都做出了很多尝试：2008 年联合中国饭店协会举办"2008 中国（广州）国际酒店及商业建筑装饰展览会"，重点展示酒店、办公等商业空间的优秀建筑与设计、应用技术和装饰材料等；2013 年联合中国房地产协会，同期举办"中国商业和旅游地产设计年会"，完善"业主导向"构架，打造设计与选材的上、下游商务生态链。

目前广州国际设计周已成长为中国规模最大、参与人数最多、影响力最广、国际化程度最高的"设计+选材博览会"。2013年广州国际设计周共有来自意大利、英国、荷兰、西班牙及中国的300多家知名设计、软装、材料品牌企业参展；吸引约7.5万位来自全球的地产商、设计师、工程商、渠道商等专业人士到场参观（见图2-8）。

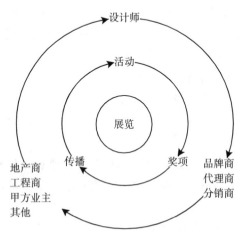

图2-8　广州国际设计周功能框架

在行业展会实际操作中，一些处于成长阶段的展会，需要借助外力在短时间内突破规模"瓶颈"，快速抢占市场份额。当这部分成长型展会在参展商及观众资源积累还较为薄弱时，可以通过联合上、下游行业专业展会组展方合作举办展会预热活动、展会现场活动、联合招展等多种形式，实现双方资源共享，这能够在一定程度上提升展会规模，有利于展会在短时间内拥有一定的行业知名度，如婚博会与珠宝展、家装展的合作，房地产博览会与婚博会的结合以及在房地产博览会当中引入高档奢侈品如游艇、私人飞机等的展示，都是市场共享的重要例子。立足于观众市场的需求、消费特点，找准合作的契合点，引入权威、具有实力的合作方，对于迅速扩大展会规模、提高展会人气具有显著效果。

【案例分析】国药励展上海首办"集群展"

为了增加自身市场份额，短时间内突破规模"瓶颈"，部分会展企业利用自身资源优势，根据产业链的上、下游关系，将处于同一个产业链中不同环节的行业展会整合在一起，共享多方的市场，深层次地挖掘这一产业的需求与市场。

2015年，国药励展公司在上海虹桥国家会展中心举办首届健康产业领袖峰会（THIS），该峰会由国药励展首度融合旗下贯通医药医疗健康产业链的三大展会——医博会（CMEF）、药交会（Harm China）、原料会（API China），建成中国健康产业史上规模最大的会展集群。

首届健康产业领袖峰会整合了 100 场以上的主题会议和 26 万平方米的国际展览，集中展示来自全球 6000 个精选展商的数万种高质量和高性价比的医疗设备、医药产品、原料药剂及其他相关产品和服务。展会为来自 140 个国家和地区的 15 万专业观众在贸易合作、学术探讨、业务拓展、经验分享等方面打造了一个崭新的平台。

资料来源：林云. 国药励展上海首办"集群展"［J］. 中国会展，2014（13）.

2. 与专业服务代理合作

一个展览会的展示内容涉及众多细分行业，而组展方的"触角"未必能够延伸到行业的每一个角落。为了提高招展效率，将更多的时间与精力投放于展会的组织与服务上，部分组展方将委托专业的招展代理企业开展招展工作。

此类招展代理商熟悉展会情况，同时长期与细分市场当中的企业接触，对企业需求有更深刻的了解，积累了一定的参展商资源。选择诚实可信、富有经验的招展代理，双方可共享专业资源，也为参展商提供了更加规范、优质的服务，从而促进展会的专业化发展。

3. 与专业媒体的合作

近年来，媒体自办展会势头凸显，组展方和媒体形成竞合关系。媒体在广告经营领域如房地产、汽车、教育、家装等行业积累了大量稳定的广告客户，这些客户源将成为其招展的重要信息基础。媒体通过有针对性地邀约，并配合其他类型的宣传渠道将展会信息捆绑销售给广告客户，成了具有吸引力的营销宣传产品。稳固的广告客户关系大大减轻了媒体招展工作的难度，也降低了挖掘潜在客户的成本。同时，媒体可通过整合自身宣传渠道，充分利用自身资源优势进行展会宣传，使宣传成本大大降低。

展会组展方可通过信息共享、资源置换等形式与专业媒体合作，提高招展效率，降低办展成本与风险，形成共赢的局面。

一方面，组展方需要通过媒体进行广告宣传，提高自身影响力；另一方面，会展活动作为一个区域的热点问题，亦是媒体关注和报道的焦点。随着媒体在社会功能上的深化，其社会影响力不断增强，展会组展方和媒体的合作关系已不再停留在单纯的宣传合作上。

三、参展商市场与观众市场共享

组展方、参展商与观众组成了会展最核心的关系圈层。相对于组展方，参展商与采购商两者的关系更为密切，参展商往往更加了解采购商的需求。小伦纳德·霍伊尔在《会展与节事营销》一书中对未来节事营销方法做出了预测，他认为"合作营销将成为展览会的重要营销方法，参展商逐渐成为营销合作者、销售商"，合作营销将能够有效降低展会的组织成本、提高市场细分的能力。

全球最大的小商品批发中心——义乌小商品批发市场拥有经营商位 6.2 万余个，每个经营户都有自己的一个客户网络，整个市场就是一个庞大而完善的国内外客户关系网络。中国义乌国际小商品博览会（义博会）发动全体商城经营户邀请中外客商，并推出"组织专业客商参会，按境外客商 50 元/人、国内客商 25元/人"的奖励政策。通过各类鼓励政策，充分发挥了专业市场与展会的联动效应，以市促展、以展兴市，很多经营户不仅邀请其采购商参观，还邀请到上游供应商前来参观。

专业观众也是展会的重要推动力量，有效的专业观众能够提高展会规格，对参展商形成强大的吸引力。因此，组展方应该尽力盘活参展商与专业观众两方市场，鼓励参展商邀请客户到展会现场进行贸易洽谈、行业交流，带动展会人气。同时挖掘优质、强势的采购商前来展会，以此作为展会亮点，吸引更多企业前来参展，形成"招展促招商，招商带招展"的良性循环。

第四节　利益一体化

会展活动能够在短时间内聚集大量人、财、物，涉及组展方、参展商、观众、协助方、服务方、媒体等多个利益群体。过去"单纯服务于供应商和消费者"的思想已无法适应会展行业的发展。展会活动的组织是一个搭建平台、整合平台、共享平台的过程。搭建多方共赢的平台，成为展会持续发展的要义。"平台"的概念并非简单地指提供渠道及中介服务，而是通过激励平台中的多方互动、交流，最终打造一个多主体互利共赢的生态圈。

一、价值链的重组

传统的营销渠道是单向的、直线式的（见图 2-9）。处于产业上游的企业生产产品，通过中间商销售给终端消费者，产业链中的前一个环节主要与后一个环节打交道，前一个环节为讨好下一个环节而努力，后一个环节只关注前一个环节的信息。因此，供应商只能依赖于中间商向消费者销售产品，而消费者也只能接触到相对有限的供应商，获取经过中间商筛选的产品信息。

图 2-9 传统营销链条

会展的出现打破了这一单一链条。组展方作为展会的组织者，主要负责展会的策划、组织、操作及管理工作，为参展商和观众搭建沟通的桥梁。参展企业通过展会活动，接触到数量庞大的批发商、零售商等中间商，同时亦能接触到终端消费者，向目标客户提供产品信息，促进产品销售，展示企业形象。观众通过展会了解产品信息，购买产品及服务，获取行业动态。物流、信息流、资金流在组展方、参展商和观众之间双向传递，最终形成了由组展方、参展商和观众三位一体的"经三角"（见图 2-10）。

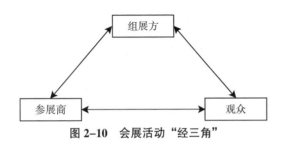

图 2-10 会展活动"经三角"

二、平台生态圈的构建

随着展会活动的成熟，单纯凭借组展方一方力量已经难以满足展会的需求。组展方将依托政府、相关行业组织、企业等协助方的优势进行招展、招商以及宣传推广工作。同时，利用行业杂志、网站、行业内同类型展会、大众传媒、户外广告等媒体力量，为展会营造良好的舆论氛围，加强宣传推广效果。最后联系场馆、展览搭建、物流、酒店餐饮及中介服务等服务方以保障参展商及观众的后勤服务。展会协助方、服务方及媒体的进入，使会的平台效应初显（见图 2-11）。

1. 服务方

服务方是指为展会主办方、承办方、参展商、观众及其他与会者提供各类服务的企业，包括展览场馆、展览搭建、物流、酒店餐饮、旅行社、银行保险、公关广告等。服务方所提供的服务涉及展会的方方面面，是展会举办的重要基础。

2. 协助方

协助方是指对展会的组织、操作、招展、招商、宣传推广具有协助、支持作

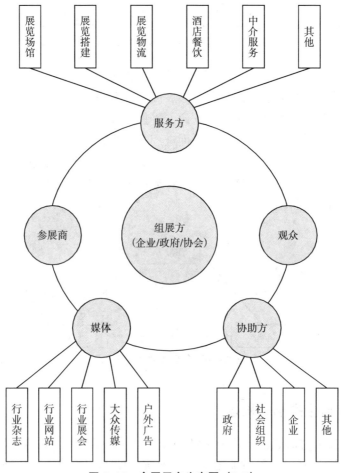

图 2–11　会展平台生态圈（1+5）

用的机构或组织，如政府机构、社会组织、相关企业等。通过协助方的力量，组展方能够接触到更多潜在的参展商及专业观众，有助于展会的组织及招展、招商工作的开展。与协助方建立长久、稳健的合作关系，将展会的宣传推广工作有机地结合到协助方的日常工作及业务当中，为展会活动提供了有力的保障。

3. 媒体

媒体是指各种传播会展信息的媒介。根据媒体宣传所针对的对象及目的的不同，我们将展会媒体分为专业媒体及大众媒体。专业媒体包括各类专业的行业报纸、杂志、行业网站、专业展会等，此类媒体专业性强、针对性高，对于吸引潜在参展商、专业观众，提升展会在行业当中的品牌竞争力具有重要作用。大众媒体包括大众报纸、网站、广播、电视、户外灯箱等等，此类媒体覆盖面广泛，有助于在社会大众当中形成一定的舆论氛围。综合运用专业媒体和大众媒体为展会进行内容丰富、形式多样的广告宣传，能够有效塑造展会形象，提高展会知名度。因此，媒体是展会活力的源泉。

三、关系网的增值

组展方将参展商和观众集中于一个平台，随着参展企业数量的增长，展会的展示内容更加丰富、信息容量更加庞大，对观众形成强大的吸引力，能够促使更多的观众参与到展会活动当中；同时，观众对展会的关注，也会成为企业参展的重要动力。参展商和观众形成相互作用的一对拉力，从而带动更多参展企业与观众向展会聚拢，形成一定的规模效应。

当参展企业及观众数量积累到一定数目，展会形成一定规模时，将吸引相关的行业及机构参与到展会当中，如协助方、服务方、媒体等，这又进一步促进了展会的转型升级。多个利益方相互交织的关系网络价值在其互动当中得以注入强大的增值力量。

展会平台的价值是通过关系网的建立与互动而实现的。因此，在进行展会策划组织的时候，组展方应当致力于经营联系展会各方利益群体的关系网络，构建平台生态圈。积极运用协助方力量加强自身与参展企业、潜在参展企业的联系；利用多种媒体资源，拉近参展企业与观众、社会大众之间的联系；选择优秀的展会服务商，做好展会服务保障，为展会的顺利举行夯实基础。组展方与参展商、观众、服务方、协助方、媒体共同成长，维持生态圈利益平衡，最终达到"1 + 5 > 6"的效果。

第五节　产业无边界

根据国际会展业界研究，一个成熟的展会对相关产业将起到 1:9 的带动作用，可见会展产业具有其他产业难以媲美的联动效应。会展活动的举办不但为自身发展提供动力，同时能够为其他相关产业的发展带来契机、创造条件。另外，相关产业的支撑与协助也是会展活动成功举办的必要条件。会展活动的举办，涉及旅游、交通、金融、建筑等各个行业，对于会展举办地影响深远。因此，会展业若希望得到政府和社会各界的支持，就不能局限于传统的会展产业系统，而应该打破产业边界，从"大会展"的层面理解会展产业。

因此，本节将着重研究会展产业与其他相关产业的互动关系。通过厘清会展产业的核心系统、介入系统及支持系统（见图 2-12）的关系，跳出"小会展"

的行业圈子，向"大会展"转变，将为会展活动的可持续发展提供必要的支持和保障。

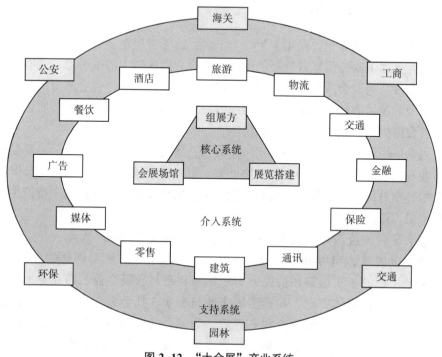

图 2-12 "大会展"产业系统

一、会展核心系统

会展核心系统主要指会展产业中最直接的参与者，为展览活动提供服务、场馆及设施的企业或组织，包括会展组展方、会展场馆以及展览搭建单位，是会展产业中提供最基础核心服务的机构。

1. 会展组展方

会展组展方主要是指负责展会组织、策划、管理等事宜的相关单位或机构。作为展会项目的开发者或品牌拥有者，主要从事展会的策划、营销、组织与管理等工作，把握着展会发展的方向，协调展会多方关系，可谓是展会的"大脑"。

2. 会展场馆

会展场馆主要为展会提供展示场地，包括灯光、空调、安保等基本配套设施与服务。作为展会活动最重要的硬件依托，场馆是展会活动的有形载体，是不可或缺的基础条件。胡晓蕾（2005）指出，会展产业各利益主体的价值需要通过会展场馆实现。场馆不仅是物流中心，更具备商品展示中心、交易中心、信息中心、服务中心等功能，是物流、商流、信息流、服务流及知识流的重要节点（李翔，2006）。可见，基础设施完善的场馆，是展会活动安全、有序举办的基本条件，服务专业、配套设施及服务完善、交通区位条件优良的场馆将为展会的形象及举办效果增色不少。

3. 会展承建商

会展承建商主要负责展位的搭建工作，是展会举办过程中不可缺少的一部分。由于会展承建商在筹展期及展会现场有很多机会与参展商打交道，其展位外观设计能力直接影响展会的整体形象及参展商的展示效果，其工程施工质量是展会安全、有序举办的基础保障，因此承建商的服务工作成为组展工作的有机组成部分，其工作效果和服务水平极大地影响到参展商对于展会的满意度和看法。

此外，经验丰富的承建商还能够充当组展方和场馆方之间的桥梁，统筹场馆的各项设施与设备，使组展方与场馆方的沟通更加顺畅。

二、会展支持系统

从最早的用于交换产品的市集展示到如今的综合性经济活动，会展活动已不再是一个孤立的概念，而是涉及多行业的综合性社会经济活动。日益成熟的会展行业要求吸收更多行业加入到产业圈层当中，为参展商及观众提供更加专业、细致的服务，提升会展核心圈层的规模及层次。会展核心系统作为多方的桥梁及纽带，将多个相关行业连接起来，使组展方、参展商、观众以及圈层内各行业之间产生双向沟通与互动，从而提升会展支持系统当中各行业的整体水平。

会展支持系统主要是指与会展活动举办紧密相关的、为其提供支撑服务的行业，包括餐饮、酒店、交通、旅游、零售、物流、金融、保险、广告、媒体、通信、建筑等行业。会展产业联动性强，能够带动餐饮、住宿、交通、旅游、购物、广告、装饰、通信等多位一体的"第三产业消费链"（傅婕芳，2007）。

会展支持系统中的餐饮、酒店、交通、旅游、零售、通信业为参展商及观众的吃、住、行、游、购、娱提供便利；专业的广告、媒体、建筑服务为组展方及参展商的营销宣传工作提供支持；物流、金融及保险行业则与展会的产品交易、运输联系密切。会展支持系统中的行业，其服务贯穿于从展会筹备到现场及展后的各个环节，它们之间相互协作，最终共同为展会活动提供专业的服务支持。

【案例分析】产业无边界下的会展整合营销

美国飓风网络公司（f5）中国区市场总监王学军指出，2013年企业用于会展营销的费用预算从30%~40%缩减至20%~30%。"他们对会展营销有更高的要求了。"他说道，企业希望通过会展活动加速客户采购决策。

可见，越来越多的企业的会展需求不再局限于单纯的参会、参展服务上，而是要求更加系统、完善的"一揽子"营销解决方案，包括商业接待、会奖旅游、公关策划、广告传播等，这将促进会展服务供应商的变革。整合营销将成为行业发展的重要趋势，充分调动包括餐饮、酒店、交通、旅游、零售、物流、金融、保险、广告、媒体、通信、建筑等会展支持系统资源，结合会展介入系统环境优势，围绕会展产业链进行整合营销，将大大增强会展服务供应商的竞争优势。

资料来源：韩金萍. 2014 MICE：市场更加精细 [J]. 北京商报，2014（1）.

三、会展介入系统

会展介入系统主要指为会展活动提供基础设施，为其营造良好的办展氛围的依托行业。由于会展产业是综合性强、关联度高的服务贸易行业，同时展会活动具有较强的地域植根性，所以在策划展会活动时，不能够割裂展会与区域宏观环境的内在联系。

当地海关及工商部门相关政策将直接影响展品可否如期、顺利运抵展会现场，并进行各类商品展示及交易活动。组展方应充分与海关、工商等部门协调配合，为展品、商品的进出口及交易提供基础条件。此外，当地公安、交通、园林、环保等部门的配合将使展会在一个安全、有序而舒适的环境中举办。

会展介入系统中的各个行业为展会提供了政策、技术和社会资本的支持，是展会顺利举办及持续发展的动力和土壤。

第六节 "跳出"系统外

会展产业对于一个区域社会经济的影响有目共睹，学术界对于会展业功能的研究亦相对完善，主要强调会展业为举办地带来的经济效益以及对区域整体形象的提升作用，但有关单个展会乃至会展行业发展所需条件、区域对会展业发展的推动作用等方面的研究则相对较少。

事实上，一个展会的发展离不开其举办地的宏观环境，产业、经济、社会、政治、技术以及基础设施等因素都为展览活动提供了动力和支撑作用，还可以借助其他区域的外力为展会注入新的生命力。因此，在进行展会策划时，除了关注"大会展"产业的因素外，还需要跳出系统外，从展会所在区域的宏观环境以及国内外全局对展会进行把握，使展会始终充满活力。

一、"跳出"项目研究项目

组展方如果只关注会展策划、组织及管理工作，往往容易出现"项目近视症"——过度关注项目策划本身，而忽略市场需求及办展宏观环境，导致展会脱离行业发展背景，最终失去竞争力和活力。因此，会展策划应该"跳出"项目策划固有思维，将展会项目置于更广阔的发展环境中进行思考，使其适应于产业发展、市场需求以及举办地宏观环境，从而保持项目活力。

1. 从短期到长期

组展方与展会客户之间的联系与合作并不局限于展会现场，而应该是"全天候"的。部分组展方通过招商会、展会巡演、网上展览会等形式，使展会从短期活动发展成为全年活动，大大拓展了展会的范围，提升了展会的影响力。

2. 从线下到线上

通过网络虚拟展览会的形式，能够突破展会场地的空间限制。以图像、文字、音频、视频等多媒体手段，更加全面、细致地反映产品或服务特点，这是对线下展览会的有效补充，进一步提升了展会展示效果。

3. 从实物产品到品牌形象

随着服务经济和体验经济的兴起，参展商及观众除关注行业新产品、新技术外，更注重企业品牌形象的建立与巩固。因此，组展方还应该把握市场需求发展趋势，协助参展商做好品牌展示工作，丰富展会内涵。

二、"跳出"会展研究会展

会展活动以城市会议展览设施为依托，与会展举办地的产业、经济、社会文化、政治、科学技术以及区位优势等因素息息相关，因此，会展活动不仅需要在会展产业当中寻找发展的动力，更需要从会展举办地的宏观环境中挖掘新的生机。在进行展会策划时，应综合考虑展会所在区域的宏观发展背景等多方因素，确定展会的定位及基本框架。

1. 产业条件

（1）产业规模。某一专业展会举办地的产业规模将直接影响参加展会的潜在客户数量。如果该产业规模较大，并形成了一定的集聚效应，一方面其主导产业及上、下游相关产业能够为展会提供潜在的参展商及观众基础；另一方面为展会主题向上、下游进行延伸和拓展提供一定的空间。同时成熟的产业配套，能够为展会展品的储藏、运输等环节提供配套服务。

（2）产业品牌力。当一个区域内基于产业集群及产业优势，拥有相当规模、较高市场占有率和影响力的优势产品时，该区域将在消费者心中形成有别于其他区域的公共品牌。对于已形成产业品牌效应的地区而言，在该地区举办相关行业的展会，能够充分凸显区域产业优势地位，对其他地区该产品的供应商、消费者产生巨大引力，有利于该展会向更大规模、更高层次发展。

【案例分析】从"鸡毛换糖"到"批发市场+展览会"的义乌模式

30年前的一群义乌人，肩挑糖担，手摇拨浪鼓，走村串户，用自制的麦芽糖换取鸡毛，然后再把鸡毛扎成鸡毛掸子出售。"鸡毛换糖"，正是改革开放前义乌人从事商贸活动的经典写照。

但是谁也想象不到，最初"鸡毛换糖"的义乌从地摊、"马路市场"实现升级，先是过渡到搭棚设架的棚架市场，然后走向室内市场，再推进到门店市场，最终成长为享誉全球的小商品批发市场。

义乌小商品批发市场始建于1982年，经历五次搬迁、九次扩建，经营面积400万平方米，经营商位6.2万余个，经营工艺品、饰品、文体用品、化妆品、小五金、袜子等43个行业、16个大类、4202个种类、33217个细类、170万种商品[①]。

在义乌，大多数产品的利润微乎其微，但却吸引着世界各地的企业纷至沓来，日客流量20多万人次；市场日进货车辆达500余辆，日出货量近1000个集装箱，商品销售到215个国家和地区，市场外向度65%以上[②]，并形成了针织袜业、饰品、工艺品、文化用品、拉链、毛纺、化妆品等20多个优势行业。2011年义乌商品市场成交额高达677.85亿元[③]，连续21年居全国各大专业市场榜首，是中国目前最大的小商品集散中心、物流中心和信息中心，也是最大的小商品制造和研发中心，是田埂上崛起的"曼哈顿"。

中国义乌国际小商品博览会正是在如此独特的行业土壤中应运而生。经过19年的发展，2012年第十九届中国义乌国际小商品博览会现场设置标准展位4500个，围绕当地优势产业，展示饰品及饰品配件、工艺品、日用品、文体用品、内衣、袜子等产品；有来自全国30个省（市、区），中国香港、中国台湾、中国澳门以及美国、印度、伊拉克、澳大利亚、韩国等59个国家和地区的2747家企业参展；实现成交额166.15亿元，其中，外贸成交额16.96亿美元，占总成交额的62.1%；共吸引了来自203个国家和地区的196957名客商参会，其中境外客商22201人[④]。

义乌凭借小商品市场的规模优势，开创了"批发市场+展览会"的特色会展发展模式，亦正是义乌独特的市场优势为义博会提供了庞大的参展商和采购商群体以及极其丰富的产品资源，实现了商品展示、市场交易和经营效益的有机结合。随着义乌会展业与特色市场的互动发展，义乌已形成以中国小商品城（国际商贸城市场群、宾王市场群、篁园市场群）为核心，50余个专业市场及专业街为支撑，运输、产权、劳动力等要素相配套的市场体系。

"义乌模式"的成功表明，规模化、品牌化的专业市场是展会快速发展的重要促进因素。目前国内一批依托专业市场优势成长起来的专业展会亦得到长足发展，如大连服装展、乐从家具展，等等，这也是许多中小城市发展会展经济、提升产业市场影响力、带动地方经济发展的重要典范。

资料来源：
①②崔大树. 主导产业提升县域城市化水平的作用机制分析——以浙江义乌市为例 [J]. 经济地理，2010，30（2）.
③陶海青. 义博会打造小商品国际化大平台 [N]. 中国贸易报，2012-10-23.
④中国义乌国际小商品博览会官方网站 [EB/OL]. http://www.yiwufair.com/about/ljhg/t19910.html，2013-12-19.

（3）产业开放性。产业外向度越高的地区，对展览会的需求越大（刘大可，张丛，2012）。产业的开放性直接影响展会的辐射范围及国际化程度。若展会所在行业的产品以对外销售为主，产业外向性强，对外经济贸易联系相对密切，将提高展会的对外辐射能力，吸引外地企业前来参展或参观，从而使展会的参展商及观众结构更为多元化，并提高展会的国际化水平。

【案例分析】汉诺威——工业制造业托举的会展之都

汉诺威工业博览会（德语：Hannover Messe），是世界上规模最大的工业技术博览会，每年在德国北部城市汉诺威的汉诺威展览中心举行。汉诺威工业博览会始于1947年。第一届博览会位于汉诺威南部的一座未被战争摧毁的工厂内。这次展览会由德国军政府组织，为了复兴战后的德国经济。第一届博览会被通俗地称作"沙甸鱼三明治博览会"（Sardine Sandwich Show），这主要是因为每位参展者在报到时组委会都会向他们派发沙甸鱼三明治。第一届博览会成功举办之后，汉诺威工业博览会每年举办一次，并促使汉诺威成功发展成为展览会之城。

汉诺威工业博览会能够取得如此大的成功，除了由于起步较早外，更有赖于汉诺威城市发展宏观背景。汉诺威是工业制造业高度发达的城市，德国的汽车、机械、电子等产业都以这里作为中心。它还是著名发明家西门子的诞生地，工业以机械（机车、汽车、拖拉机、电工器材和精密机械）、化工等制造业为主，有全国最大的轮胎厂；并有钢铁、橡胶、钾肥、染料、纺织等部门；制造业尤为突出，更有全球驰名的乳胶漆制造商"赛乐菲"（ZERO）公司；电子工业技术先进，德津风根公司的工程师研究出PAL电视制式，为世界上许多国家所采用——可见"德国制造"在全球的地位及高度都是其他各国难以企及的。

2007年8月6日《商业周刊》发布的"全球最有价值品牌100强"中,德国有十大品牌入榜,仅次于美国居全球第二位。德国的十大品牌其中有八家属于制造业,特别是五大汽车品牌价值同比增长9%,达到608亿美元,彰显了"德国制造"的强大力量。

孕育于德国工业制造业肥沃土壤的汉诺威工业博览会毫无疑问地成了全球革新工业技术产品和自动化技术最主要的展示平台和世界行业趋势的"晴雨表"、世界领先科技的代名词,众多高层决策者都将它看作商业和行业领域不可缺少的重要参考。

资料来源:肖吉德.汉诺威工业博览会品牌魅力[J].电气时代,2007(8).

2. 经济条件

经济发展水平较高的区域,其资本增加、投资活动更为活跃,人才、物流、信息流动性较强,这些重要的社会生产要素流入会展业后,对于当地的会展业发展及各行业专业展会来说,都带来一定的积极影响。而经济因素对展会举办地酒店、餐饮、旅游及基础设施建设等会展介入系统和支持系统产业的影响也将间接影响参展商及观众的参会意愿。

上海作为我国经济发展最快、国际化程度最高的城市之一,集中了大量的人流、物流、资金流,是国际生产经营商进入中国市场的首选地,以上海为中心的长江三角洲城市群也是中国经济最活跃的地区之一。《上海建设国际贸易中心"十二五"规划》指出,上海集聚了国内外商贸企业总部和企业运营管理中心、品牌运营中心、资金结算中心、物流中心、分拨中心、销售中心和采购中心等,成为众多国际高端商品和服务品牌的中国地区总部、亚太地区总部。

总部经济集群和高度发达的进出口经济衍生了不同行业的展示需求,中国会展经济发展报告(2013)数据显示,2012年上海共举办了806个展览项目,总展出面积达到1109.3万平方米。同时,德国汉诺威展览公司、杜塞尔多夫展览公司、慕尼黑展览公司等一些大型的外资会展企业集团已进驻上海会展市场,旗下的一些国际性专业展会也纷纷移植到上海。《2013年中国展览数据统计报告》数据显示,截至2013年,上海国际展览联盟(UFI)会员达到22个,国际展览联盟认证会展20个,成为我国重要的会展中心之一。

3. 政治条件

会展活动离不开举办地当地政府政策的协调与扶持。会展行业牵涉到许多经济活动部门,尤其是城市基础设施的支撑,这就需要政府在其中担任协调的角色。此外,政府对于展会活动消防、安保、工商管理、展品进出口等方面的相关政策与法律法规都对展会产生较大的影响。

4. 社会文化条件

会展活动不但是一个经济活动，由于"大会展"圈层涉及范围之广，会展活动已经上升为一个包含举办地社会、经济、文化等方面的综合性现象。展会举办地的社会文化背景，对该展会的可持续发展具有重要的意义。

一方面，举办地的社会环境需要具有强大的稳定性，避免出现战争、疾病、自然灾害等社会不稳定因素，这是展览活动能够持续举办的基本前提；另一方面，展会举办地对于外来文化及创新思维需要具有一定的开放性和包容性，当地居民能够与外来参展商、观众和谐共处，同时接受更多题材和形式的展会在当地举办，这对于营造良好的展会社会环境、提升展会水平都具有重要的意义。

【案例分析】"阅读者之家"造就最大的图书博览会

法兰克福国际书展作为全球最大的图书博览会，迄今已有 500 多年的历史，是全球最重要的国际图书贸易信息服务平台及国际知识产权交易平台，全球出版人交流贸易的圣地。2013 年法兰克福国际书展共有来自全球 102 个国家共 7275 家企业参展，其中德国参展商 2827 家，国际参展商 4448 家；共吸引了全球超过 130 个国家和地区的 275342 位采购商参加。有人不禁会问，这个被誉为"图书界的奥林匹克盛会"的成功秘诀到底是什么？

除了与时俱进的展览内容和形式、设立"主宾国"的国际化视野及战略、专业高效的操作团队外，展览地德国独特的展览条件也是法兰克福国际书展获得成功的重要因素。

（1）"阅读者之家"。日耳曼民族是一个崇尚知识、热爱阅读的民族。在德国，经常可以看到人们在火车上、地铁中捧书阅读，在湖边草坪上亦有人利用闲暇时间看书，不少年轻人早早地来到图书馆等待开门进馆借阅图书。截至 2007 年，仅拥有 8300 万左右人口的德国就有 11500 多家图书馆，其中藏书量最丰富的三个国家级图书馆分别在柏林、法兰克福和莱比锡，另外还有很多州属图书馆、城市图书馆、高校图书馆、社区和乡镇图书馆等。正是良好的民族阅读氛围造就了丰富多样的图书市场环境。

（2）"地球村"城市。法兰克福作为一个具有开放性的国际化大都市，在人口构成方面具有多样性。截至 2012 年，法兰克福区域总人口近 560 万，法兰克福大都市区人口约为 230 万，法兰克福城市人口约 70 万。截至 2012 年，法兰克福市区除 58.1% 德国后裔外，还有来自世界各地的移民，多年以来法兰克福的外籍人口占 25% 左右。在这里，多元城市文化应有尽有，苹果酒与寿司、咖啡与茶、教堂钟声与时尚摇滚乐……不同文化元素和谐而完美交融，被誉为"地球村"城市，为各类展览商贸活动营造了一个开放、包容的社会氛围。

（3）友好邦交之城。法兰克福还充分发挥自身所拥有的各类国际资源聚合级辐射能力。通过缔结友好城市或姐妹城市，使会展与城市外交形成相辅相成的资源互动。法兰克福与欧洲所有城市都具有天然的紧密联系；同时，作为世界金融城市，法兰克福与世界近百个城市有着频繁的合作交流与互动。稳固而广泛的友好城市体系成了法兰克福国际化发展的桥梁与资源，使法兰克福获得了更加丰富的国际资源，并为世界众多城市打造合作与展示的平台。

独特的社会背景为法兰克福举办各类展览及节事活动提供了一个稳定、和谐而开放的宏观环境，而其浓厚的人文氛围和民族传统文化习惯更使其成为图书展览的首选举办地。

资料来源：李永宁. 国际大都市的辐射效应研究——法兰克福都市区发展案例[J]. 城市观察，2013（5）.

5. 技术条件

举办地的技术环境对于展会营销、管理以及展示方式都具有重大影响。一方面，在大数据时代下，互联网思维已经渗入到各行各业当中。在技术条件较为坚实的地区，展会能够更好地实现智能化、网络化营销与管理，如参展商及观众的网上参会系统、客户关系管理系统等的运用，都能够提高展会服务质量；另一方面，将新媒体、新技术运用到展会展示上，如多媒体展示、网上虚拟展馆、网上展览会等，率先在部分技术条件良好的区域得到实现，并为展会的举办增色不少。

【案例分析】 大数据引发的会展服务革命

"智慧会展"是基于云计算、物联网、大数据应用等技术，突破传统展会时间和空间的局限，以"O2O2O"模式实现"线上到线下再到线上"的循环互动，从而达到真正的线上线下、业务驱动、数据核心的"智慧会展"。"智慧会展"主要采用人员分析系统来分析人员行为方式，建立行为数据模型，为组展方和参展企业提供智能化的服务；同时，采用3D技术将展馆和展位直观展示给参展主体和观众，达到虚拟展会的要求，打破空间和时间的局限。"智慧会展"致力于融合服务平台，开创新的展会服务模式，在提高会展效率、降低参会成本、节约资源等方面凸显优势。

目前"O2O2O"模式运用到了展前、展中、展后各个阶段，具体表现为：

（1）展前阶段。展前阶段可以为参展商提供网上注册的服务，为其提供线下展位的在线预选，再确定参展时间和参展产品范围，根据自身需要和资金预算，再最终选择展位的朝向、面积、位置等。

同时，预选展位服务可以提供可视化的动态客流量模拟，辅助参展商进行选择。成功预定后，可以网上预览展位3D效果图，预先构思好展位内展品的摆放方式。组展方也可即时地了解展位出租情况，为参展商提供更贴身、更智能化的服务。

（2）展中阶段。参展商可以通过手机平台，进行人性化的互动营销和对接，提高交易效率。"LBS定位服务"可以记录采购商的浏览路径、停留时间等十分有价值的数据，可以为以后参展商进行深层次的数据挖掘打下基础。

（3）展后阶段。展后阶段一是可以根据需求以及展览所得的数据，进一步挖掘和拓展有利于后期展览行业发展数据，通过转化以更加直观的形式展示给大众。二是针对展馆延拓的概念，展会结束后，参展商还可以继续在线上展出展品，实现实体展会的虚拟化。这一阶段再一次实现从线下到线上的过渡，帮助组展方更加准确地把握市场脉搏和行业的市场容量，最大限度降低决策风险。三是通过整合分析可提供整个展会的行业报告，促进行业的整体提升。

在2014国际化妆品展上，上海百文会展有限公司就通过与服务商的合作，实现了"智慧会展"，在展会期间实现了两个大厅的用户登记、注册以及社会化媒体的营销，几天的展会下来，虽然只是初步在展中阶段实行了"智慧会展"，但该展会微信的粉丝量猛增几万，并为其直接带来了订单和成交额，初步尝试"智慧会展"带来的好处。

资料来源：林云，葛菁.大数据淘金——移动互联背景下的会展规则颠覆运动［J］.中国会展，2014（13）.

6. 区位条件

区位条件主要指举办地的自然环境及交通通达性。宜人的气候、优美的自然环境、丰富的旅游资源都是一个展会举办的有利因素。气候变化的特征与周期性往往会影响在当地举办的展会主题以及办展频率。此外，一个地区的地理位置、对周边地区的辐射性、交通的通达性等都会直接影响参展商及观众的参展兴趣以及参展体验。良好的区位条件将为展会发展奠定得天独厚的先天条件。

【案例分析】法兰克福会展业区位分析

法兰克福是德国第五大城市，位于德国西部的黑森州境内，处在莱茵河中部支流缅因河的下游，对莱茵河及缅因河流域、对整个德国腹地具有特殊的辐射力。

法兰克福是德国乃至欧洲工商业、金融服务业和交通中心之一，在德国人口最多的50个大城市的经济活力排名中位居首位，在生活水准排名中居慕尼黑和斯图加特之后列第三位，德国最大的100家工业企业中有20家总部设在法兰克福。此外，这里还有 400 多家银行、700 多家保险公司以及无以数计的广告公司①。

作为欧洲最大的交通枢纽，法兰克福是欧洲的重要门户。作为内陆城市，法兰克福拥有无与伦比的法兰克福空港、庞大的高速公路路网，还有连接整个欧洲和城市周边区域的高铁、地方铁路以及城市轻轨。法兰克福机场是欧洲第二大机场，2012 年法兰克福机场的客运量为 5750 万人次，根据机场的客流量及货运量统计，它已跻身世界前十，成为欧洲最繁忙的机场。到 2020 年，有计划扩建的机场第三航站楼建成后容量将提高到 8800 万人次②。法兰克福铁路交通网络十分发达。每天有超过 1100 趟列车来往于法兰克福与其他国家及国际旅游目的地以及 700 趟列车发往法兰克福周边地区，每天客运量约为 35 万人次③。

法兰克福还是德国重要的文化中心。这里是德国伟大诗人、剧作家、思想家歌德的诞生地，市中心有歌德旧居、博物馆、图书馆，共有 17 个博物馆和许多的名胜古迹，旅游资源相当丰富。

良好的通达性大大增强了法兰克福的区域辐射能力，而丰富的旅游资源更是为各类展贸客商提供了良好的参展体验，是法兰克福成为国际展览中心的重要宏观环境因素。

资料来源：
① 刘晓丽，李敏. 国外的旅游名景［M］. 北京：中国社会出版社，2006.
② 李永宁. 国际大都市的辐射效应研究——法兰克福都市区发展案例［J］. 城市观察，2013（5）.
③ 法兰克福官方网站［EB/OL］. http://www.frankfurt.de/sixcms/detail.php? id=stadtfrankfurt_eval01.c.317693.en.

三、"跳出"区域研究区域

尽管展会举办地的各宏观条件对展会的发展具有深远的影响，但是一个区域具有某一条件的缺陷未必会影响展会最后的成功。事实上，只要会展策划人员善于搭建不同区域之间的"通道"，从国内乃至国际的全局上寻找展会发展的动力，仍然能够带领展会取得最终的成功。

1. 借助"外脑"

在行业展会实际操作中，某些成熟的展会随着国内市场趋于饱和而遭遇发展的"天花板"，桎梏了向上提升的空间。因此，组展方需要进一步开拓国际市场，其中最直接的方法便是引进国际展览公司，实现全球化运作，从而提高展会的国际影响力。

由于我国会展行业发展基础并非十分坚实，很多组展方对于国际参展商、专业观众的组织能力仍有所欠缺，因此通过与国际展览集团合作，可实现资源互补，各取所需，是展会快速实现国际化的有效途径。

【案例分析】"光亚展"借"外脑"成就世界第一大照明展

广州光亚展览贸易有限公司（下称"光亚展览"）作为一家国内本土民营会展企业，利用九年时间将广州照明展培育成为中国照明行业最大的专业展览会。但当很多人还享受着广州照明展"第一"的光环时，光亚展览却接受国外会展巨头法兰克福展览公司抛来的橄榄枝，合资组建广州光亚法兰克福展览公司，共同运作广州照明展，这一决定让业界惊呼"看不懂"。

中国是全球灯饰产品生产和消费的最大国家之一，而广东则是全国照明电器产品主要的生产基地，雄厚的行业基础为广州照明展的成长提供了肥沃的土壤。广州国际照明展览会从1996年开始创办，九年来展览面积以平均每年70%的速度增长，至2005年已发展成为世界第二、亚洲第一的国际级照明展。

然而随着市场竞争的激烈化，广州国际照明展受到了多方的挑战，其中最致命的威胁是来自全球第一大照明展——德国法兰克福照明展。作为世界最大的会展机构之一，法兰克福展览公司有进军中国市场的意向。在这一形势下，光亚展览董事长潘文波冒着企业有可能被吞并的风险，毅然决然地与法兰克福展览公司合资筹建新公司，共同运作广州照明展。

尽管这样的决定让业界感到不解，但事实上这场合资并购却让光亚和法兰克福双方在品牌和资源上得到了完美结合。在法兰克福公司强大的客户资源基础支持下，广州照明展在一夜之间获得了近12万家来自全球100多个国家和地区的专业买家资源，而对于法兰克福展览公司来说，入驻光亚展无疑为其提供了进入中国照明市场的入场券。

至2011年，在"世界老二"的位置蛰伏了八年的广州国际照明展终于实现了跳跃式发展：展览面积从合资前的四万平方米，发展到超过20万平方米，参展商数量从合资前的700多家增长到目前的近3000家，产值过亿元的参展企业从不到20家发展到800多家，海外观众数量从合资前的1000多人增长到每届稳定在20000多人，专业观众总数超过80000人，奠定了照明展全球第一的地位。

潘文波曾用"成功、满意、双方在品牌和资源上得到了互补"来评价这场非常规的"借外脑"行动。他认为，"与国外展览企业合作乃大势所趋，是国内展览公司向国际迈进的一个重要步骤"。外资的引进，不但整合了庞大的世界信息资源，更是引进了国际会展行业的运行规范、办展经验、优秀的管理手段以及先进的观念和理论。

正是光亚展览与会展大腕非常规逻辑的合资，造就了广州照明展这一世界第一大照明展，并以"行业展览—行业资源—行业网站"的逻辑缔造了会展电子商务"产业传媒",将广州照明展推向更高的发展层次。

资料来源:李向东.光亚展览——与大腕合资的非常规逻辑[N].中国经营报,2011-06-06.

2. 旧项目的转移

展会题材的选择往往是基于举办地的产业特征与优势。然而,经济全球化使得商品、资本、技术在不同区域乃至全球范围内转移和流动。在这一过程当中,举办地的产业优势有可能被削弱,其领先地位将被其他地区所取代。这将直接影响到展会的持续发展,在实际操作当中,主要体现为参展商及观众结构比例的变化。

此时,展会组织者可以对展会进行二次开发,在具有产业发展潜力的区域培育新的同类型展会,这既能更好地贴近产业需求,同时也是对原有展会的一个良好补充,对于扩大展会覆盖面、提高展会影响力具有重要作用。

【案例分析】法国戛纳房地产交易会海外培育历程

法国戛纳房地产交易会(MIPIM)是国际房地产行业一年一度的盛会,由法国瑞德集团(Reed MIDEM)主办,每年3月在法国戛纳举办。随着戛纳房地产交易会发展日益成熟,一年一届的办展频率已不能满足展会需求,办展场地、时间均限制了展会规模的进一步拓展。而且,单一的办展地点对于扩大展会影响范围、提高展会的延展性具有一定局限。某些新兴地区——如亚太地区的房地产行业发展表现出极大的发展潜力和市场空间。因此,从1990年开始,法国瑞德集团在中国香港举办亚洲国际商业地产投资交易会(MIPIM Asia),这是法国戛纳房地产交易会的亚太区版本。

亚洲国际商业地产投资交易会除了在会展组织和管理上一定程度沿袭了戛纳房地产交易会的特点外,还根据亚太地区房地产市场特点,在活动的内容、形式上进行了创新,使项目更加"接地气"。在展示内容上,主展区主要展示亚太地区的行业知名企业和最具创意、出色的商业地产项目等。由于近年来中国商业地产领域的迅猛发展,行业对于高端零售品牌需求增加,因此展会特设零售商专区,向大型购物中心展示自身品牌创意及发展模式。

在活动设置上,为了帮助与会者开拓亚洲市场,为国际发展商及投资商提供高效的沟通平台,亚洲国际商业地产投资交易会还举办了零售高峰会,包括超过20个主题演讲和专家研讨会,主题涵盖中国零售租赁、不动产投资信托、如何建立亚洲品牌、交通枢纽上的商业机会、商场建筑及推广等。同时举行十个以零售商业为主题的午餐会,加强业内人士的交流与经验分享。

亚洲国际商业地产投资交易会的举办丰富了戛纳房地产交易会的内容体系,

同时充分发挥了夏纳房地产交易会在国际房地产行业的知名度与品牌影响力，结合亚太地区房地产行业实际，打开了亚太地区市场的大门。目前除了亚洲国际商业地产投资交易会外，法国瑞德集团旗下房地产行业会展品牌覆盖了英国（MIPIM UK）、日本（MIPIM Japan）等国家。

资料来源：MIPIM Asia 官方网站［DB/OL］. http://www.mipim-asia.com.

3. 区域辐射下的项目生机

某些自身发展条件优势并不突出的区域，通过充分利用周边区域的辐射力量，把握自身优势，寻找错位发展的空间，亦能使自身项目焕发生机。

以中国电子展·深圳为例，该展会自 1964 年首届举办以来，已有 83 届办展历史，每年春、夏、秋三季分别在深圳、成都、上海举办。2013 年第 81 届中国电子展·深圳展览面积约 10 万平方米，约 1200 家电子厂商参展，专业观众73881 人，其中海外买家超过 5000 人。在深圳电子展同期，由中国香港贸发局举办的香港春季电子产品展在香港会议展览中心举办。它汇集了 30 个国家和地区近 3400 家企业参展，并吸引了全球近 68000 名买家到展会现场进行采购。与中国香港电子展以消费型电子为主不同，深圳电子展主要展出专业化的电子产品，在展品类别上与中国香港电子展形成了一定的差异性。

深圳在地理位置上毗邻中国香港，便捷的交通、深厚的信息交流平台基础都成了深圳借力中国香港电子展的"渠道"，使深圳电子展在一定程度上共享了中国香港电子展的市场，从而提高了自身在办展模式、参展商及观众结构等方面的国际化水平。跨区域的辐射作用使深圳电子展实现了自身的跨越式发展。

又如义乌国际小商品博览会，对于国内采购商而言，它是小商品展览的翘楚，但在国际范围内，其知名度与素有"中国第一展"之称的广交会仍有一定距离。为了充分对接广交会客商资源，义博会组委会出台了相应奖励政策：凡是10 月 1 日入境的境外采购商，如果持有广交会的证件，并到义博会现场进行采购，组委会将给予 1200 元作为奖励。通过这样的政策，吸引更多参加广交会的外商关注义乌。

思 考 与 展 望

本章主要阐述了六大会展策划思想：①需求是内核，需求的多样性直接造就了会展产品的多样性和复杂性。②会展活动始终与其所在行业的发展息息相关，产业链的静态结构和动态变化都将产生不同的市场需求，导致新项目的产生与旧有项目的转型升级，从而衍生出千变万化的会展项目。③相近的市场需求还能够成为不同会展市场的参与者进行合作的契合点，将其聚拢到同一平台上，共享市场、整合资源。④在具体的展会当中，应平衡多个展会参与方的利益，多主体共赢互利的生态圈是展会可持续发展的重要基础与保障。⑤展会组展方不仅需要立足于展会个体，更应该从会展产业的宏观层面进行策划思考，以"大会展"的思维策划展会，将能够为展会的成功举办提供更加有力的保障。⑥在展会发展和壮大的过程当中，组展方应当"跳出"会展系统外，善于借助外力，把握时机，带领展会向更高的层次发展。

第三章　会展策划的技术路线与流程

　　会展策划作为一项庞大的系统性工作，是一个整合现有资源，调控人力、物力、财力，进行任务分配，为参展商、观众及其他利益相关方解决价值与信息传递问题的过程。清晰的办展技术路线图对于反映展会战略性思想，明确展会定位、夯实办展基础、优化产品组合、明晰权责分配和提高办展效率具有重要作用。

　　从本章开始将从实务的角度，具体讲述会展策划思想在实际中的应用。本章首先介绍会展策划技术路线图的基本要素及特点，其次阐述会展策划后续管理工作要求，并在后续章节中对会展策划各个环节工作展开详细论述，以便呈现一个完整的会展策划流程。

第一节　技术路线图

　　会展技术路线图的内容涵盖会展策划全过程，包括条件分析（系统分析）、趋势分析、主题确定、方案策划、可行性分析、项目实施和展后评估七个方面（见图3-1）。

一、条件分析

　　条件分析，也称系统分析，是会展策划的基础，是对展会举办的产业背景、市场格局以及展会整体举办环境进行分析，寻找展会举办的动力，分析展会举办的劣势与不足。具体而言，展会条件分析可从产业系统、市场系统及展览系统三方面展开。

　　1. 产业系统分析

　　每一个展会的立项，都离不开产业支持。展览会作为一个平台，发挥着信息和价值传递的载体作用，而展会所在产业的发展才是展会的内核。因此，在进行

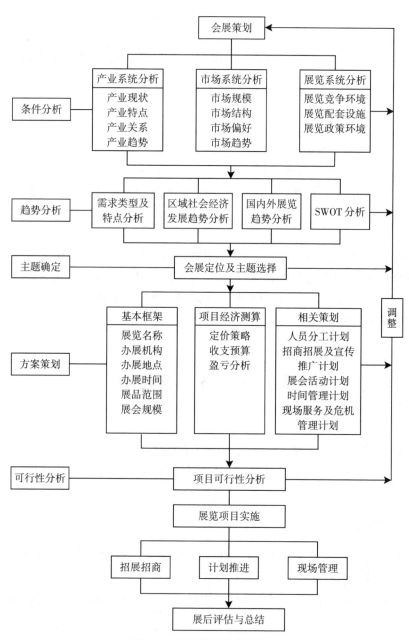

图 3-1　会展策划技术路线图

展会策划时，组展方需要首先明确产业现状，并根据产业特点策划展会框架。产业系统分析主要包括以下几个方面（见图3-2）：

产业现状	产业特点	产业关系	产业趋势
产业规模 产业分布 区域结构 产业集中程度	产品属性 产品销售方式 产品销售渠道	产业链关系 产业外向性	产业发展周期 产业集群化 产业融合化 产业生态化

图3-2　产业系统分析结构

（1）产业现状。会展策划应首先立足于产业现状，产业规模与产业集中程度将直接影响展会的规模与容量。一方面，对于规模大、企业整体支付能力较强的产业，相关主题的展会具有支付能力的潜在客户市场亦相对较大；另一方面，在集中程度较低、竞争相对激烈的产业内，企业对展示自身产品、促进销售的需求比较旺盛，因此对展会的需求亦较大。

（2）产业特点。产业特点主要包括产品属性、产品销售方式与渠道等。由于产品属性的差异，部分产品对现场展示的形式具有较高要求。而在产品销售渠道相对成熟的行业，企业则不需要通过展览会的形式促进产品销售，因此此类产业不适合举办行业展会。

（3）产业关系。一个产业的专业展会一般不局限于某一特定产品。为了充分发挥展会的平台作用，组展方往往以某一产品为核心，同时向其上游及下游行业延伸。因此，在会展策划前，组展方需要充分了解产业链中不同环节的关系，选择与核心产业关系密切的相关产业作为辅助展示对象，促进多方的交流与合作。

同时，在区域内某一产业的开放性和外向性还将影响该产业对其他区域市场的吸引程度，从而对展会的市场辐射力乃至国际化程度造成影响。

（4）产业趋势。展会的发展是长期的、可持续的。因此，在进行展会策划时，除关注展会所在行业现状外，还需要关注其发展潜力与空间。从产业生命周期角度出发，处于不同生命周期阶段的产业，对于展会的需求会有差异。会展策划人员需要根据产业发展趋势对展会的可持续性发展进行评估，并相应调整发展方向。

2. 市场系统分析

在基本确定展会所在行业后，会展策划人员需要进一步对会展市场进行细分，并对展会进行定位。展会平台参与者众多，参展商与观众是其中最重要的推动力量。因此，会展市场系统分析主要从参展商市场和观众市场两方面入手分析以下四个方面。

（1）市场规模。主要评估会展细分市场容量。庞大的市场容量将为展会带来众多的潜在客户，降低展会因招展、招商不足而无法如期举办的风险。根据市场需求来源的不同，会展策划人员可将细分市场分为需求驱动型市场、供给驱动型市场和综合驱动型市场三类。组展方可从这三个角度物色细分市场，并根据不同类型市场的特点进行相应的会展策划。

（2）市场结构。市场结构主要指目标市场中不同规模、不同性质企业的构成比例。通过市场结构分析，组展方能够更好地了解潜在客户的基本特点，并相应确定展会定位。

另外，参展商市场与观众市场的相对比例也将影响组展方的工作重心。当目标市场供过于求时，处于买方市场，此时组展方应更加重视观众市场的发动与组织，以增强展会对参展商的吸引力。

（3）市场偏好。为提高展会服务水平，组展方在进行会展策划前，还需要对细分市场的偏好进行分析。市场偏好往往对目标客户的决策行为产生影响。组展方可通过展会调查、专家咨询、行业机构数据等渠道，对目标客户的参展决策影响因素进行评估与预测，以便提高展会策划的针对性和精准性。

（4）市场趋势。为提高展会的可持续发展能力，组展方还应该对细分市场的发展趋势进行预测。对于目前市场容量较小，但市场发展趋势良好的细分市场，组展方可通过设置培养型展区或举办展会专场活动的形式，尝试进入该市场并进行培育，以便组展方在市场成熟后快速抢占先机。

3. 展览系统分析

为选择更好的办展空间进入市场，组展方还需要对展会的举办环境进行分析，包括展会的竞争环境、举办地的配套设施以及政策环境等。

（1）展览竞争环境。在正式进入该市场前，会展策划人员还需要对当前细分市场中的展会竞争情况进行分析，包括相同题材展会的举办情况，特别是品牌展会的发展现状、区域内相关产业的展会举办情况。组展方需要检视自身的资源和优势，结合展会定位，寻找空隙市场进入。

（2）展览配套设施。组展方向目标客户提供展会服务的水平往往取决于展会举办地展览配套设施及服务水平。组展方可根据展会特点，综合考虑备选举办地的区位、经济发展水平、场馆及基础设施建设、社会文化环境以及技术水平等因素，使区域优势得到充分发挥，提高展会整体竞争力。

（3）展览政策环境。展会的政策环境也是组展方需要关注的问题。随着会展行业对地方经济、社会、文化的促进作用逐渐凸显，越来越多的地区对展览会的举办提供了更加优良的政策环境。展会所在产业以及会展行业的政策倾斜与引导往往成为展会发展的重要推动力量。

二、趋势分析

展会的举办思维应当是前瞻性的、可持续发展的。因此，在进行策划时组展方还应该关注展会发展条件及环境的变化，以发展的眼光进行项目策划。

首先，在微观层面中，展会细分市场需求类型与特点的变化趋势直接影响目标客户对展会服务需求的变化。因此组展方需要通过市场调查、专家咨询、客户回访等方式，对目标市场需求进行即时监控，并制定相应的展会策划。

其次，区域社会经济的发展趋势将影响举办地是否能够持续满足展会的产业规模需求以及配套设施服务的要求，良好的发展趋势对展会发展具有正向促进作用。对于所在地区无法满足展会发展需求的，组展方需要及时考虑转移举办地，以保持展会生命力。

再次，组展方需要关注国内外展览行业的最新发展趋势，充分学习行业前沿办展思维或会展技术，提升展会整体竞争力。

最后，组展方可将展会条件分析、趋势分析结果通过"态势分析法"（SWOT）进行整理，便于对办展条件进行宏观把握，并在更广阔的环境中思考展会，以发展的眼光看待展会，增强展会的可持续发展性。

三、主题确定

在进行展会举办条件以及发展趋势分析后，组展方可根据展会实际情况进行定位，并确定展会主题。展会主题即展会题材，是对展会展示内容的系统概括与组织。

根据展会条件分析，组展方需要选择一个核心展示主题，并根据其他相关产业的发展情况，选择一个或多个辅助展示主题，搭建展会展示内容框架。展会主题往往直接决定了展会的规模、目标客户容量以及市场延展性，因此组展方可通过客户调查、专家咨询等方式，建立科学、清晰的展会主题框架，以提高招展及招商的精准性。

展会主题作为展会的"脊梁"，将看似零散的展览内容、会议活动贯穿起来，对展会后续策划，包括招展、招商及活动策划、展会营销及推广计划等起到指导性作用，并影响展会未来的发展。

四、方案策划

从展会主题出发，展会方案策划主要包括基本框架、项目经济测算及相关策划三部分。

首先，基本框架是展会办展思路、展会定位与主题的重要反映，后续执行方案都需要以此为基础。

其次，由于展会的筹备与举办涉及大量人力、物力的投入，为降低展会举办风险，组展方需要在策划阶段对展会项目进行一系列经济测算，并随着展会工作的推进，对其进行有效的监督与把控。

最后，展会项目的筹备工作涉及面广、时间跨度大，为提高展会工作效率，组展方需要对各项具体工作进行方案策划。

值得一提的是，从会展策划技术路线图可以看到，会展策划作为一项系统性工作，涉及环节多，一个环节的调整往往"牵一发而动全身"，因此，会展策划过程需要根据行业实际及举办环境的变化进行相应的调整和修订。

第二节　技术路线图特征

为帮助会展策划人员更好地使用会展策划技术路线图，本节将对技术路线图的特征进行简要介绍，其主要特征如下：

一、概括性

会展策划技术路线图作为一个统筹规划，是对纷繁复杂的策划工作的提炼，它只呈现会展策划过程的关键节点，并能够直观显示各板块工作的先后主次、相互关系，具有高度概括性，使策划人员对会展策划体系具有整体认识。

会展策划技术路线图的高度概括性一方面能够避免策划人员囿于策划方案的细枝末节，促使策划者更加关注展会举办基础，并在实际工作当中，不断检验、论证方案是否科学可行，降低办展风险；另一方面是对会展策划实务的纲领性指导，使会展策划人员可根据展会个性及展会实际情况对策划方案进行详略铺排，对重点部分进行深度挖掘与详细阐释，有利于开拓会展策划人员的思维，促进展会方案创新，提高方案灵活性，使其更能适应环境变化。

二、系统性

会展策划技术路线图是对策划实务的系统性描述。从整体时间顺序来看，会展策划技术路线图综述了策划工作各个环节的主要工作，为策划人员的流程控制与时间安排提供了依据。同时，会展策划技术路线图涉及展会各个利益相关方，包括参展商、观众、协助方、服务方以及媒体等，是对会展策划实务工作范围的系统性描述，能够帮助会展策划人员对"大会展"概念拥有更加深刻的认识，并在策划及现场执行工作中体现会展平台化理念，从而促进各利益相关方的合作与共赢。

此外，从会展策划技术路线图的结构连接的角度，技术路线图向会展策划人员呈现了每个环节所需要达到的目标，并清晰反映各环节之间的内在联系，对统筹分配各项工作具有深远意义。

三、前瞻性

会展策划技术路线图与其他展会实施计划不同，它具有一定的前瞻性。会展策划技术路线图并不单纯着眼于当前某一策划工作环节，而是站在全局的角度上指导会展工作。它既可以提高会展策划人员的市场敏感度，预测展会所在产业的技术及产品需求变化，尽快识别具有发展潜力的会展前进方向，也可以觉察市场需求变化，引领展会服务的创新与提升，还可以识别并有效规避展会中可能出现的各类风险。

可见，会展策划技术路线图解决的并非是某一具体环节的技术问题，而是从需求出发，根据需求的变化调整展会整体策划，以需求带动会展策划整体框架的发展与提升，这正是会展策划技术路线图的前瞻性所在。

第三节 会展策划后续管理

会展策划工作并非是简单地对资源和任务进行单层次的分配，而是一项多层次、具有一定系统性和计划性的工作。其中，会展策划方案的制定是源头与起点，为确保展会的顺利举行，组展方还需要对会展策划方案进行可行性分析，并对展会现场实施及展后评估工作进行统筹安排。

因此，本节将对会展策划后续工作作进一步介绍，包括会展可行性分析、会展实施方案以及展后评估分析。

一、会展可行性分析

会展可行性分析是在展会正式实施前对展会策划进行检视的过程，其主要目的是深入分析展会举办的产业条件是否具备、市场容量是否充足、举办条件是否成熟、项目是否在经济上可行、各项执行方案策划是否合理、风险是否较小且具有一定的社会和经济效益，从而判断展会策划方案的可行性。一般而言，会展可行性分析主要包括以下内容：

1. 展览条件分析

根据前文所述，展会展览条件主要包括产业系统、市场系统以及展览系统三个方面。在进行展览条件的可行性分析时，组展方应该从展会项目的角度出发，根据已经掌握的各类信息与数据，论证策划项目是否已经具备举办基础。

（1）产业系统。对于产业系统，组展方需要考虑展会主题是否充分反映产业需求，体现产业的现实性和前瞻性。此外，展会不同分主题之间是否具有相对紧密的联系，能够形成一定的互补关系。

（2）市场系统。组展方需要明晰会展平台上各利益相关方的构成及其需求。在进行可行性分析时，需要评估展会基本框架及相关活动策划是否满足各利益相关方的需求，且在展会定位上是否贴合目标市场的构成、特点。

（3）展览系统。展览条件分析是对展会举办的宏观环境进行分析，包括举办地的社会、经济、文化、技术、自然条件以及整体竞争环境是否有利于展会的举办。特别地，为了更好地对展会举办条件进行整体分析和综合评估，组展方可结合已掌握的大量数据和信息，运用"SWOT分析模型"对其进行分析。

【案例分析】SWOT 分析模型

"SWOT分析模型"是指对展会所处宏观及微观办展环境进行综合分析，总结展会举办的优势（Strengths）、劣势（Weaknesses）、机会（Opportunities）及威胁（Threats），进而分析展会的优劣势、面临的机会和威胁的一种方法。

SWOT分析一般分三个步骤进行：①收集展会相关行业及市场信息，并对信息进行整理与总结。②详细分析展会所处的宏观及微观环境中，来自展会内部及外部的，能够形成展会优势、劣势、机会与威胁的各类因素。③针对展会举办的优势、劣势、机遇与挑战，提出相应的市场策略和竞争对策（见表3-1）。

表 3-1　SWOT 模型分析

内部因素 外部因素	优势 （Strengths） 1. 2. ⋮	劣势 （Weaknesses） 1. 2. ⋮
机会 （Opportunities） 1. 2. ⋮	机遇—优势策略 依靠内部优势占领市场机遇 1. 2. ⋮	机遇—劣势策略 利用外部机遇克服内部劣势 1. 2. ⋮

续表

内部因素 外部因素	优势 (Strengths) (1) (2) ⋮	劣势 (Weaknesses) (1) (2) ⋮
威胁 (Threats) (1) (2) ⋮	挑战—优势策略 利用内部优势规避市场挑战 (1) (2) ⋮	挑战—劣势策略 克服内部劣势规避市场挑战 (1) (2) ⋮

其中，优、劣势分析主要是着眼于展会自身实力与其他竞争对手的比较，而机会和威胁分析则主要关注外部环境的变化及对展会的可能影响。在分析时，组展方可把所有的内部因素（即优、劣势）集中在一起，然后用外部的力量来对这些因素进行评估。

在 SWOT 分析当中，组展方可在展会内、外部各种变量因素的基础上，采用杠杆效应、抑制性、脆弱性和问题性四个基本概念进行进一步深化和分析。

（1）杠杆效应。杠杆效应产生于展会自身优势与外部机会相一致和适应时。此时，组展方可充分利用展会竞争优势撬动外部机会，使机会与优势充分结合发挥作用。由于市场机会往往是稍纵即逝的，因此组展方需要对市场环境保持敏锐的洞察力，把握时机，以寻求更大的发展。

（2）抑制性。当环境潜在机会与组展方资源优势不相适应，或者不能相互重叠时，展会优势难以得到充分发挥。此时，组展方需要提供和追加某种资源，以促进展会资源劣势向优势方面转化，从而迎合或适应外部机会。

（3）脆弱性。当环境状况对展会优势构成威胁时，优势得不到充分发挥，而出现"优势不优"的脆弱局面。此时，组展方需要克服威胁，以发挥优势。

（4）问题性。当展会内部劣势与企业外部威胁相遇时，组展方面临严峻挑战，如果处理不当，可能直接威胁到组展方以及展会项目的生死存亡。

2. 会展生命力分析

会展生命力分析主要从动态发展的角度，分析展会项目本身是否能够成功举办并在可预见的一段时间内可持续发展。展会的发展一般经历培育、成长、成熟到衰落等阶段，在展会培育初期盈利性不一定能够充分显现，甚至出现短期的亏损现象。组展方需要从长期发展的角度考虑展会的生命力，以便更好地把握展会发展方向。

（1）会展发展空间。会展发展空间分析主要指根据展会定位以及展会主题是否符合宏观环境条件，判断展会是否具备长期发展的可能，包括展会所在产业是否具有持续发展、扩张的能力，以支撑展会规模的不断提升；展会市场是否处于上升发展阶段，市场规模及辐射能力能否进一步扩大和提高；展会的举办条件，如举办地影响力、配套设施及服务、交通区位优势是否能够促进展会服务及影响力的提升；展览行业以及展会所在行业的宏观政策是否有利于展会的持续发展等。

会展发展空间分析属于动态分析，组展方除了解各举办条件的现状外，重要的是考虑其长期发展潜力，如部分产业目前处于培育阶段，市场规模相对较小，但该产业具有持续发展壮大的潜力，属于"朝阳行业"，则在此类产业当中举办展会也是具有长期发展并获得成功的可能性的。

（2）会展核心竞争力。随着全球展览市场一体化发展，展会竞争进一步加剧，展会的成功不再依赖一次性或短暂的产品开发成功或灵机一动的市场创意，而是从市场需求和市场环境出发，形成技术、产品、服务、人才、经验等多方面因素构成的展会核心竞争力。具体而言，展会的核心竞争力主要表现在会展品牌、参展商群体、媒体推广经验、展会核心人才及地域优势等几个方面。

1）品牌核心竞争力——会展品牌信誉度。会展品牌是一个展会区别于其他竞争展会的重要因素之一，它在一定程度上反映了展会的档次、规模和权威性。因此，在进行展会核心竞争力分析时，组展方需要考虑展会策划框架是否充分发挥了展会的品牌优势，同时还要检查当前的策划方案中，是否存在损害展会品牌的部分，避免出现单纯追求短期办展利益，而忽略长期品牌建设的"利益近视症"。

2）定位核心竞争力——会展定位号召力。会展定位的差异往往对展会主题选择、展会框架搭建以及具体执行方案策划具有深远的影响。展会定位是通过深入、详尽的行业调研后，寻找细分市场，从而创造目标客户价值认知与价值认同的过程。因此，展会定位需要反映展会所在产业的最新发展趋势，体现产业亮点和市场特点，并准确阐述组展方的办展思路，以便具有针对性地吸引展会目标客户。

3）客户关系管理（CRM）的核心竞争力——忠诚客户群体。忠诚的客户群体是展会生存、发展的重要资本。目前，越来越多的展会重视参展商的客户关系管理，但这一概念相对狭隘。根据会展策划"平台化"理念，参展商、观众、协助方、服务方和媒体都是展会的重要参与方，因此会展策划需要充分调动展会忠诚客户的能动性，形成展会平台合作的基本格局。另外，展会的各个工作环节还需要考虑忠诚客户的培育与维护，避免存在损害某一参与方利益的内容。

4）服务核心竞争力——个性化专业服务。展会服务是展览会的软实力。展会服务包括展会筹备及举办过程中组展方向参展商、观众及其他相关参与方提供的各类服务。组展方通过可行性分析，可对展会服务作系统性分析，包括服务类型的完整性、服务规范的专业性等，尽量为参展商及观众提供专业、及时、优质、个性化的展会服务。

（3）组展方优、劣势。在进行会展生命力分析时，除关注展会举办宏观环境、展会项目自身发展潜力外，还需要重点考虑组展方是否具备举办该展会的能力。一个成功的展会，除了需要完善、科学的方案外，还需要组展方投入大量的资源以支撑展会的运行。

因此，在进行可行性分析时，一方面，会展策划人员需要考虑展会所在行业是否为组展方所熟悉的领域，或组展方是否拥有熟悉相关行业的强有力的合作伙伴。当组展方对某一产业非常熟悉，且拥有庞大而稳固的合作网络时，则其在该产业举办展会的成功概率往往更大；另一方面，会展策划人员需要考虑组展方的资金、人力资源、专业储备是否契合展会定位，是否能够满足展会定位对相关资源的要求。

通过优、劣势分析，当组展方发现自己尚未具备举办某一办展条件时，可通过改善自身条件和寻找合作伙伴等形式，以满足展会对组展方的资源需求。组展方还可以运用"SWOT 分析模型"方法，寻找自身优劣势，从而采取相应的运营策略。

3. 会展主题分析

组展方需要根据已经掌握的数据，对展会主题进行可行性分析。首先，组展方选择的展示内容需要符合产业发展现状，并具有一定的发展空间与潜力。其次，由于组展方的人力、物力、时间等资源是有限的，展会的展示内容难以做到面面俱到，因此，展会主题的选定需要做到主次得当，不同板块的展示内容之间要存在切实的内在联系。最后，展会可行性分析还需要对展会主题的命名与分类的合理性进行分析。为帮助展会目标客户了解展会的展示范围，组展方在确定展会主要展示类别外，还要对各细分产品进行进一步说明。此时，为提高主题分类的专业性、描述的准确性，组展方可结合行业实际，通过专家咨询等方式，对展会主题的确定进行检视。

4. 会展策划框架分析

会展策划框架是会展策划的基本内容，包括展会名称、办展机构、办展地点、办展时间、展品范围及展会规模等。组展方需要对基本框架中的各要素的合理性以及各要素之间的协调性进行评估，包括：①展会名称与展会定位及主题是否匹配。②组织机构的选择是否对展会具体执行或展会品牌提升具有促进作用。③办展地点与时间是否符合行业特点以及举办地实际情况。④展品范围所在产业是否适合举办此类规模和定位的展览会。⑤展会规模是否切合展会定位,展会所在产业市场容量是否支撑展会规模。

特别地,会展策划作为一项系统性工作,在对展会策划框架进行可行性评估时,除对各策划要素进行单独的分析与评估外,更重要的是对策划中各个部分的相互作用、协调关系进行评估,避免出现"个体合理、整体冲突"的现象。

5. 会展执行方案分析

对会展执行方案进行可行性分析,主要是从展会本身出发,分析展会各类执行方案是否完备,各环节是否相互协调、合理,各项工作是否可行。

(1)招展、招商及会展活动策划。招展、招商及会展活动策划是展会极为重要的三个执行方案,其将直接影响展会规模、现场客户数量以及展会的品牌形象。因此,这三个方案需要尽量详细,具有高度的现实指导意义和可操作性。

一方面,招展及招商计划需要紧贴产业特征,从产业需求出发进行设计,且符合展会定位。在进行招展时,招展人员要鼓励和发动参展商参与客户邀请,促进招商工作的推进;在开展招商工作时,招商人员亦可将部分专业观众转化为潜在参展商。

另一方面,展会活动的策划包括三部分:一是需要从参展商和观众的需求出发,针对招展及招商过程中客户反映的情况,进行活动内容的提炼和策划。二是考虑目标客户的参展日程,提高活动时间安排的合理性。三是进行展会活动内容的规划,以更好地吸引参展商及观众参会。

三个方案需要突出重点、明确目的、相互配合。由于招展、招商与展会活动三者之间是相互穿插配合的,所以其执行方案难以截然分开,但三者又需要突出重点,相互之间明确目的。换句话说,招展方案需要重点关注参展商的招徕;招商方案主要促进观众的组织与参与;活动策划则主要对活动日程、主题内容进行整体规划。

(2)会展营销与宣传推广方案。会展营销与宣传推广方案是推动展会招展、招商工作开展的重要动力。由于展会营销渠道多、覆盖面广,所以切实可行的展会营销方案应该具有较强的营销指向性,即根据展会定位和细分市场,明确展会营销目标,选择相应的营销策略与营销渠道。宣传推广方案亦是如此。

此外,由于展会宣传推广工作时间跨度大、阶段性强,因此相关计划方案应该充分结合展会阶段工作特点,设定相应的阶段目标。值得一提的是,展会营销及宣传推广工作相对灵活,其对应的成本费用弹性较大,因此相关执行方案应该具有详细的成本测算与成本控制方案,以提高投入回报率,使展会营销与宣传推广方案在财务上合理可行。

(3)会展人员分工及时间安排计划。展会的筹备与现场管理涉及大量的人力资源投入。因此，展会人员分工需要尽量详细、科学，明确每一项工作的人员职责与权利，实现组织中责、权、利的统一。在进行人员具体分工时，除考虑每一项工作的人员安排外，还需要从员工个体角度考虑每个人的工作量，避免出现人浮于事、相互推诿的情况。

另外，由于展会工作是环环相扣、相互推进的，所以做好展会的时间进度安排尤为重要。通过可行性分析，组展方需要考虑各项展会筹备工作的先后次序和其中的逻辑联系，把握各个阶段的主要工作进度，各项筹备工作齐头并进，保证展会的如期举行。

（4）会展现场服务及应急管理计划。现场服务是组展方向参展商与观众传递展会价值的重要环节，为保证展会的服务质量，组展方应事先做好展会现场服务方案评估，包括以下几个方面：

1）现场服务方案的周密性。现场服务方案作为展会现场工作人员的重要工作指引，需要尽量详尽，将每个工作细节细化至个人，由专人负责与跟踪。同时，制定清晰的现场服务指引，以便规范展会现场服务。

2）现场服务方案的可控性。在制定现场服务方案时，需要注意对现场秩序的维护和把控。对可能出现的混乱局势以及影响展会正常举办的因素提前做好控制预案，保持展会的可控性。

3）现场服务方案的协调性。展会现场工作内容众多，每项工作既具有相对独立性，亦有相互重叠、交叉的部分。因此，展会现场服务方案需要对展会执行过程中的各项工作进行整体统筹把握，协调不同工作之间的关系。

此外，展会筹备及举行期间较容易受外部因素影响，一旦危机出现将导致展会无法如期举行或在举行期间被迫中止，这都将为组展方以及展会举办地带来严重的损失。因此，组展方需要做好展会应急管理计划，包括对展会筹备和举办期间可能发生的各类危机事故进行预测，并相应地制定应对方案。除此之外，完善展会现场管理机制，设立现场监督及应急管理机构也是有效的管理方法。

6. 会展财务分析

会展财务分析主要是从组展方的财务角度出发，分析展会在经济上是否合理可行，并具有一定的监督把控机制。

（1）价格定位。展位收入是展览会极为重要的收入来源，科学的展位定价不但能够提升展会的市场竞争力，同时也是展会稳健的财务收入基础。可行性分析中，组展方需要考虑展会定价是否符合展会定位以及目标客户的期望价值；展会目标客户是否普遍具备相应的支付能力；展位定价是否能够维持展会的整体财务经营需求等。

（2）财务分析预测。在展会各执行方案基础上，组展方需要对各项工作进行成本与收入预算。财务分析预测需要以相关市场实际及方案细节为基础，各类预测数据需要尽量准确，以保证财务分析预测结果的科学性。

（3）财务盈利性。主要根据展会财务分析基础数据及其预测，判断展会的财务盈利性。由于展会的经营需要大量的资金与资源的投入，对于一般商业性展览而言，组展方难以承受展会长期亏损状态下带来的经济损失。因此，展会的盈利性是展会能否持续举办的重要判断依据。

（4）资金筹措。在对展会进行财务预算分析后，组展方对展会各阶段所需投入资金将有一个大致的了解。为了保证展会顺利举行，避免出现展会资金链断裂的情况，部分资金基础相对薄弱的组展方需要在展会立项前做好资金筹措计划。在可行性分析中，展会策划人员需要对资金筹措规模、时间进度、筹资方式以及资金来源的合理性进行评估，选择相对经济、可靠、合理的方式获取资金。

（5）财务控制。为了提高展会的盈利性，组展方还需要对展会成本及收入情况进行严格的把控，制定严格的监督机制，保持展会财务的稳健性。

7. 会展效益分析

展会的可持续发展除依靠优秀的会展策划外，还需要考虑展会与举办地之间的关系。能够为展会举办地或相关行业带来一定效益，获得举办地居民及产业当中的企业认可的展会往往具有更广阔的发展空间。因此，在可行性分析的最后，组展方除了对展会项目的微观环境进行分析外，还需要"跳出"项目本身，对展会的社会效益、行业效益、经济效益进行分析。

（1）会展社会效益分析。展会项目的社会效益分析主要指展会对举办地的社会、文化等方面产生的影响。展会作为"城市的名片"，往往能够为举办地的社会发展带来深远的影响，主要包括：①通过举行品牌展会，能够增强举办地的综合服务功能，对于完善基础配套设施、提升当地服务水平具有重要意义。②通过举办国际性的展会，能够增强举办地的国际交流与合作，使当地居民能够接受更多的外来先进文化与思想，促进当地居民综合素质的提升。③通过举办各类展览、会议等大型活动，能够促进当地科技文化的交流合作。④通过举办品牌展览会，能够提升举办地的整体形象，提高地区知名度和影响力。

（2）会展行业效益分析。展会作为行业的"风向标"，能够为行业的发展带来以下积极作用：①促进企业之间的资源对接。②促进产业产品或服务的整体水平提升。③促进该行业在一定区域内的品牌效应。④促进行业内的信息、技术交流。

（3）会展经济效益分析。展会的举办除了为组展方带来预期收益外，还对展会举办地及相关行业带来一定的经济促进作用。根据"大会展"的概念，展览会的举办需要举办地酒店、餐饮、交通、通信、旅游等多方的共同参与，发挥乘数效应，带动更多行业的快速发展。组展方可根据展会规模以及与其他行业的密切程度，估计展会的经济效益。

目前越来越多的组展方已经意识到会展策划对于展会整体运营的重要性。特别是随着会展行业竞争的加剧，独特、新颖的展会策划往往能够使项目在市场竞争中脱颖而出。但是，也有部分组展方出现"近视"行为，即单纯关注展会项目本身的策划，忽略展会与产业、举办地以及相关支撑行业之间的关系。而展会可行性分析则能够帮助组展方从宏观层面检查展会各个环节的协调性与合理性，展会与举办地以及所在行业的共生性、共赢性，促进展会的可持续发展。

二、会展实施的管理

会展实施过程实际是按照展会各项工作计划进行推进与控制的过程。为使展会工作实施过程不偏离项目策划初衷，组展方需要做好展会目标控制、利润控制和策略控制工作。

1. 目标控制

展会各项实施方案都具有明确的目标。组展方在实施方案时，需要做好实施成效和进度的把控工作，包括设置展会实施成效的量化标准等。在执行过程中，对于出现严重偏差的情况，需要及时找到偏差产生的原因并及时解决问题，消除目标与成效之间的差距；对于仍然无法消除差距的，组展方需要结合实际情况改进计划执行方式，甚至调整原定策划目标。

2. 利润控制

除了对实施进度进行控制外，组展方还需要对展会成本与收入情况进行实时监控，定期分析展会阶段性利润目标完成情况。对于尚未完成收入目标或展会支出超出预算的情况，组展方需要及时总结原因并予以调整和解决，以确保展会的盈利性。

3. 策略控制

由于展会举办的内外环境都处于不断变化之中，展会最初的策划方案有可能局部不再适应市场环境。因此，组展方在项目执行过程当中，还需要定期检查产业环境、市场需求的变化，以展会定位为出发点进行相应的策略微调，使展会项目更加适应宏观环境需求。

三、会展评估分析

展会的闭幕并不意味着展会工作的结束。为了做好展会客户关系维护，为下一届展会的举办奠定基础，组展方还需要开展一系列的展会评估与总结工作。

在展后及时开展评估总结工作，对展会的发展具有以下意义：

1. 提高策划与组织能力

通过对展会实施过程进行评估分析，检查展会的预期目标完成情况，反映展会策划与管理是否切实有效，从而提高组展方的策划与组织的能力和水平。

2. 了解客户满意度

通过展后调查与回访，能够有效反馈客户信息，了解参展商及观众的满意度，评估展会主要效益指标的完成程度，增强展会合作方的信心。

3. 提供决策依据

通过对展会定位、实施过程、实施效果及作用进行全面、系统的分析，便于组展方进行经验总结与积累，为下一届展会的策划与管理提供决策依据。

4. 提升品牌形象

展会评估为组展方编写活动总结报告提供数据与翔实资料的支撑，是组展方向利益相关方进行反馈的重要信息，对于提升展会品牌形象具有重要意义。

关于会展评估分析的具体内容与方法，将在本书后续章节中重点介绍。

思 考 与 展 望

通过本章的学习，需要掌握会展策划技术路线图的基本要素及逻辑方法。在目前行业实践中，组展方一般单纯关注展会项目策划的具体方法与技巧，而忽略对"策划—执行—评估"这一展会举办全过程的整体把握。

会展策划技术路线图则为会展策划人员提供了一个全新的思考方向，它并不着眼于具体工作项目的策划与管理，而是搭建了会展策划的整体框架，帮助会展策划人员更好地把握各环节之间的关系，反思展会与其举办背景之间的关系，对于提升展会策划质量、展会实施工作的科学性具有重要意义。

第四章　会展发展条件分析

根据需求多样化和项目无限化的思想，会展项目策划应始终从市场出发，对展会所在产业的发展情况、供需市场以及办展环境进行分析。

本章将围绕"广东进口展"案例，深入阐述组展方在展会立项前的办展条件分析全过程。首先，是产业条件分析，它是展会发展条件分析的根本，主要从产业现状、特点、产业链条以及产业发展趋势等几个方面展开，能够帮助组展方发现办展需求，挖掘具有发展潜力的展会项目，选定展会题材。其次，是对展会目标市场进行分析，主要围绕参展商和观众数量市场，对其规模、结构、偏好和变化趋势进行分析，有利于组展方做好展会定位工作，为搭建展会基本框架、策划招展及招商方案提供参考依据。最后，是展览条件分析能够引导组展方"跳出"展会项目本身，从宏观层面思考展览项目的竞争环境、举办地配套环境、政策环境等进行分析，为富有发展潜力的展会项目寻找一个更理想的举办环境（见图4-1）。

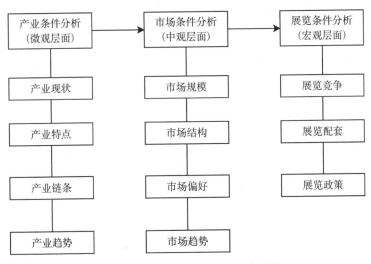

图4-1　会展发展条件分析思维导图

第一节 产业条件分析

产业是展会项目立项之本，产业的发展为专业展会的健康成长提供了动力。由于组展方一般不是行业当中的前线企业，对于产业理解的深刻程度以及对产业变化的敏感程度往往较弱，所以在选择展会主题、搭建展会基本框架前，策划人员需要充分分析展会所在行业的发展现状、产业结构、发展趋势等，为展会的战略布局及发展方向提供指导。

一、产业现状分析

产业发展现状是展会当前发展的依据，展会策划人员需要根据产业规模及集中程度，预测展会项目的规模，并根据产业分布情况、区域产业结构选择相应的具有发展潜力的展会举办地。

1. 产业规模

产业的规模将直接影响专业展会的办展规模。一个成功可行的会展策划方案应该从产业规模的角度对展会进行发展条件的分析。通常利用以下指标对一个产业的规模进行有效的评价：

（1）企业的数量及水平。产业内部所拥有企业数量的多少往往预示着展会的潜在参展商及观众的数量的多少。对于企业基数较多的行业，展会的潜在参展商及观众较多，成功举办展会的可能性相对较大。

企业数量较少的产业，特别是垄断产业或寡头产业，产品市场处于供不应求的状态，企业参展意愿并不强烈。随着产业中的企业数量逐渐增加，市场竞争愈加激烈，企业迫切需要开拓渠道，进行产品营销推广，此时企业参展需求逐渐旺盛，是组展方进入该行业市场的良好时机。

最后，规模较小的产业中企业间的沟通交流相对直接，对展会这一信息传递交流的平台需求并不明显；而对于规模庞大的产业，企业之间存在着复杂的竞合关系，因此行业中需要一个更加宽广的平台进行信息传递、贸易沟通和合作洽谈。在这些产业当中举办展会，成功的可能性更大。

（2）产业生产销售情况。产业生产总值是指某行业在报告期内生产的产品总量的货币表现，产业产品的销售总额则反映了该产业的所有商品的销售情况。产业生产总值是预测展会规模的重要依据。一般而言，产业生产总值与展会规模呈正相关关系，即产业生产总值越高往往意味着其产业规模越大，参展需求越旺盛。

而产品销售总额越高，其产业规模扩展性越强，将进一步推动专业展会的发展。

（3）产品进出口情况。经济全球化背景下，国际贸易成为世界各国参与国际分工、实现社会再生产的重要手段。对于产品进出口比例较高的行业，相关题材展会需要更加贴近国际市场。在进行此类展会的策划时，组展方需要重点考虑国际参展商及专业观众的组织，展品范围需要与国际市场的需求接轨。另外，由于国际市场的广泛性，各类以进出口贸易为主的企业迫切需要一个能够接触来自不同国家和地区的专业客户的商务平台，而这也正是国际展会的一个重要功能。因此，组展方在展会活动的策划上，应该着重策划各类商务洽谈活动，包括快速商务配对、产品推介会、酒会等，以实现供需双方交换企业及产品信息、共享世界前沿的行业技术与思想、达成合作贸易的目的。

【案例分析】战略性新兴行业进口需求催生高新技术与高端装备进口展览会

国家和广东省关于引进战略性产业发展的高新技术、高端装备、环保及新材料产业等重点领域的政策导向，是中国（广州）国际高新技术与高端装备进口交易会的重要发展契机。

机电产品是广东省大力引进的主要产品，根据广州海关统计数据，2008~2011年广东省进口机电产品占当年进口总量的比重超过60%，是进口产品的重要组成部分（见表4-1）。可见，在机电产品行业举办进口展览会具有一定的发展潜力与空间。

表4-1 2011年广东省机电产品进口构成

主要构成	进口额（亿美元）	同比（%）
电器及电子产品	1406.51	62.1
机械设备	454.57	20.1
仪器仪表	281.95	12.5
金属制品	30.14	1.2
运输工具	74.36	3.3
其他	17.93	0.8
合计	2265.47	100

在广东省进口机电产品六大类中，电器及电子产品、机械设备、仪器仪表三大类是重要组成部分，三者总额超过机电产品总量的95%。

通过对电器及电子产品、机械设备、仪器仪表三类产品进行更加深入的分析，数据显示高端新型电子信息产业、高端装备制造产业、节能环保产业、生物产业在总进口量中占据了较大的份额，庞大的产业规模及其良好的发展趋势，使该产业亟须一个进行进口贸易、技术产品交流的平台，特别是在良好的市场机制以及政府大力支持的背景下，以战略性新兴产业为题材的中国（广州）国际高新技术与高端装备进口交易会应运而生。

该展会定位为"引进世界前沿技术与装备，引领进口市场技术趋势的国家级、国际性、专业化的进口交易会"，并结合广东产业转型升级需求，以高端装备制造、高新电子信息技术与产品为展示核心，发挥广东省自身产业优势，培育节能环保与新能源专区和新材料与生物技术展区。

资料来源：吴志才主持《广东省进口专业展览会立项研究》，2012，广东省对外贸易经济合作厅委托。

2. 产业分布情况

产业的分布情况影响展会项目的选址以及发展空间。目前展会项目的选址一般以产业为导向或以经济为导向。以产业为导向主要指某专业展会在进行选址时，往往优先选择该产业的主要分布区域，而以经济为导向的选址，则一般选择经济发达、各类配套设施相对完善的区域作为办展地点。

此外，专业性展会对产业市场的依赖性较强，因此产业地域分布情况是展会制定招展、招商及营销计划的重要决策基础。组展方需要了解所在行业的地域分布情况，包括该产品或服务的生产地和主要销售目标市场，还需要对不同区域市场的产品特点、档次等进行分析。在产业核心分布地区辐射范围内，综合其他办展条件因素进行选址及制订相应的营销计划，将有效提高展会营销的针对性，提升展会的行业代表性和影响力。

3. 区域产业结构

从横向角度进行研究，同一区域内的产业结构对当地经济增长和国民经济体系中的具体产业存在影响。首先，产业结构的转型升级使企业迫切需要进行产品及品牌展示，使自己在新一轮的市场竞争当中拔得头筹。其次，新的产业格局下，企业需要一个行业平台，进行各类前沿技术与产品交流，探寻产业发展方向，这都将带动相关专业展会的需求增长。

另外，区域经济增长、产业结构调整特别是第三产业的发展，将促进区域基础设施以及展会配套产业的优化与提升。物流、金融、旅游等行业的发展，能够促使展会向参展人员提供更加优质、高效的服务。选择这样的区域作为展会举办地，有利于组展方提升展会服务水平及整体办展水平，对打造品牌展会具有重要意义。

【案例分析】产业结构转型带来会展发展新机遇

改革开放以来，我国的产业结构经历了较大的变化。从长期的变动趋势来看，三次产业之间的比例关系有了明显的改善，产业结构正向合理化方向变化，主导产业正从第二产业向第三产业转移。

在广东省委、省政府加大力度推进经济发展方式转变，加快推进现代产业体系建设，推出培育和发展战略性新兴产业的若干政策措施，进一步推进产业转移、园区建设等政策背景下以及在行业实际当中，企业生产经营所面临的困难进一步推动行业加快技术创新，提高经营管理水平并谋求发展转型两方面因素推动下，广东工业经济结构的调整和产业转型升级表现出前所未有的活力。

随着高新技术制造业比重提升，工业发展的高级化程度提高，高技术含量、高附加值的产业（特别是战略性新兴产业）相比劳动密集型的传统产业而言，发展更加迅猛，发展形势更佳。行业内的企业逐渐产生了了解并采购世界最新产品及技术、开展行业内部合作与交流的需求。因此，在进行中国（广州）国际高新技术与高端装备进口交易会立项策划时，组展方并没有选择传统的机电制造行业，而是以战略性新兴产业为展会题材，并以庞大的进口市场为主要目标观众，以便凭借我国产业转型升级的契机，在相关专业展会当中占据优势。

资料来源：吴志才主持《广东省进口专业展览会立项研究》，2012，广东省对外贸易经济合作厅委托。

4. 产业集中程度

不同集中程度的产业对于展会项目的影响也有所差异。对于垄断性行业，绝大部分资源掌握在少数企业当中，此类企业较容易获取丰厚的利润，因此对于利用展会进行营销的需求有限。

而对于市场集中程度较高的行业，市场领导者对于行业的引领和带动作用十分明显，因此，针对该行业的展会组展方应当重点做好品牌参展商及专业观众的组织工作，这将能够有效提高展会的号召力和行业代表性。而对于市场集中程度较低的产业，市场竞争更为激烈，组展方在进行招展及展会营销过程中，则更应注重营销目标的广泛性与全面性。

二、产业特点分析

针对不同的产业，其产品属性、产品销售的方式及渠道、产业的开放性和外向性程度也会对展会的具体策划有所影响。

1. 产品属性

产品属性包括产品形态、生产的难易程度、产品体积大小及重量等，对于展览会场地的选择以及展示形式的策划具有重要的参考意义。由于不同展会对于展馆室内高度、地面承重、展品运输量等参数要求不尽相同，所以会展策划人员在展会选址时，应充分考虑展品属性。如游艇展一般选择在码头举行，大型机械展览会则需要选择在通道较宽、室内高度较高的展馆内举行，在展位设计上也需要根据展品体积适当扩大展位面积。

此外，随着目前市场上产品类型愈发丰富，特别是第三产业的迅速发展，展览会的展品类型越来越多样化，不再局限于实体产品，还包括各类技术与服务展示。同时，由于某些行业的产品难以移动、运输，无法直接在展会现场进行展示，如房地产楼盘等。对于此类产品，组展方应该积极配合参展商寻找崭新、合适的展示方式，将产品属性更加形象、生动地展现在观众面前，如房地产行业展览会可通过现场 3D 楼盘、沙盘、看楼巴士甚至微缩样板房等形式进行展示，打破展览场地对于展示的限制，为参展商参与展会提供方便。

2. 产品销售方式与渠道

一般而言，产品的销售方式对展会的市场需求、营销计划亦有一定的影响。某些行业销售渠道较为成熟和稳定，或行业销售渠道比较发达，通过各类批发市场能够基本满足产品销售目标，这类行业对展会需求较低。

此外，在进行办展时间选择时，组展方还应该综合考虑产品的销售周期，配合市场的销售节点进行招展、宣传以及现场举办活动，使展会成为企业进行产品宣传、蓄客、现场销售的高效平台，这样才能够巩固客户忠诚度、增强品牌认可度。

3. 产业的开放性和外向性

产业结构的开放性和外向性主要指产业的本地市场与外地市场经济贸易的紧密程度。对于开放性较强的产业，供应商需要一个更为宽广的平台，将自身产品及服务销售至外地。此外，企业还希望通过这一平台了解外部市场现状，针对产业前沿产品和技术进行学习与交流。因此，外向性强的产业往往具有较强烈的办展需求。

相反地，自给自足的封闭式产业由于市场格局、政策环境、区位条件等限制，使其失去对外部市场的吸引力，销售对象与渠道主要集中在本地市场，这类产业对展会需求较弱。

三、产业链条分析

产业链是由一系列配套企业和设施所构成的相关关系。随着近年来社会经济与技术的发展，产业链各个环节的关系也在进行不断地变化和调整，这部分企业都是展会的目标客户，是展会的不同利益相关方，其相互作用将直接影响参展需求及决策。

因此，了解会展所在行业的上、中、下游相关行业的发展情况，包括其产品需求、企业数量及分布情况、采购渠道，等等，对于会展策划人员制订招展及招商计划，选择营销策略具有重要的参考价值。

四、产业趋势分析

展会的举办不仅需要着眼于当前产业情况，更需要关注展会项目的可持续发展性。因此，组展方在进行展会策划前，除了解展会所处产业的发展现状外，还需要对产业的发展趋势进行分析，包括产业的发展周期变化、产业发展模式以及产业结构的演进等。通过研究产业的发展轨迹，能够更好地把握展会发展方向，使展会具有可持续性。

1. 产业发展周期

根据产业生命周期理论，产业的发展一般经历进入期、成长期、成熟期和衰退期四个阶段。对于刚刚起步的产业，产品认知度低，市场较为狭小，企业需要更加广泛的宣传渠道，对于展会的需求较小。随着产业进入成长期，产品逐渐为消费者所熟知，市场规模迅速扩张，企业需要使自己的产品快速进入市场，抢占市场份额。此时该行业对专业展会的需求突增，展示需求以促进产品销售、建立企业品牌为主。

当产业进入成熟期，市场竞争日趋激烈，对展会需求呈稳定增长趋势，此时参展商需求不再局限于产品销售，而更注重营销影响的深度，希望通过展览会强化品牌形象，扩大品牌影响力。处于成熟期的产业还会面临产业转型升级的机遇和挑战。作为行业"风向标"的展览会，需要通过提升展品水平、设计行业活动等方式，引领行业寻找转型发展新出路，并根据转型趋势对展会的策划与管理进行相应的调整，使其适应于行业的发展。

而当产业处于衰退期，企业数量将锐减，企业盈利性差，市场容量萎缩。此类产业办展需求弱，展示效果较差。

2. 产业集群化趋势

集群化是指某一特定行业中相互关联的企业或机构在地理空间中实现集聚，从而呈现产业区域集聚的发展格局。产业集群中涵盖了产品、技术、供应、资金以及服务等链条，不同类型企业的互动将带动区域内交通、物流、金融、贸易等相关配套产业的发展及基础设施的完善，这对于展品储存与运输、行业商务贸易、行业信息交流等展会关键环节都具有重要意义。在该区域内举办专业展会，将能够充分发挥产业集群的专业优势，进一步提高展会服务水平。

集群中企业的关系相对紧密，有针对性地对产业当中的重点企业进行招展及招商宣传，较容易提高其他企业对展会的认知度和认同感，提升展会的知名度和影响力。

产业集群经过长时间的发展，已逐步在行业当中建立一定的区域品牌，获得行业的广泛认同。组展方可考虑在产业集群区域举办相关专业展会，从而利用区域品牌知名度，辐射周边地区市场，扩大展会规模，打造具有区域集群特色的会展品牌。

【案例】珠三角产业集群与会展发展的耦合效应

20世纪80年代初期，大量港澳台及外资企业在珠三角地区投资生产塑料制品、玩具、服装、五金制品、鞋类等劳动密集型产品，并形成"前店后厂"的基本格局。

随着珠三角产业格局从生产要素集聚到产业集聚发展，珠三角逐步建立了面向全球的庞大的制造业工业体系：服装业、家具业、家电制造业、电子零配件、钟表零配件、玩具礼品、建材与陶瓷、皮革与鞋业、五金工业、高新技术产业制造基地，开始创造出吸引世界目光的产业集群效应。

虎门服装、顺德家电、乐从家具等专业镇集群也不断驱动专业性展会的发展，其区域品牌效应亦为相关的专业展会带来巨大的拉动作用，涌现出包括虎门服装展、顺德家电展（中国三大家电展之一）以及闻名亚洲的家具展（广州、东莞、深圳三地一年两届同期举办）等一批优秀的专业展览会。

资料来源：张伟强. 略论产业集群与会展经济的耦合与非耦合关系效应 [J]. 广东商学院学报，2005（4）.

3. 产业融合化趋势

产业融合化是指不同产业或同一产业内的不同细分行业相互交叉、渗透，最终融合为一体成为新产业的过程。随着产业融合化程度进一步提高，不同产业之间的边界愈发模糊，产业之间的联系更加紧密。同时产业融合化将促进产品及技术的创新。展览会的平台性质将满足产业融合化所带来的行业交流、信息共享需求。同时，行业中新产品的推出，也将刺激相关企业的参展需求。因此，组展方在进行展会项目策划与立项时，需要关注展会所在行业与其他相关行业的横向融合格局和发展趋势，在展会展示内容的选择上、展会活动的设计上着重加强与其他不同行业的信息渗透，这样才能够使展会更贴合产业发展需求，更具有生命力和可持续发展能力。

4. 产业生态化趋势

产业生态化是指不同产业或企业之间为达到合理利用资源与可持续发展目的，所形成的自然生态链的关系。一方面，生态化产业作为一种新的经济形态，运用生态、经济规律和系统工程的方法来经营和管理传统产业，这将会对产品的研发与生产以及产业的综合管理带来革命性的变化；另一方面，生态化的理念也将改变人们的市场消费观念与习惯，催生新的消费需求。这都将为该行业的专业展会带来新的需求。

产业生态化除了指减少经济发展中的资源消耗和环境污染，降低产业对不可再生资源的依赖程度外，更强调产业资源的高效利用和经济效率最大化。而会展作为一个扁平化交流平台，能够在短时间内将产业链上不同环节的参与者聚集在一起并产生互动，创造经济效益，这也是产业生态化的重要体现。

对于生态化程度较高的产业，组展方在进行会展策划时，需要对展品的生态性、环保性进行引导；在场馆建设和展台搭建时，关注场馆硬件设施与设备的节能性和环保性，倡导参展商绿色搭展；在进行展会营销时，减少宣传物料的浪费；在策划展会活动时，注重活动的实用性与高效性，减少铺张浪费，使各个利益相关方能够花费最少的人力、物力实现最大价值效益。只有将生态理念贯穿在展会活动的整体策划与组织工作当中，才能使展会更好地贴近产业发展趋势，获得更多目标客户的认同。

【案例分析】新兴产业集群及高新技术与高端装备进口交易会的发展

中国（广州）国际高新技术与高端装备进口交易会在进行立项策划的过程中，组展方始终聚焦于展会题材之"新"和"高"，因此在进行展会的产业发展条件分析时，着重分析了广东战略性新兴产业的集聚发展态势。结合展会定位及拟展出内容，组展方主要选取了高端新型电子信息、生物医药、高端装备制造、新材料、新能源等产业进行分析。

（1）高端新型电子信息产业。广东省拥有集成电路设计、软件、通信高新技术、半导体照明工程高新技术等国家级产业基地，信息产业类基地数量居全国首位。另外还建有家用电器、平板显示、动漫网游等一批国家级信息产业园区。依托这些产业基地和产业园区，高端新型电子信息产业得到有效集聚和快速发展。

（2）生物医药产业。广东省尤其是珠三角地区是全国生物医药产业最为聚集的地区之一，拥有两个国家生物产业基地、高新技术产业开发区、医药健康产业园、国家健康科技产业基地和生物医药科技产业园等。截至2008年，全省药品生产企业有313家，中药饮片厂50家，注册许可的医疗器械生产企业884家，已形成具备良好条件、产业链比较完整、实力较雄厚、产品质量较好的现代医药产业体系。

（3）高端装备制造产业。广东省航空运输主要集中在广州与深圳机场，两者承担的客货运量在全省的比重分别高达96%和98%。目前，珠海拥有亚太地区最大的发动机维修基地。此外，通过与中国航空工业集团的深入合作，珠海航空产业园区已经成为广东发展民用航空产业的制造基地。

（4）新材料产业。目前广东的新材料产业主要集聚在广州和西部沿海地区，广州初步形成产业集聚度较高的新材料产业群。现有新材料企业约 250 家，实现产值及利税均占全省新材料总值的 20%。截至 2008 年，广州新材料产品产值超亿元的企业有 100 多家，其中超 10 亿元的企业有 17 家。

（5）新能源产业。新能源产业主要分布在广州、深圳、佛山、东莞等珠三角地区。深圳是广东省太阳能光伏产业的主要基地，相关企业有 60 多家，年产值超过 20 亿元。另外，随着广东省人民政府与中国建筑材料集团公司合作共同打造的佛山三水"广东薄膜太阳能产业基地"、河源太阳能光伏产业基地、顺德千亿光伏产业园、广州南沙核电重型装备基地、中山明阳风电产业基地等一批新能源产业基地的相继建成，新能源产业集聚趋势越来越明显。

大量新兴产业的集群化发展为中国（广州）国际高新技术与高端装备进口交易会奠定了庞大的客户市场并形成规模效应，因此在广东举办高新产品技术类进口展会具有夯实的产业基础。

资料来源：吴志才主持《广东省进口专业展览会立项研究》，2012，广东省对外贸易经济合作厅委托。

第二节　市场条件分析

市场条件主要指某一产业中的会展市场情况。随着我国会展项目市场化程度逐步提高，组展方作为展览会的提供者，需要对会展市场具有全面而深刻的把握，才能更好地提供市场所需要的展会产品。

展览会作为一个平台，其目标市场的性质也是多样的，主要包括参展商市场、观众市场以及其他利益相关方市场。不同的市场具有相对独立的特点及发展趋势。因此，在进行展会市场条件分析时，会展策划人员需要分别对不同的目标客户市场进行分析，重点关注多个市场群体之间的契合点与互动作用，才能更好地发挥展会的平台作用，增强展会的市场黏性。

具体而言，市场条件分析主要包括：

一、市场规模分析

某一产业的市场规模大小将对该产业中的展会规模产生直接影响。若产业规模过小，展会就会失去市场基础，不利于展会规模的扩大。同时，产业规模的变化趋势还将影响组展方对于展会规模的预期。当产业开始萎缩，产业有可能正在面临转型升级的挑战，此时该产业相关展会的策划与组织应该随之发生变化。具体而言，展会市场的形成往往由需求、供给以及综合实力三种因素驱动。

1. 需求驱动

当一个区域对某类产品的需求旺盛时，将促使相关产品供应商把该区域作为目标市场，并产生在该区域举办展会进行产品展示和贸易的需要。或当该区域的某种消费理念在区域内或行业当中处于领导地位，对其他地区的消费者有示范和带动作用时，也会吸引产品供应商参与相关行业展会。经济水平较高、居民消费能力较强的区域，往往也会形成庞大的消费市场，在此类区域中消费型展会一般具有广阔的发展空间。

对于需求驱动型展会，其观众市场一般相对集中，因此展会的营销重点是参展商市场的选择与组织。组展方可根据观众市场需求，与目标参展商市场的行业协会、商会及其他行业机构进行合作，提高招展工作效率。

2. 供给驱动

一个区域内的主导产业会通过关联效应对展会的需求产生影响。主导产业下大量同一或相关行业的企业实现地理空间聚集，并形成不同程度的企业间分工与竞合关系的产业集群。日益成熟的供给市场对市场竞争和行业交流的需求逐渐旺盛，为该行业专业展会的举办提供了良好的参展商基础。同时，随着产业集群的不断发展，往往形成一定的区域品牌，辐射周边区域的相关企业。行业展会可充分利用区域品牌的带动作用，扩大展会影响力，促使展会成为该行业会展市场的领导者。

对于供给驱动型展会，组展方应充分发挥参展商市场的品牌影响力，凸显展会的行业代表性，使展会对目标观众市场产生一定的聚合效应，将相对分散的观众市场整合到同一平台之上。

【案例分析】 高新技术与高端装备进口交易会观众市场规模分析

中国（广州）国际高新技术与高端装备进口交易会主要目标参展商市场为海外机电产品供应商，目标观众为国内机电产品采购商。为了提高展会招展及招商的针对性，在进行基本框架搭建前，组展方需要分别对参展商及观众市场进行分析。

当前，观众的参与与认同程度对于展会的影响越来越大，结合中国（广州）国际高新技术与高端装备进口交易会本身参展商市场分布区域的广泛性和机电行业产品的丰富性和复杂性特点，组展方首先从观众市场展开分析。

根据广州海关 2011 年进口数据分析可知，广东省进口机电产品来源地区包括日本（18%）、中国台湾（17%）、韩国（15%）、东盟地区（17%）、美国

（6%）、德国以及欧盟地区等地（见表4-2，图4-2）。因此，组展方在招展过程中，结合各地机电行业特色及优势，进行有针对性的招展，以提高筹展工作效率。

表4-2 广东省2011年机电产品分市场进口情况

单位：亿美元

序　号	地　区	进口金额	序　号	地　区	进口金额
1	日本	339.95	8	美国	72.09
2	东南亚国家联盟	327.96	9	菲律宾	54.15
3	中国台湾	321.75	10	德国	50.89
4	韩国	286.44	11	新加坡	49.40
5	欧盟27国	135.28	12	法国	25.90
6	马来西亚	115.23	13	哥斯达黎加	19.10
7	泰国	86.83	14	墨西哥	12.39

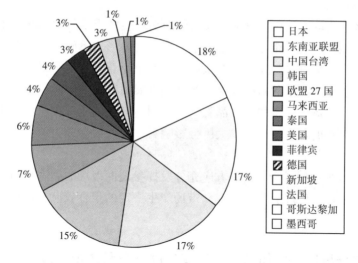

图4-2 广东省2011年机电产品分市场进口情况统计

组展方根据观众市场分析结果，了解目标观众市场的主要需求及偏好，通过与相关国家的驻华贸易机构、国外企业在华分公司及代表处或代理机构或组展方到主要参展商市场当地进行路演等多种渠道有针对性地开展相关国家的参展商动员活动，从而提高观众需求与参展企业的匹配度，促进供需双方开展有效的贸易接洽。

资料来源：吴志才主持《广东省进口专业展览会立项研究》，2012，广东省对外贸易经济合作厅委托。

3. 综合实力驱动

综合实力驱动主要指某一区域由于场馆条件、区位条件、基础设施建设以及社会经济文化环境等条件优势，使其积累了一定的参展商或观众市场。组展方可充分发挥区域的综合实力，举办各类商务贸易型展览会。

对于综合实力驱动型展会，其招展及招商工作量相对较大。组展方在进行展会营销时，需要向目标市场充分阐述展会举办地的办展优势与参展便利性，增强客户认同与客户黏性。

二、市场结构分析

市场结构主要指展会市场当中目标参展商及观众的分布结构。

首先，对于市场集中程度较高的行业，企业垄断较为明显，对展会的需求相对较小；相反，若市场集中程度较低，行业竞争激烈，则对展会的需求较大。

其次，对于培育期的行业，展会的目标客户以中小型企业为主，相应地，展会的功能仍以产品及服务的销售为主；当产业发展逐渐成熟，行业领导者、挑战者与跟随者分布结构明显，企业品牌特点逐渐凸显，展会功能将从展销和采购为主转变为品牌推广为主。

最后，对市场结构进行分析，可了解产业链中供应商、批发商、零售商及消费者的相对数量，这是预测不同类型参展商及观众数量比例的重要依据，将影响展会的整体定位与市场细分选择。如当供应商市场规模远大于采购商规模时，处于买方市场，采购商的参展决策往往影响展会的成败，此时组展方应更加关注展会观众的组织；而当市场处于卖方市场时，组展方则应重点做好招展工作，为参展商提供更加细致、良好的展会服务。

三、市场偏好分析

市场偏好主要指参展商、观众以及其他展会参与方在进行参展决策时考虑因素的意愿倾向。不同行业中专业展会的市场偏好都有所差异，这将影响目标客户的参展决策。

从参展商市场角度分析，若目标参展商以品牌企业为主，则其参展需求往往以企业品牌形象宣传为主，此类参展商一般需要更大的展位面积以满足自身形象展示的需要；而某些参展商更注重和偏好与采购商现场进行洽谈及贸易，那么组展方在进行展场功能区划分、展会氛围营造以及展会活动设计时，需要有意识地为参展商提供一个舒适、安静的洽谈氛围，并策划各类专场贸易匹配活动。

而从观众市场角度，有的专业观众更重视产品采购及商务洽谈，而有的专业观众则更关注展会传递的行业前沿资讯。组展方需要根据观众市场的偏好，有针对性地提供相关展会服务，以提高观众的满意度。

四、市场趋势分析

由于会展策划需要始终立足于目标客户的需求，市场的发展趋势往往影响该展会的发展前景。因此，组展方应通过市场调研、市场数据分析等方法，对展会目标客户市场容量及分布情况、市场结构、市场偏好的变化趋势做出科学、合理的预测，以此作为展会发展的导向与依据。

【案例分析】高新技术与高端装备进口交易会观众市场结构分析

中国（广州）国际高新技术与高端装备进口交易会组展方为提高观众组织工作的精准性，对目标观众市场结构进行进一步分析。根据广东省外贸数据显示，2011 年广东省进口机电产品的企业中，进口额达 1000 万美元以上的企业共有1579 家，一般贸易项下进口机电产品的企业中，进口额达 10000 万美元以上的共有 617 家。全省机电行业企业当中，进口额最大的为独资企业，进口额占57%；其次为私营企业占 19%，两类企业占比达到 76%（见表 4-3），因此，这两类企业将是本次展会的招商重点。

表 4-3　广东省 2011 年机电产品分企业性质进口情况

单位：亿美元

类　别		金　额	比率（%）	类　别	金　额	比率（%）
国有企业		246.11	11	集体企业	35.28	2
三资企业	独资企业	1299.41	57	私营企业	426.96	19
	合资企业	247.71	11	个体工商户	0.01	0
	合作企业	7.33	0.3	其他	2.66	0.1
	三资企业合计	1554.45	68.3			
机电产品合计				2265.47		

根据 2011 年机电产品分城市进口情况分析（见图 4-3），广东省内机电产品进口量最大的地区分别为深圳（54%）、东莞（16%）、广州（9%）三个城市，其次为惠州、佛山和珠海。因此，这些城市将是招商的重点地区。

综上所述，该展会目标采购商市场主要呈现出规模大、集中程度高的特点，以深圳、广州、东莞为代表的珠三角地区为主，辐射全省及全国发达区域的独资企业和私营企业。以上结论将对后期组展方进行招商计划及相应营销策划方案提供有效的信息支持。

资料来源：吴志才主持《广东省进口专业展览会立项研究》，2012，广东省对外贸易经济合作厅委托。

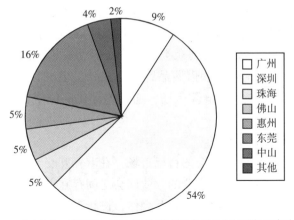

图 4-3　广东省 2011 年机电产品分城市进口情况统计

第三节　展览条件分析

　　会展项目的举办需要依托外部环境的支持，组展方在进行会展策划前，需要了解展会的竞争环境、展会的配套设施与服务以及展会政策环境等，这对于展会立项可行性、可持续性以及展会选址等决策都具有指导性意义。

一、展览竞争分析

　　在进行会展策划前，策划人员应充分了解展会的竞争环境，包括相同题材展会的数量、分布情况以及竞争态势，国内外相同题材品牌展会发展情况，相同区域内相关行业展会的发展情况等。同时可以运用 SWOT 分析等管理学方法，分析自身办展能力与竞争地位。行业中的竞争环境分析既能够为会展策划人员选择办展行业提供决策依据，也为展会定位及制定营销策略提供信息参考。

　　1. 相同题材会展情况

　　会展策划人员应首先了解国内外相同题材展会的数量及分布情况。一般而言，同一题材展会数量越多，意味着竞争越激烈，要想在市场中脱颖而出就越困难。因此，组展方在进入新的产业市场前，需要评估新办展会的综合实力在市场中是否具有竞争优势，在展会立项前还需要结合展会所在产业的布局情况以及相同题材展会的分布情况，做好展会的定位和选址工作。

　　2. 品牌会展发展情况

　　在市场竞争越来越激烈的今天，展会品牌越来越受到市场的重视。因此，组展方除了了解该行业中展会的数量及分布状况外，还需要重点关注具有一定规模和影响力的品牌展会，对其定位、办展机构、办展时间、地点、办展频率、展会规模、展示内容、参展商及观众类型与分布等情况进行深入分析。一方面能够帮助组展方了解行业需求和借鉴品牌展会成功经验，以供立项决策参考；另一方面还有利于组展方挖掘缝隙市场，通过差异化定位使新办展会能够在行业当中立足。

3. 区域内相关行业会展情况

产业链上不同行业的专业展会的目标市场存在着相互交叉、覆盖的部分。根据市场共享化的理念，上、下游产业的专业展会之间存在着一定的竞合关系。同一区域内相关行业的展会既能够通过相互合作，进行参展商及观众市场的资源共享，扩大展会规模，也可能由于展示内容的延伸与拓展，成为竞争对手。因此，展会组展方在进行会展策划时，还需要关注区域内相关行业展会的举办情况，旨在与区域内相关行业的龙头展会结为战略联盟，通过资源置换与共享实现双方共赢。

【案例分析】高新技术与高端装备进口交易会竞争环境分析

组展方在进行展会竞争分析时，着重了解全球进口展会的举办情况以及国内相关行业的专业性展会发展情况。

目前世界范围内举办进口贸易型展览数量不多，且以消费型展会为主（见表4-4）。单纯进口展会较少，多为进出口互为依托。

表4-4　国外进口展览一览表

展会名称	展会地点	展览范围	展会面积（平方米）	办展经验
国际电子工业博览会	美国圣地亚哥	电子元件、五金、电路板	15000	3届
科隆国际五金博览会	德国科隆	工具；锁具及安全系统；紧固件和家居改进	140000	30届
West Japan Import Fair 2012	日本	食品饮料；时尚服装；精品礼品；奢侈品	8000	1届
Import Goods Fair	韩国	食品饮料；家居摆设；卫浴工具	5000	1届
马来西亚中国进出口商品展览会暨贸易洽谈会	马来西亚	五金机电；食品饮品；日用消费品	12000	2届

我国具有进口贸易性质的展会一般是以出口为主、进口为辅的展览，纯进口性质的展览集中在汽车、食品等消费品行业，主要分布在我国长三角及珠三角地

区（见表 4-5）。目前国内机电设备及电子信息技术行业的纯进口展会并不多，仅有中国国际进口产品博览会，该展目前办展经验尚浅，是仍处于培育阶段的展会，且处于长三角地区，广东省目前还没有纯进口的机电装备及电子信息技术展会。这为中国（广州）国际高新技术与高端装备进口交易会的举办提供了良好的契机。

表 4-5 纯进口性质行业型展览一览表

展会名称	展会地点	展览范围	展会规模（平方米）	办展经验
广州国际食品展暨广州进口食品展览会	广东广州	食品、饮料；营养品及健康食品；食品添加剂及配料；食品包装及加工设备	2.6 万	12 届
中国（广州）国际食品饮料展	广东广州	葡萄酒及烈酒馆；饮料；粮油食品；休闲食品；养生食品；农产品；食品添加剂；食品机械与包装	2.1 万	8 届
中国（深圳）国际工业博览会——国际进口商品交易会	深圳	农产食品；文创产业；绿能及科技产品；服饰鞋类；居家乐活；精品展示	4 万	5 届
中国华东进出口商品交易会	上海	服装；家用纺织品；装饰礼品；日用消费品	11.5 万	22 届
中国国际甜食及休闲食品展览会/德国 ISM 亚洲展	上海	休闲食品；进口食品；甜食饮料类；干果坚果；各类食品添加剂和配料等	2.1 万	9 届
义乌进口商品展	浙江义乌	进口家居用品及礼品；进口食品及农产品；进口医疗保健品及美容护理用品；进口服饰及配件	10 万	1 届

资料来源：吴志才主持《广东省进口专业展览会立项研究》，2012，广东省对外贸易经济合作厅委托。

4. 办展机构的内部条件

在进行会展竞争分析时，会展策划人员还应对自身展会的竞争优势进行分析与评估，包括资金、人力、物力、其他市场及社会资源等。良好的资金运营状况和科学的财务管理是展会稳定发展的物质保障。专业、高效的办展团队则能够为展会客户持续传递创新的办展理念和提供优质的展会服务。同时，强大的资源积累和综合调配能力，能够帮助组展方有效抵御办展风险。

组展方在进行会展竞争分析时，不能脱离组展方自身能力而单纯考虑项目本身的竞争力，而是需要综合考虑展会外部环境的机遇与挑战以及组展方内部的竞争优势与劣势，评估自身是否具有举办该展会的能力。

二、展览配套分析

展览会的成功举办还依赖于举办地成熟的展览配套条件，其中包括硬件和软件配套。组展方在确定展会举办地点前，需要根据展会特点，综合考虑备选地的区位、经济发展水平、场馆及基础设施建设、社会文化环境以及技术水平等因素，使举办地区域优势得到充分发挥，真正做到因地制宜，提高展会的竞争力。

1. 区位条件

区位条件是展会选址的重要影响因素。良好的区位条件将对展会参展商、观众及其他利益相关方形成拉力，促进展会营销。具体而言，展会的区位条件包括地理区位和交通区位两个方面。

地理区位主要指展会举办地的地理空间分布。在展会选址时，一般选择气候宜人、资源相对丰富的区域作为展会举办地。气候极端、自然灾害频繁的区域将不利于展会的稳定性和可持续发展性。此外，地理区位还影响其与邻近区域的相互关系。根据"跳出系统外"的办展理念，会展策划人员在进行展会选址时，需要考虑周边区域对展会的影响和带动作用，充分利用这些区域的经济辐射力、产业品牌影响力，吸引目标客户参与展会。

良好的交通条件是连接展会与其他区域的重要纽带。发达的对外交通网络、便捷的区内交通，将打通各参与方通往展会的渠道，降低参展成本，并为各展会参与方提供更加便捷、舒适的参展体验。相反地，一个交通落后、闭塞的区域将为目标客户的参展以及展品运输带来不便，影响目标客户的参展体验，不利于展会规模的扩大。

2. 经济发展水平

区域经济环境也是影响展会举办的重要因素。经济活动活跃的区域，其商务考察、业务交流洽谈等活动频繁，并衍生出展示需求。广泛而持久的对外经济联系，也将为展会创造庞大的客户市场。因此，一般大型展会特别是经贸类展会往往会选择在经济中心城市举办。

经济发展水平较高的区域，其金融、物流、交通等城市相关配套设施也相对完善，办展条件更为优越，能够有效保证展会配套服务水平。区域经济环境还将影响当地消费者的购买能力和消费模式。经济发展水平较高的区域，居民消费水平相对较高，因此公众消费型展览在经济发达区域的市场空间更为广阔。

3. 场馆及基础设施建设

场馆是展览会的重要载体，展馆的规模、配套设施以及场馆服务水平都对办展效果带来影响。特别是大型器械、高新技术等专业性较高的展览，对于展会场馆硬件要求较高，需要良好的场馆条件才能够保障展示效果。

随着展会市场竞争日趋激烈，展会参与者对配套服务要求越来越高。因此，组展方在进行展会选址时，需要考虑举办地的旅游、餐饮、住宿、物流、交通、通信等基础设施及相应支持行业发展水平能否满足目标客户对展会服务的要求。

4. 社会文化环境

展览活动的举办需要所在区域具有稳定的政治及社会治安环境。此外，由于展会在短时间内聚集了大量的人、财、物，展会参与者与举办地居民将产生一系列的互动效应，因此展会举办地需要拥有相对开放的社会环境，能够接受不同种族的文化，对创新事物具有一定的敏感性和包容性。

组展方在进行会展策划时，应尊重举办地的社会文化、宗教信仰以及风俗习惯，如国内的展会一般不选择在春节期间举办，国际性展会还需要考虑到西方圣诞节、穆斯林斋月等节日对于境外客商参展的影响。由于举办地居民的支持是展会在当地成功举办的重要保障，因此组展方需要考虑在不同社会文化背景下的居民对展会题材的接受程度，如性文化节、动漫节等具有一定敏感性或外来文化题材的展览，组展方在立项前需要对举办地的社会价值观、文化背景以及风俗习惯等进行深入分析，评估当地居民对该题材的接受程度，并在展会宣传过程中加以正确的舆论引导，才能够保证展会稳定、可持续地发展。

5. 技术环境

技术环境是指一个国家和地区的技术水平、技术政策、新产品开发能力以及相关技术发展动向等。科学技术水平较高的区域，对于新科技、新技术的运用和接受程度相对较高。组展方可综合运用网络、新媒体等渠道，实现展会的网络营销，乃至建设虚拟展会、网络交易平台等，配合实体展会，增强展示效果。

此外，在大数据时代下，展会客户数据的高效运用将使展会市场分析工作事半功倍。通过对参展客户的信息进行收集、筛选、整理、分析，能够深入地了解客户参展偏好，以便提高展会营销的针对性和精准性。良好的技术环境还能够支持组展方通过各类通信及网络手段进行客户关系维护与管理，提高组展效率。

三、展览政策分析

展览政策包括国家及地方的面向展会所在产业、会展行业及相关支撑行业的政策导向。良好的行业政策一方面能够保障展会在一个规范、公平的市场秩序下筹备与举办；另一方面，展会所在行业的政策支持以及与会展相关支撑行业的政策倾斜也将成为吸引目标客户参展的拉力。具体而言，对展览政策的分析主要围绕以下几个方面进行。

1. 产业政策及发展规划

产业政策主要指政府对于展会所在行业的产品生产、销售与使用等方面的规定，如国家对于药品生产与使用的规定、对香烟及酒类商品的管理等都将直接或间接地影响企业的参展意愿和参展行为。

国家及地方政府对展会所在产业的发展规划将在未来较长时期内对该产业的发展产生影响，决定产业的发展趋势。一般而言，国家新兴产业或国家重点扶持行业往往能够获得更多的政策支持，展会发展空间将更为广阔。

2. 海关规定

海关部门的相关规定包括某产业货物的进出口政策、报关规定及关税等，将对进出口贸易型展会产生重大影响。首先，海关对于货物进出口的规定将影响展品能否顺利运输至展会现场进行展示以及展后的贸易往来能否顺利进行。若国家禁止某类产品进出口贸易，则展品无法在现场进行展示，影响参展效果；同时由于在展会期间无法达成后续交易，也将极大地削弱企业的参展意愿。其次，如果报关手续过于复杂，将导致企业参展筹备期延长，影响企业参展积极性。最后，关税水平将直接影响企业的参展成本。目前部分地区为推动会展业的发展，对展览会提供一定的关税优惠，这将大大降低企业的参展成本，对于境外参展商具有较强的吸引力。组展方可充分利用此类政策优势，做好境外参展商的组织工作。

【案例分析】高新技术与高端装备进口交易会政策及区位条件分析

广东省人民政府《关于促进进口的若干意见》提出积极搭建进口贸易会展平台是中国（广州）国际高新技术与高端装备进口交易会立项的契机和原动力，各相关单位和部门纷纷出台相应的促进进口政策和措施，为该展会的举办提供了政府层面的保障。

展会选择在广州举行，具有优越的区位和完善的软硬件设施，以"广州—深圳"为轴线的珠江三角洲，已成为国内外双向物流和海陆空立体物流相结合的现代物流中心。因此，在广东举办进口类型国际展会，可以起到"立足广东，辐射华南，服务全国"的立体效应。同时场馆硬件设施和各种服务配套政策等都为国际性展会的打造提供了完备的条件。

由于进口贸易型展会涉及大量的展品及商品进出口手续，参展商报关压力相对较大。而广州海关促进广州地区国际会展业发展的八项服务措施中，就包括"创新报备方式"、"指定展馆免于担保"、"促进建立展览品监管仓"等一系列服务措施都大大简化了参展商参展手续，为展会的成功举办提供了极大的海关政策保障。

资料来源：吴志才主持《广东省进口专业展览会立项研究》，2012，广东省对外贸易经济合作厅委托。

3. 知识产权的保护

由于展览会是产业发布新产品、新技术的重要平台，如何协助参展商保护自身产品和技术的知识产权也是组展方需要考虑的问题。深入了解知识产权规定，并向参展商宣传相关知识，能够有效减少展会现场企业之间的知识产权纠纷，对于保障企业参展效果，提升展会形象，维护展会声誉具有重要意义。

4. 会展行业政策及规划

目前会展行业竞争愈发激烈，行业法规与规范仍处于逐步完善的阶段。国家或当地政府对于展览会举办的相关规定将直接影响会展策划、筹备及管理等实际操作环节。此外，会展行业作为现代服务业的重要组成部分，其重要性已得到社会的广泛认可，不少地方政府都将会展业作为地方发展的重要推动力量。因此，组展方需要密切关注会展行业相关政策及规划的变化，顺势而为，从中找到展会发展新机遇，推动展会持续、健康地发展。

5. 其他相关规定

由于展会的举办涉及大量相关产业，因此在展会实际操作当中，组展方还需要考虑举办地政府关于交通、消防、治安等方面的规定，使展会能够合法、合规地顺利举行。

实务分析

广州（国际）孕婴童用品·服务博览会办展条件分析

为了提高广州（国际）孕婴童用品·服务博览会策划的科学性与可行性，组展方在进行具体的展会策划前，对展会的办展条件进行了深入分析。

为使条件分析更加精准且具有针对性，组展方将孕婴童用品行业定义为包括孕产妇、0~3 岁儿童衣、食、住、行、用、育、乐的庞大产业群，产品覆盖食品、穿戴用品、养护用品、寝居用品、出行用品、玩教用品等几十个系列数百个种类，服务则包括月子护理、早教等。其中细分市场包括孕妇（10 个月）、产妇（6 个月）、婴儿（0~1 岁）、幼童（1~3 岁）、小童（4~6 岁）、中童（7~12 岁）、大童（13~16 岁）。广州（国际）孕婴童用品·服务博览会主要面向孕产期以及 0~3 岁年龄段的婴童消费市场。

一、产业条件分析

1. 产业链分析

（1）上游产业。上游产业包括以下几个行业：

1）纺织业。纺织行业整体情况良好，出口出现好转。据国家统计局数据显示，2010年1~2月，我国棉纺织行业产量快速增长，出口大幅回升，各地投资热情高涨，行业效益也取得了明显增长。据中国棉纺织行业协会对行业企业调查显示，企业对行业上半年发展情况看好，没有近忧：①纱布产量恢复增长。据国家统计局统计，2010年1~2月，我国规模以上企业累计纱产量为358.22万吨，同比增长26.52%，纱布产量呈现出大幅增长的态势，无论是产量还是增速都超过了过去五年。②出口出现好转。2010年1~2月，我国棉纺织品及棉制服装累计出口111.59亿美元，同比增长24.31%，棉制纺织品及棉制服装均恢复增长，其中棉纺织品累计出口28.46亿美元，同比增长23.39%，棉制服装累计出口83.13亿美元，同比增长24.63%。

综上所述，纺织业的繁荣将在一定程度上促成包括童装、孕产妇装等服装市场的兴旺，从而带动孕婴童产业的发展。

2）塑料制品行业。塑料制品行业稳步发展。婴儿奶瓶、婴儿床等婴童用品的上游产业——塑料制品行业2010年1~2月累计实现产品销售收入1567.16亿元，同比增长33.45%，增速比上年同期上升了31.03%。由此可见，上游塑料制品产业的产量以及行业发展规模也在不断扩大，这在一定程度上也使得孕婴童行业得以发展。

3）食品行业。乳制品行业增长迅速。2009年中国乳制品累计产量增速加快。2009年1~12月，我国累计生产乳制品1935.12万吨，同比增长12.88%，增幅比上年同期上升了13.38%。

4）日用化工行业。日用化工行业发展迅速，外资、合资企业垄断行业。目前国际上对化妆品没有统一的分类方法，其中最常见的分类方法是按照功用分类。孕婴童用品当中的洗护用品则从属于其中。

改革开放30多年以来，我国化妆品市场销售额平均以每年23.8%的速度增长，最高的年份达41%，增长速度远远高于国民经济的平均增长速度，而且具有相当大的发展潜力。日化用品行业品牌及种类繁多，但无本地知名品牌，外资、合资企业独大的产业特点也明显反映在孕婴童产业当中，如强生、宝洁、联合利华等企业在婴儿洗护市场占据了绝对的优势。

（2）下游产业。下游产业主要是玩具业。玩具业兴旺发展，带动婴童用品行业。广州海关发布的统计数据显示，2010年以来，广东玩具单月出口值连续10个月实现同比增长。美国、欧盟和中国香港等传统出口市场平稳增长，"自贸"协定政策实施效果持续。此外，自贸协定政策实施后，中国与东盟间包括玩具在内的90%以上的商品实行零关税，对玩具业的增长具有极大的促进作用。

2. 产业现状分析

（1）产品、渠道快速扩张。2000~2010年是中国孕婴产业腾飞的10年，产品、渠道快速扩张。孕婴店遍布全国一、二、三级城市，北京、上海、广东、江苏、四川、山东、湖南、浙江、河南、辽宁、新疆、福建较为成熟。大卖场、精品店、便利店、目录直销、网络直销等多种营运模式并行。

（2）婴童用品服务消费支出庞大，孕妇用品消费受到重视。据中国第五次人口普查发布的统计公告显示，中国每年有 2000 万~3000 万婴儿出生，其中 8~36 月龄的婴幼儿约为 4500 万，儿童为 3.2 亿，针对 0~3 周岁婴幼儿消费群体就有 8000 万。婴童产业研究中心的统计数据显示，中国 0~3 岁新生儿用品家庭月消费为 900 多元，加上广大农村城镇地区婴幼儿的消费市场，中国的婴幼儿用品消费市场每年将超过 1000 亿元的规模。

婴童和孕妇总是紧密地联系在一起，而基于他们所衍生出的消费品也有高度联系。婴童产品受到重视，自然牵动了孕妇用品及服务消费的飞速发展。每个新生儿家庭用在"准妈妈"和"新妈妈"身上的"巨资"，丝毫不会比婴童逊色。现代社会女性的地位逐渐提高，孕妇的消费品是一大社会缺口，也是一大社会消费亮点。

（3）孕婴童用品服务行业前景广阔，但目前并不成熟，尤其缺乏实用性品牌。目前，孕婴用品市场知名品牌并不多。在全国范围内专业性生产孕婴用品的厂家，真正较有规模的不足 30 家，且大多数集中在沿海地区，市场上销售的孕婴用品以中国香港、中国台湾的品牌为主，价格都较高，真正意义上的本地品牌很少，其中，美国强生在婴幼儿卫浴市场占据了绝对优势，而丽婴房、好孩子则在婴幼儿服饰、耐用品等方面颇具影响力。就产品而言，目前国内市场上的孕婴用品处于"两头大，中间细"的状态，面向高端消费者群体的外国知名品牌以及小规模、不知名甚至无品牌产品占据市场的绝大部分，而缺少实用性专业品牌，"一家一户"的运作模式的局限使国内的孕婴企业普遍以区域型经营为主，难以发挥出较高的协同效益。

（4）缺乏综合性，结构相对单一。孕婴童用品涉及行业广泛，包括服饰、塑胶、轻工、电子、医疗器械、钢材、纸品等数十个行业，但市场较为分散，且现有品牌店仅限于用品、服饰两类商品，而像日用品、起居用品、孕产妇的特殊用品、工艺礼品、美术品等几乎为零。

（5）广东是世界领先的婴童用品制造基地。广东作为世界领先的婴童用品制造基地，企业和产品均占全国逾 35% 的份额，50% 以上的品牌企业都出自广东。广东孕婴童用品行业十分繁荣，在广州举办孕婴童用品服务博览会，更加方便采购商观展后直接到生产厂家和供应商中进一步交流、洽谈合作。这是广州举办孕婴童用品服务展得天独厚的优势。

综上所述，婴童用品是目前乃至以后发展潜力最大，收益丰厚的产业之一。

婴童用品服务行业是拉动各国 GDP 增长的动力源泉，是 21 世纪的"朝阳产业"。

3. 产业发展趋势分析

（1）婴童用品市场潜力无限，无限商机应"孕"而生。据估算，中国城镇婴童（0~3 岁）用品市场年消费总额是 1050 亿元，加上高速发展的孕产妇用品市场，现阶段中国 0~3 岁婴童产业和孕产期妇女消费市场零售总额高达 1400 亿元左右。随着人均收入的增长，经济的发展，潜在的市场正在逐步扩大，中国母婴用品行业发展非常乐观，中国母婴用品产业尚可保持 20 多年的牛市。

我国婴幼儿用品市场进入高速发展期，平均每年递增 17% 以上，随着产品深度的逐步开发，市场的规模将有望得到进一步的拓展。随着生活水平和受教育程度的日益提高，人们越来越关注对孩子的培养和教育问题，在育儿观念等方面也正在发生着巨大的改变。随着产品深度的逐步开发，市场规模将有望得到进一步的拓展。

（2）产品品牌化成产业主流，其中，实用性品牌专营店开始出现。20 世纪 80 年代出生的女性将成为婴童用品市场的消费主体。由于"80 后"的成长环境相对富裕，他们不但注重产品的品质，而且更加注重以品牌、个性为标准装扮自己的孩子。"80 后"女性即使是在怀孕和待产期间，也希望能够有美丽端庄的外表。她们同样追求品牌价值，而且在此期间，她们对品牌的要求会更高。不仅需要各种用品的时尚美观，更要求它们的品质高端大气。

目前国内孕婴市场处于尚未成形的过渡时期，除了少数大型商场、专卖店外，几乎没有具有品牌效应的专营店，一些地方仍将孕婴用品随同百货用品销售，这样既不方便购买，又缺乏安全感。因此，市场急切呼唤既具有品牌价值，又有品质保证，还能适应消费者需求的品牌专营店的出现。实用性品牌专营店将成为行业发展的必然趋势。

（3）连锁化更加明显，特许连锁经营店出现。在渠道方面，竞争更加激烈，连锁化更加明显。婴童产业相比其他产业的低风险性，通过 20 年的发展，市场规模效应逐渐形成，吸引许多外来行业的资本投入，加剧其竞争。同时，连锁化也将更加明显，预计在未来 10 年中，销售过 10 亿元的区域连锁店将达 40 家左右，销售过百亿的全国连锁店达 10 家左右。

（4）行业综合性、专门化趋势加强。孕婴童用品行业属于一个综合性的行业，涵盖了制造业、纺织业、服务业等各个行业，因此，在后续发展当中，预计孕婴童用品行业综合性的特点会导致行业内部分工更加明确，有更多其他行业巨头会将触角延伸至孕婴童用品市场。

（5）电子商务、外国企业将进驻中国市场。中国孕婴童研究中心的研究数据显示，目前中国 0~16 岁儿童有 3.8 亿，我国城镇居民对童装的消费量近年来一直呈上升趋势，其增长率一直保持在惊人的水平上，市场还远远没有进入饱和期，也就是说相对于成人服装市场，童装的需求将更大，伴随而来的投资市场也将更加火热。

因此，无论是外贸企业还是中国本土的服装公司都盯上了这块"大蛋糕"，希望从中"分一杯羹"。

（6）"低碳"元素受行业推崇。随着社会健康理念和环保意识的不断加强，低碳理念正悄然兴起。这种趋势也反映到童装领域上。业内人士柯加兴介绍，目前，低碳、环保已经成为社会的主流思想，在此形势下，以提倡绿色环保为出发点，在消费者中树立环保孕婴童产品的概念，可以赢得更多的市场。

（7）孕婴童用品市场细分程度加强，萌生新的消费热点。现代新型家庭观念的转变，由吃好睡暖的"原始追求"转向健康环保的"高级需要"，人们现在已经不再满足于传统的家庭式看护，专业、高质量、全方位的孕婴服务已经成为新的市场需求。随着人们生活水平的提高，月嫂服务、婴儿托管、婴幼儿摄影等传统的服务项目面临着挑战，因为此类项目在逐渐正规化，具备各种资格证的专业营业者将抢占70%以上的婴幼儿服务市场。

4. 产业结构

由于孕婴用品行业尚未成熟，其综合性导致行业本身结构较为松散，下面将从孕婴用品的几个部分展开讨论产业结构情况。

（1）童装。目前中国童装市场的格局大致是，国内、国外品牌各占市场的一半。国内厂家占有的50%份额中，仅30%拥有品牌，分别在一、二、三线城市市场扎堆；70%处于无品牌状态，分布在广阔的农村市场。而国外品牌占据的50%市场份额中，几乎都集中在一线中心城市市场。

（2）孕产妇服装行业。据预测，未来3~5年，中国孕产妇服装市场的销售额将达50亿元以上。可以说，孕产妇服装的客户群庞大而稳定，有专家形象地将其称为"大肚子经济"，认为其具备无限潜力，前景广阔。

（3）玩具。资料显示，中国大陆共有8000多家玩具生产企业，2007年中国玩具制造业十强企业仅占市场份额的15.35%，玩具制造业的企业集中程度较低。

（4）奶粉。在我国1500多家乳品企业生产的奶粉总量当中，婴幼儿奶粉在企业占到了1/3以上，但在目前的婴幼儿奶粉中，高档奶粉的比例远不到1/3，因此市场空间还非常广阔。

（5）婴儿辅食行业。目前婴幼儿辅食食品的定位确立为以城市为主、中等收入的家庭，整个婴儿辅食市场的规模约为60亿元。据业内人士的不完全测算，婴幼儿辅助食品的市场需求量约为每年50万吨左右，并且还保持上升的趋势。

（6）婴儿洗护卫生用品行业。在中国婴儿洗护市场当中，国外强势品牌占据着绝对优势，而国内品牌则处于竞争的劣势，其生存空间受到了一定程度的挤压；但与此同时，国内品牌仍有一定发展空间，如中低档市场、一些二、三线城市的区域市场、一些细分市场等。

（7）婴儿纸尿裤。目前国内婴儿纸尿裤年复合增长率将达到30%以上。据统计，中国纸尿裤每年保持60%的高增长率，其中高档纸尿裤增长率达到270%，粗略计算，这一市场每年蕴含了40亿元的商机。

（8）早教服务。作为年轻父母主力的"80后"，都在竞争环境下长大，特别是国内一些大城市居民或者学历较高的父母们，他们深知教育的重要性，往往认为对幼儿实施早期教育将影响着孩子未来的成就，这成了早教市场需求扩容的重要推手。因此，可以预言早教市场规模在未来几年内会有快速的发展，具体将体现在大城市中早教市场规模迅速扩大，许多中小城市将重复几年前早教在大城市中的发展历程，只是速度将会更快。

二、市场条件分析

广东具备良好的发展孕婴童产业条件，其地理位置优越，处于粤港澳台东盟这样的大市场中，有水陆交通的优势，有国际空港、国际海港。产业基础雄厚，配套完善，这是产业发展的重要基础。

产业发展一定要有腹地，也就是说产业链条可以拉长、空间布局可以更大。在东莞的厂总部，生产车间可以建到其他腹地，纵向延伸，这也是产业发展很重要的一条。周边市场范围的半径、数量，也都是很重要的条件。尤其是对产业发展的信息传递、思维观念、设计理念，对国际市场的敏锐把握程度等的条件要求，广东在这方面的优势十分突出。

1. 展商市场分析

（1）展商市场现状分析。展商市场现状如下：

1）中国孕婴童产业迅猛发展，为展会提供良好的大背景。随着家庭购买力的增强，对孕婴事业的重视以及孕婴童产品、渠道的不断扩张，婴童店遍布全国一、二、三线城市，北京、上海、广东、江苏、四川、山东、湖南、浙江、河南、辽宁、新疆、福建较为成熟。2008年始，1000平方米以上的婴童店成为主流，在各大城市竞相开幕。4000平方米的店也不少，旗舰门店超过30家的连锁企业有20多家，部分婴童店已深入乡镇。在这样繁荣的行业大背景下举办孕婴童用品展，定能吸引大批相关行业的企业前来参展。

2）孕婴童用品产业零售业态多元化。目前，中国的母婴产业仍处于发展的初级阶段，各种渠道并存，各厂商基于自身的资源、能力以及市场机会，往往综合多种渠道进行运营，根据其运营模式，主要分为以下四类企业：①"电子商务+目录销售"，其代表企业：红孩子、爱婴网等。②"网站+目录+连锁门店销售"，其代表企业：乐友、丽家宝贝、酷菲儿、好孩子等。③"提供资讯、交流、博客的网站"，其代表企业：宝宝树、摇篮网、丫丫网、9ye育儿园、中国妈妈网。④"实体店铺"，实体店铺越加丰富多样，可分为三类：超市型、百货精品型、专卖店型。专卖店型门店多见于服饰类品牌，以业内较知名的厂家品牌为主；百货精品型门店大多面积较大，借鉴了百货商场专柜陈列方式，品牌形象彰显；超市型门店的营业面积多在50~200平方米，发展迅速，是主流形态，盈利模式清晰而强势。除此以外，尚有大卖场以及新型主题店、概念店。

（2）展商市场结构分析。展商市场结构包括如下几方面：

1）广东参展商实力雄厚。广东是世界领先的孕婴童用品制造基地，企业和产品均占全国逾35%的份额，50%以上的品牌企业都出自广东。除此之外，玩具等相关产业发展势头也不可小觑。2010年1~10月，广东玩具出口60.2亿美元，比去年同期增长29%。广东玩具单月出口值连续10个月实现同比增长，其中2010年2月以来出口值持续增长，由2月的3.3亿美元逐月上升至9月份的9.4亿美元的峰值，10月出口值有所回落，出口8.4亿美元，同比增长24.2%，环比下降10.6%。在相关产业的带动之下，广东孕婴童产业十分繁荣，参展商实力雄厚。

往届展会数据也表示，在参展商当中，广东参展商占据38%，而由于广州毗邻港澳，也吸引了一定的港商前来参展，其占8%（见图4-4）。在广州举办孕婴童用品展，将能够吸引更多的广州及其周边城市孕婴童制造商前来参展。

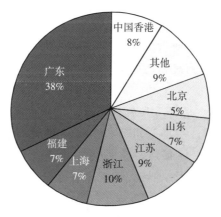

图4-4　往届展会参展商地区分布

2）连锁化更加明显。孕婴童用品连锁经营来势汹涌。目前的连锁经营分为两类：一类是厂家品牌加盟店的拓展；另一类是地区市场零售商的直营连锁店，其成长性让人望而生畏，短短四五年间，孕婴童市场涌现了若干家营业额过亿甚至达 2~3 亿的零售商。旁观者绝对难以想象仅在几年之前，他们的年营业额不过几百万元。

随着连锁化趋势日益突出，孕婴童行业的整合与"洗牌"，使得连锁店经营模式的企业越来越多，他们急切需要寻求一个宣传、树立品牌形象的渠道，而参加展会无疑会给予他们一个很好的机会。随着行业连锁化的发展，企业比以往的"一家一户"经营模式下的孕婴童用品商更加有资本、有能力参与展会。

3）国外参展商成焦点。到 2010 年中国新生儿出生数将进入高峰期。"婴儿潮"将带来"婴童经济"的全面爆发。有关资料显示，自 2000 年之后，中国婴童产业增长率高达 30%，已经成为仅次于美国的婴童产品消费大国，到 2010 年将有望迈入"万亿俱乐部"。因此，无论是外贸企业还是中国本土服装公司都盯上了这块"大蛋糕"，希望从中"分一杯羹"。

因此，在参展商数量上，外国参展商所占比例也是不可忽视的。如一些著名的国外品牌：Baby Dior、D & G baby、ARMANI Junior 等也逐步进入中国市场，相信几年后外国展商也是一个不可小觑的部分。

（3）展商市场规模。由于孕婴童市场的繁荣，据不完全统计，全国从事孕婴童用品零售业务的门店数量已从 2006 年的大约 2 万家猛增至目前的 3 万余家。目前，全国共有 4 万家婴童企业。潜在的展商市场相当庞大。

往届展会数据显示，参展企业 563 家，展位 1068 个，特装展位 70%以上。参展品牌众多，其中包括迪士尼、贝亲、新安怡、丹麦宝宝、atopico、bimi、brevi、阿 B 哥、娃娃谷、快美特、好孩子、英氏、今生宝贝·上品婴、澳贝、黄色小鸭、日康、乐美达、宝宝好、智乐堡、小天使、爱丽儿、嗳呵、亲亲贝贝、圣得贝、阳光、麦凯、捷嗯捷、高儿莱恩、迪孚、谷雨、五星、南国、多米、爱儿宝，等等，也能看出展商规模之庞大。

2. 观众市场分析

（1）观众市场结构。根据历届展会经验，前来观展的观众涵盖范围主要包括：孕婴童用品批发商；孕婴童用品代理商、经销商、进出口贸易商、生产商；孕婴童用品综合店、连锁店、童装/童鞋专卖店、孕装专卖店、玩具零售店、婴儿生活馆；百货商场、大型超市、目录直销商、网络分销商；早教、幼教、婴童摄影等服务机构；医院妇产科及妇幼保健院的医生和护士、孕婴家庭等。

根据往年展会数据分析，虽然东北和华北地区的婴幼用品需求增长比较快，但是，最大的采购商群体依旧是直销商和供应商，而且都占有超过 1/3 的重要地位。而广东在这方面需求是最大的，因此广东在举办孕婴童用品展方面依旧占有优势。

（2）观众市场规模。观众包括以下几方面：

1）专业观众市场规模。随着孕婴童行业的火热发展，各种专业孕婴童批发商、零售商、教育机构、百货商店等也希望从中"分一杯羹"，因此，专业观众市场规模十分庞大。

2）非专业观众市场规模。非专业观众主要有两类：①2008年中国将迎来生育小高峰。中国实行计划生育政策以来，独生子女人数累计将近一亿人，其中大部分目前已进入生育旺盛期。目前全国处于生育旺盛期的育龄妇女即处在20~29岁的，每年增加200万。这主要是20世纪80年代中期出生的子女。国家人口计生委预测，从2008年开始，这种"双峰叠加"的生育小高峰将持续十几年，为婴幼儿产业提供了巨大的市场。②"421"家庭结构"捧热"婴童用品产业。中国大陆家庭规模的缩小成为一个不能忽略的孕婴童产品市场繁荣的因素，除了经济因素以及计划生育国策这一决定性因素之外，城镇化水平的提高，人口流动率以及离婚率的加大都造成了中国大陆家庭规模的逐渐缩小。现在，我国家庭多为"421"结构，即爷爷奶奶、外公外婆四个老人，两个年轻父母，一个婴儿。家庭规模的缩小意味着孩子数量的减少，而独生子女取代多子女的现状会使父母更加注重对孩子素质的培养。所以，孕妇及婴幼儿的健康和护理越来越受社会的关注，对孕妇和婴儿的生活用品的品质要求越来越高。家人及朋友的关心及爱护，使孕婴幼儿用品形成了庞大的消费群体。因为我国孕婴用品市场格局尚未形成，给市场留下缝隙，使之成为一个全新的行业，所以，发展婴幼儿产业，市场前景广阔，属"朝阳产业"。

三、展览条件分析

1. 展览竞争分析

国内孕婴童行业专业展览会的竞争分析见表4-6。

表4-6　国内孕婴童行业专业展会情况列表（部分）

展览名称	时间	地点	办展经验	展览面积	主办方
［上海］上海国际优生优育暨孕婴童产品博览会	11月	上海光大会展中心	6届	60000平方米	上海市人口计划生育委员会 上海市计划生育用品管理协会
［上海］上海儿童、婴儿、孕妇产品博览会	7月	上海新国际博览中心	10届	69000平方米	
［北京］京正·北京孕婴童用品展览会	4月	北京中国国际展览中心	12届	45000平方米	北京京正展览展示有限公司
［杭州］中国国际妇幼婴童产业博览会	3月	杭州和平国际会展中心	6届	30000平方米	中国轻工业联合会 杭州市人民政府

续表

展览名称	时间	地点	办展经验	展览面积	主办方
[中国香港] 中国香港婴儿用品展	1 月	香港会议展览中心	1 届	9963 平方米	中国香港贸易发展局
[青岛] 中国（青岛）国际儿童产业博览会	6 月	青岛国际会展中心	4 届		青岛市政府会展业发展办公室 青岛国际会展中心 青岛新闻网
广州国际婴童用品展览会	4 月	广州保利世贸博览馆	1 届	45200 平方米	广东省玩具协会 广东玩具文化经济发展研究会 广州力通展览服务有限公司

2. 展览配套分析

（1）区域优势。广东作为世界领先的婴童用品制造基地，企业和产品均占全国逾35%的份额，50%以上的品牌企业都出自广东。在广州举办婴童用品展，更多地方便采购商观展后可直接到生产厂家和供应商中进一步交流、洽谈合作。这是得天独厚的区域优势。

珠三角经济发达，家庭购买力充裕，而且孕婴童产业受重视程度高。这也给孕婴童展的成功提供了契机和条件，贸易需求促进了展会需求。

（2）资源优势。由于"广州国际孕婴童用品展"与中国内地历史最长、规模最大的"广州国际玩具及模型展"展期相近，可有效实现资源共享，为展商和采购商提供更多的商机、拓展更广泛的商贸领域。两个展会的买家跨类采购所产生的联动效应十分明显。主办机构以全新的理念和模式发挥两个展会的资源优势，倾力打造广州国际孕婴童用品展这一商贸平台。

（3）推广优势——行业协会支持。2010 年 6 月，历经一年半的筹备，广东省孕婴童用品协会正式成立。作为国内首家省级婴童协会，标志着广东省孕婴童产业正式有了自己的行业联合组织。广东省孕婴童用品协会将肩负着维护行业合法权益，促进行业合作交流，整合行业资源，帮助本土企业做大、做强，把广东孕婴童产业推向更高水平，带领本土品牌走向全国、走向世界的重大责任。

相信在相关行业与协会的支持下，孕婴童用品展将能够获得更大的发展空间。

（4）城市交通配套。城市交通主要体现在以下几类：

1）铁路。在铁路交通方面，有四个铁路公司，京广复线、京九铁路、广茂线、广梅汕线、广深线、广九准高速铁路，还有建设中的广珠澳铁路，构成了四通八达的铁路网络。

2）水路。水路四通八达：中国第三大港口广州港，是珠江三角洲以及华南地区的主要物资集散地和最大的国际贸易中枢港，现已与世界 170 多个国家和地区的 500 多个港口有贸易往来。黄埔新港和新沙港位于广州东部、珠江的出海口，均为华南地区最大的集装箱码头。莲花山港、南沙港、广州开发区穗港码头和增城新塘港已开通往返中国香港的客、货轮，花都区开通往返中国香港的货轮。内河可沿东、西、北江航道沟通广东省各地和广西壮族自治区，与 100 多条河道相连接。

3）航空。广州是中国南方区域最大的交通枢纽，拥有亚洲一流的航空港——广州新白云国际机场，广州新白云国际机场是国内规模最大、功能最先进、现代化程度最高的国家级枢纽机场，全年白云机场货运业务大幅领先于亚洲各大机场。

4）地铁。广州的地铁。已经完成的地铁工程，可成功达到连接机场与市中心、广佛连线等目标，初步做到"地铁遍布全市"。广州地铁规划将达到 524 千米，地铁线路将覆盖全城。

5）场馆设施配套。广州有先进的场馆设施，保利世界贸易中心就是一流的展馆。保利世界贸易中心总建筑面积超过 50 万平方米，地上建筑面积为 37 万平方米。项目按国际一流标准设计，其中 9.48 万平方米博览馆，拥有 4020 个国际标准展位，可举办各类国际大型展会；特设的 9.25 万平方米的"生活方式"（lifestyle）品牌展示馆，为国内外知名企业提供了品牌展示特区。此外，项目还配套有 4.5 万平方米的展示性写字楼、8.48 万平方米的酒店式国际公寓、6 万平方米的星级酒店。

6）住宿接待。有公开资料显示，2006 年、2007 年两年间共有 30 多家国际知名酒店落户广州。2008 年，广州富力丽思卡尔顿酒店、广州富力君悦大酒店相继开业，广州五星级标准的酒店已达到 21 家。到 2010 年亚运会前，广州星级酒店增长 50%，总数增至 340 多家，其中一半以上是四星级以上高端酒店，到 2012 年广州五星级酒店将达到 54 家。其中天河路将成为豪华酒店密集地区。

7）展览政策。广州为办展活动开方便之门。广州海关促进广州地区国际会展业发展的八项服务措施中包括"创新报备方式"、"指定展馆免于担保"、"促进建立展览品监管仓"等一系列全新的服务措施。

8）税收优惠。2008 年广州市地税局出台了《关于广州市会展业营业税征收管理的通知》，明确从 2008 年 4 月 1 日（税款所属期）起，将会展业营业税适用税目从"服务业—租赁业"全额征税调整为按"服务业—代理业"差额征收营业税，较大幅度地降低了该行业税负。经过调整后，广州市会展行业总体税负将降为 15.53%，低于全国服务业 16.9% 的平均税负水平。

广州市地税局梳理出台了"大力促进广州现代服务业结构优化产业升级"的 54 条税收优惠政策，将广州会展业营业税税目从租赁业改为代理业、从全额征收改为差额征收，使该行业营业税税负由调整前的 5.7%下降为调整后的 1.5%。

资料来源：黄诗卉，刘天赐，王美萍，李尚金.《广州（国际）孕婴童用品·服务博览会立项策划书》(2009 级会展策划大赛优秀团队策划方案)，2010.

思 考 与 展 望

本章主要介绍会展项目发展条件分析方法。为提高会展项目的科学性和可行性，在具体进行会展策划前，对项目立项的产业条件、市场条件和展览条件进行分析和评估是必不可少的步骤。

随着科学技术与新兴管理研究方法的不断演变和推进，产业和市场竞争愈发激烈，组展方对展会发展条件的分析也必须逐渐细化，并从定性分析逐渐向定性与定量分析相结合的方式转变，例如，展览条件分析不仅要涉及对展览企业自身组织结构与职能部门的研究，还要细化到每个员工的服务习惯和个人心理因素上；不仅要涉及会展产业链上传统的生产服务部门，还要考虑物联网、云技术和移动通信技术等新兴服务产业的影响。

除此之外，今后的会展策划还需要运用心理学、环境学、社会学、运筹学以及投资学等更加广泛的学科背景知识，多学科交互性地分析评价展会条件，从而实现真正意义上的理性管理和科学策划。

第五章　会展定位与主题策划

　　会展定位及主题策划是会展策划工作承上启下的重要环节。组展方在对展会背景包括产业系统、市场系统、展览系统、国内外的发展趋势、展会竞争格局等进行分析后，需要对展会进行定位，并反映在主题的选取上。而展会基本框架的搭建以及后续策划方案的制定都将围绕展会定位与主题进行展开。

　　本章将着重介绍展会定位的原则、意义等。结合具体案例，分析如何进行展会的定位，定位过程中需要注意的原则性问题以及定位的实际意义。然后将从产业分析的角度出发，介绍主题选定原则。最后介绍几种主题策划模式以及组展方针对不同的题材如何有效地进行主题策划与定位（见图5-1）。

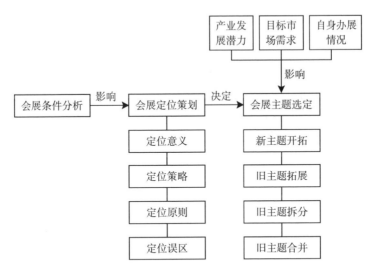

图 5-1　会展定位与主题策划思维导图

第一节 会展定位策划

目前，我国展览项目普遍缺乏明确的定位，部分项目定位过于简单，内涵缺乏层次感，表达形式缺乏感染力、号召力。事实上，成功的展会定位犹如一座灯塔，能够为各项展会工作指明方向，并在目标客户心中形成不同于其他展会的独特形象。

展会定位工作并非流于形式，而是将其融入到会展策划的每一个环节，避免展会基本框架游离于定位之外。本节将从展会定位意义、定位策略与原则等方面展开阐述，最后介绍展会定位普遍存在的误区，以供会展策划人员参考。

一、会展定位意义

会展定位就是展会项目在目标顾客心目中的形象、位置。要进行精准的展会定位，组展方需要深入分析参展商、观众及其他利益相关方的特点以及展会举办地的产业基础、市场环境和宏观背景。

从市场营销学角度，展会定位有利于组展方实现展会差异化发展。通过独特、精准的定位，组展方能够更好地明确展会目前的市场地位，强化竞争优势，并明晰展会未来发展方向，以确保更好地挖掘市场空隙、抓住市场机遇。做好展会定位工作，还有利于组展方聚焦目标市场，当市场形势发生变化时，能够快速采取应对措施，提高展会的灵活性。

当然，在竞争异常激烈和瞬息万变的市场当中，展会的定位也并非一成不变，而是要根据市场的变化做出相应的调整。因此，展会定位还应该拥有时代性和前瞻性，能够经得起时间的检验。

【案例分析】法国巴黎服装及纺织品定牌贸易展览会的会展定位

始办于 1984 年的法国巴黎服装及纺织品定牌贸易展览会（Fatex），自 2001 年 11 月开始，与另一集中推介品牌服装的著名服装展览"法国国际服装批发商展"（Interselection）在同一个展馆同期主办，两展联合达到了客商共享的目的，使两展的实力同步增强。作为欧洲顶级的业内展览盛事，两展的同期举办相辅相成，使世界各地的服装生产商、分包商和买家云集一堂，已经成为巴黎时装王国影响力最大的专业服装展，是不可多得的供需双方"约会"的绝佳时机。

与其他服装展不同的是，法国巴黎服装及纺织品定牌贸易展览会一开始便定位为专业的"服装定牌贸易展"，属于货源采购类展览会，因此展会在进行项目策划时，并不着重帮助参展商进行品牌宣传，而侧重展示参展企业的生产加工和供应能力，目标客商包括企业经理人、产品总监、设计师等，代表着欧洲服装的各种营销渠道，展会主题为"在哪里寻找货源和合作伙伴"。

可见，展会定位的差异将直接影响其展示内容、目标客户的性质与特点，从而导致招展及招商目标乃至相关展会活动的重点亦有所差异。组展方在进行展会框架搭建前，应做好相关定位工作。

资料来源：谢芸洁. 法国 Fatex 服装服饰定牌贸易展览会［J］. 服装设计师，2005（7）.

二、会展定位策略

会展定位的重点是向目标客户传递展会不同于其他竞争对手的个性化特征以及展会价值。根据组展方特点、展会目标与性质的不同，展会定位切入点亦有所差异。组展方在进行展会定位时，首先需要根据办展条件分析结果，明确目标市场及其特点。其次提炼自身优势与特点，创造差异化竞争优势。最后选择有效的表现形式将其传递给目标客户。

1. 根据进入市场方式定位

根据展会进入市场的方式不同，组展方可根据自身实力以及项目特征，以市场领导者、市场挑战者、市场跟进者以及市场补缺者等方式对展会项目进行定位。

（1）市场领导者。市场领导者一般指行业会展市场中实力最强大、市场占有率最高的展会。实行市场领导者定位策略往往要求组展方自身实力过硬，拥有足够的资金支持和广泛的社会关系网络，并有着优秀的营销策划团队，保证展会的执行和宣传力度。市场领导者不但需要承担壮大自身实力的任务，还要主动承担起扩大市场总份额、引导相关行业展会提升进步的任务，同时还要面临其他竞争者的挑战。因此，实行市场领导者定位的展会项目，说明组展方已具有完善的同类展会策划管理经验，并具有一定的品牌知名度。

具体而言，展会定位需要具有可实现性。展会在全国或全行业内的领导性地位一般难以一蹴而就。因此，组展方以市场领导者角色进行定位时，可将展会按举办区域及行业进行细分，首先占据细分市场的领导者地位，并对该细分市场进行培育，如慕尼黑上海电子展，依靠慕尼黑展览公司的品牌优势和德国慕尼黑电子展的成熟管理技术，强势进入中国市场。其次选择在华东区域的电子展市场上实行市场领导者定位，并逐渐实现扩张。又如广州光亚照明展，通过将照明用具从其他综合性展览项目中剥离出来，并将该细分市场培育壮大，成为照明行业展会的翘楚。

（2）市场挑战者。市场挑战者是指相对于市场领导者而言处于二位或三位的竞争者。该类展会往往具有可以与市场领导者相互竞争的实力，拥有某方面的优势，但总体实力不如市场领导者展会。

实行这类定位策略的展会，一般尚未具备挖掘缝隙市场、培育"蓝海市场"的能力，但可以通过目标市场需求分析，寻找市场领导者弱点，并在展会销售成交、信息传递、资讯发布和产品展示等功能中提高客户满意度，进一步缩小与市场领导者的差距，实现抢占市场份额、壮大展会的目的。

但是，市场挑战者一般承担较大的风险，市场的变化有可能削弱市场挑战者的竞争优势，使其因自身实力的限制而在新一轮的竞争中落后于市场领导者。因此组展方在实施市场挑战者定位时，需要准确把握市场发展趋势，尽量规避市场竞争所带来的风险。

（3）市场跟进者。实施市场跟进者定位策略并不意味着组展方单纯模仿市场领导者的办展特点，而是要完善展会市场供给，增加展会的社会效益。一个展会难以满足所有客户的会展需求，而市场跟进者的进入则能够有效补充不同层次的会展供给，进一步完善市场格局。

一般而言，市场跟进者与市场领先者相比缺乏资源、经验或者管理技术，因此需要从市场基层做起，逐渐积累目标市场的人脉和资源，重点关注市场领导者尚未接触或难以接触的客户群体，扩大自身市场份额。

（4）市场补缺者。在四个角色之中，市场补缺者往往是处于最不显眼的位置，但其发展潜力不可小觑。此类展会的组展方虽然实力相对较弱，但因为长期深耕缝隙市场，所以往往在某一细分市场具有一定的影响力。当市场逐渐发生变化，刺激新的会展需求增长时，能够带动市场补缺者取得不菲的成效，甚至成为新市场的领导者。

2. 根据展览内容进行定位

根据展览内容的不同，一般将展会分为综合展览和专业展览。组展方在进行展会定位时，需要对其加以阐述。

（1）综合展览。综合展览是指包含全行业或者多个行业的展览，比如工业展、轻工业展。举办综合性展览一般需要组展方拥有比较强大的关系网络，将不同行业的客户聚集到同一展会平台上。同时组展方还需要拥有过硬的组织管理能力，以满足不同行业客户的需求。

此外，综合性展会在展前需要进行大量的宣传投入，筹展压力相对繁重，风险比较大。但是一旦建立品牌，搭建起不同行业客户之间的平台关系网络，则难以被竞争对手复制，并具有广阔的延伸性与升级空间。

（2）专业展览。专业展览指专注于某一行业甚至某类产品的展会，比如陶瓷展、红酒展等。相对于综合展览，专业展的前期投入比较小，但是对展会营销精准度要求较高。专业性展会一般注重行业内部交流和产品展示，往往要求组展方对展会所在行业具有深入的认识，且该行业具有持续发展的潜力。

3. 根据展览性质进行定位

展览性质也是展会客户所关心的问题，因此在展会定位时也应该对其性质予以描述。一般而言，展会根据性质的不同划分为消费型展览和贸易型展览，不同性质的展会其参展商类型、参展目的以及目标观众群体都具有较大差异。

（1）消费型展览。消费型展览展示内容为一般消费品，其办展目的是帮助参展商进行现场销售，目标观众以社会大众为主。因此，定位为消费型的展览会应当注重现场气氛的渲染，提升社会公众对展会的关注程度。

（2）贸易型展览。贸易型展览指以交流产品信息、洽谈贸易为主要功能的专业性展览会，一般不对普通消费者开放，观众专业性高。与消费展不同，贸易展的参展商和观众关注的是订单量和合作关系的促进。因此，组展方需要为参展商和观众提供完善的商业服务，比如金融、物流、专业洽谈区域等。

消费展和贸易展并没有非常严格的界限，主要以专业观众比例为区分标准，在经济越不发达的地区，两者的区分度越低。兼有消费性质和贸易性质的展会即为综合型展览。对于定位为综合型展览的项目，组展方应当做好普通观众和专业观众的分流管理，针对不同类型观众的需求提供相应的个性化服务，避免造成现场秩序混乱。

4. 根据展览规模进行定位

根据展览规模定位并不是指展会到会人数、占地面积等数据指标，而是指根据展会目标客户所代表的区域以及目标市场覆盖范围，分为国际、国家、地区、地方性展览。由于我国及国际会展行业权威机构对国际性展览会均具有明确的标准和要求，因此组展方在进行展会定位时，需要尊重客观实际，不得随意夸大展会规模，做出骗展行为。

过分夸大展会规模的定位方式，尽管能够带来短期盈利，但是往往导致目标客户具有过高的价值期望，当展会质量未能达到其期望值时，将影响客户满意度，不利于客户忠诚度培养和展会品牌的建立。

三、会展定位原则

在进行展会定位过程中，需要注意定位的目标性、时效性、前瞻性、一致性和鲜明性等原则。

1. 目标性

展会定位需要充分反映展会主要目标，不能局限于眼前，束缚其延伸与扩展，亦不能脱离行业实际，过分夸大其优势。良好的展会定位应当摆脱僵化的办展理念，根据市场形势变化做出相应调整，适度超前于行业实际，使展会定位作为一个目标与指引，引领展会不断向前发展。

2. 时效性

展会定位的时效性主要指展会定位应紧贴国内乃至世界宏观形势变化，并反映人们思想观念、社会习惯的转变。根据"跳出系统外"的理念，会展项目策划始终不能脱离举办地的宏观背景，需要充分反映举办地当时的政治、经济、文化等宏观环境以及相应行业环境下的产品和服务特点。

具有时效性的展会定位不仅能够吸引更多利益相关方参与到展会平台当中，同时也能够吸引公众媒体的关注，进一步扩大展会的社会影响力。

以创办于 2003 年的广州车展为例，每年都展出大量首发车型以及汽车工业概念车型，其中包括多款重点车型，如奥迪激光大灯概念车型、沃尔沃新型概念车型等，各类概念车型展示了汽车行业最新研发成果，预示了汽车行业未来的发展方向。

3. 前瞻性

会展定位除具有时效性，能够反映当前办展环境外，还需要具有一定的前瞻性，使展会经得起时间的考验。前瞻性是指展会定位要引领行业发展趋势，捕捉行业的潜在需求。缺乏行业前瞻性的定位将使整个项目缺乏市场吸引力。

会展定位前瞻性主要体现在行业发展变化的显性趋势和隐性趋势两个方面：显性趋势指行业客观发展趋势，展会需要根据其形势变化调整自身定位，因此具有一定滞后性；隐性趋势则指组展方根据自身预测分析，充分发挥策划者的主观能动性，通过展会定位、题材选择和方案策划等方式引导宏观环境向有利于展会的方向发展，具有一定的超前性。

【案例分析】第三届中国国际玩具展览会帮助德国企业抢滩中国市场

近年来，中国玩具市场发展迅猛，国际玩具企业对中国玩具市场表现出浓厚的兴趣。2004 年 10 月由中国玩具协会与德国纽伦堡玩具国际展览公司联合主办的"第三届中国国际玩具展览会"上，共有 26 个国家，近 300 家企业参加了展会。

主办方之一的德国纽伦堡玩具国际展览公司相关负责人介绍，德国在展会现场特开辟德国展示专区，其中还不乏国际知名的玩具企业。尽管德国玩具产品价格相对较高，中国市场的接受能力仍十分有限，但中国作为一个巨大的玩具消费市场，组展方希望通过以专区的形式，协助德国玩具企业打开中国市场，提升其在中国市场中的知名度和认可度。甚至有外商表示参加中国玩具行业展览，已做好亏损三年的准备，目的正是预热中国市场，树立自身品牌形象，以便让人们先知道自己的品牌，在时机成熟时抢占中国市场。

资料来源：童网. 中外玩具品牌"借助"中国国际玩具展试水内地［DB/OL］. http://www.childec.com.cn/exec/news/200512/News63/23204241.shtml, 2005–12–23.

4. 一致性

会展定位的一致性有三个方面的含义：第一，定位与需求相一致。根据"利益一体化"的理念，展会定位应该始终围绕各个利益相关方的需求而展开。只有从定位开始时就兼顾好多方利益，才能够更好地得到相关方的配合与支持，保障展会的顺利举行。第二，定位与行业实际相一致。由于展会定位对整体策划工作起到提纲挈领的作用，因此定位需要充分反映举办地的产业特点、当地经济及社会文化背景等宏观办展条件。第三，定位与组展方实力相一致。过度定位将为组展方带来巨大组展压力，当参展体验与过高的客户期望形成落差时，往往影响客户满意度，削弱品牌忠诚度。过窄的定位则不能充分体现组展方及展会实力，影响客户参展信心，从而限制了招展、招商工作的开展。

5. 鲜明性

会展定位的鲜明性是指展会定位明确。展会主题的选择、基本框架的搭建以及相关工作策划始终围绕展会定位展开。定位是展会指导思想、宗旨、目的、要求等的高度概括。在表达方式上，需要言简意赅、个性鲜明，使目标客户能够在短时间内准确地理解组展方的办展理念，帮助组展方有效辨别和吸引目标客户，提高市场针对性。

四、会展定位误区

在进行定位时除了应遵循以上介绍的五个原则外，还应避免以下四个定位误区：

1. 定位不足

定位不足是指由于组展方的定位描述未能全面反映展会特点、优势和价值，使目标客户形成狭隘的展会印象。定位不足将导致目标客户忽略展会信息，造成有效客户流失，不利于展会市场培育。

2. 定位过度

定位过度是指组展方过分夸大展会价值和优势，使目标客户对展会产生过高的参展期望。当客户的参展体验与期望价值落差过大时，往往会产生反感情绪。这将影响品牌的塑造，不利于展会的可持续发展。

3. 定位同质

定位同质是指组展方对展会的定位未能与竞争对手形成差异，未能在目标客户心目中形成独一无二的形象，无法在特定市场中抢占客户群体。完全同质化的定位甚至会混淆展会形象，当竞争对手出现品牌危机时，往往受到波及影响。

4. 定位涣散

定位涣散指定位描述模糊，未能清晰向目标客户传达展会价值和优势，或是在具体项目策划和执行过程中，向客户传递的信息与定位表述相背离，使目标客户对展会定位感到模糊或疑惑，从而削弱了品牌号召力和影响力，甚至损害客户忠诚度，不利于展会的竞争优势培育。

第二节　会展主题选择因素

会展主题的选定需要从定位出发，立足产业现状和市场需求，结合展会举办地及周边辐射区域的产业特点、经济及文化背景、区位条件、展览条件等，对产业内不同细分市场进行遴选和组合，最终形成较为系统的主题架构。

展会主题选定的专业性和科学性将直接影响展会的吸引力、延展性和可持续发展性，因此在选定过程中，需要注意以下原则：

一、产业发展潜力

展会主题的确定一般从产业出发，组展方需要综合考虑展会所在产业的属性和发展空间。产业属性包括产业规模、企业数量以及产品特点等，这些因素将直接影响组展方进入该行业的可行性。

1. 细分市场规模

产业市场是庞大而复杂的，一个展会一般难以展示产业当中的所有产品。为提高展会的专业性和针对性，组展方往往在产业市场当中挑选一个或几个细分市场进行展示。为保障展会整体规模，每个细分市场都应具有一定的规模，为展会提供潜在的参展商和观众基础。会展策划人员可以选择一个主要的细分市场作为核心主题，组合一个或多个与其联系紧密的次要细分市场作为次主题。这一方面能够保证清晰的展会定位，体现专业性；另一方面也能够维持展会规模，使其展示内容更加丰富。

2. 产业发展政策

为提高展会的前瞻性和行业领导性，组展方可重点关注举办地的主导产业、优势产业、重点产业，或是当地新兴产业及政策扶持产业。对于主导或优势产业，其企业数量及规模达到一定基础时，就能够作为展会主要题材进行展示；对于新兴产业和政策扶持产业，尽管产业基础相对薄弱，但其发展空间大，具有一定的成长性，因此组展方可将其作为培育性题材整合至展会当中。

3. *产业发展趋势*

除了选择产业当中拥有相当规模的细分市场作为展会主要题材外，组展方还应该时刻关注产业最新发展趋势。对于产业新热点、新需求，可尝试通过展示专区、现场活动等形式，进行重点培育。提高主题的前瞻性，能够更好地满足展会客户需求，同时提前进入新的细分市场，能够使组展方更好地抢占市场份额，提升展会竞争力。

二、目标市场需求

目标市场需求也是影响展会主题选择的重要因素。并非每一个具有发展潜力的行业都适合举办会展，目标市场特性往往影响组展方在某一细分市场招展及招商工作的难易程度。同时，该细分市场相关专业展会的举办情况也会影响组展方进入该市场的难易程度。

三、自身办展情况

选定展会主题时，还需要考虑组展方的办展目标和自身实力。产业当中拥有众多细分市场，组展方应选择契合展会定位的细分市场，使主题服务于展会目标。还需要结合自身实际，首先进入具有资源优势的市场，这将能够提高办展的成功率。

第三节 会展主题选定方法

一般而言，展会主题的选定包括新主题的开拓、旧主题的拓展、旧主题的拆分和旧主题的合并四种方法。

一、新主题的开拓

新立主题就是组展方通过对市场调研结果进行整理分析，选定一个目前尚未涉足过的行业作为新办展会的主题。对于新进入的行业，组展方面临的各项工作具有一定的挑战性和不确定性，而所选行业的发展情况常常对项目的成败起关键作用。因此，在选择一个崭新的行业策划一个全新的展会时，组展方需要结合产业背景和自身实力进行全方位的分析和慎重决策。

新立主题展览往往是选择一个新的产业作为展览会题材，一般拥有以下优点：①开辟"蓝海市场"。在新的产业环境当中举办展览，产业中的企业尚未对行业展会形成思维定式，可发挥的空间较大。②差异化竞争。在全新产业当中，组展方能够规避与其他办展机构的市场竞争，形成一定的差异化发展格局。③抢先占据市场。组展方率先进入新的市场，能够尽快抢占市场先机，更有可能成为该市场的领导者。

具体而言，组展方选择在新的领域中举办展会前，需要深入分析以下问题：①该主题产业信息，包括产业性质、产业规模、产业结构以及产业分销体系和产业热点问题。②关注目标办展地的"硬件"和"软件"系统，是否能够满足展会的规模与定位要求。③关注产业的政策环境，国家政策以及政治环境往往对一个行业的发展具有重要的影响，如我国光电产业内需不足，但是依靠国家政策支持，在近几年内逐渐崛起，产品主要销往国外地区，具有一定的发展潜力。由于一个产业的规模和发展空间往往影响目标市场规模和展会支付能力，因此组展方选择一个具有潜力和发展迅速的新兴产业进入将会对项目的成功举办起到事半功倍的效果。

【案例分析】国际消费类电子产品展览会的兴起

国际消费类电子产品展览会（CES）由美国电子消费品制造商协会（CEA）主办，旨在促进尖端电子技术和现代生活的紧密结合。该展会始于1967年，在展会举办初期即顺应消费电子行业内企业业务的转型升级潮流，专注于新兴消费电子行业，因此该展会在诞生初期就占据着该行业展会的首要地位，率先抢占"蓝海市场"。

2015年，国际消费类电子产品展览会参展商3631家，展览净面积达220万平方英尺，观众超过170000人次。美国消费电子协会作为组展方，在展会立项初期进行的深入调研和分析以及准确地预测到市场和环境的未来变化为该展会的成功奠定了基础，使之成为当今全球规模最大的消费科技产品交易会之一。

资料来源：CES官方网站［DB/OL］. http://www.cesweb.org/Why-CES/CES-by-the-Numbers.

虽然新立展会有其发展优势，但是组展方也面临着一定的风险。首先，对于展会项目而言，市场对全新题材的展会需求和接受程度一般难以估计，具有一定的立项风险。其次，组展方对行业的了解程度不深，往往会导致对产业发展重点以及热点的判断出现偏差，影响项目发展方向。最后，组展方可能缺乏熟悉该行业的专业认识，导致对该产业的企业、行业协会等相关分布情况缺乏了解，相关客户的信息积累薄弱，难以在短时间内获取市场关注。

二、旧主题的拓展

产品、产业以及市场需求的多样性决定了展览项目的多样性，当市场产生新的需求时，原有展会可以对题材进行拓展和延伸，以适应行业的发展方向。因此，可以说会展项目是无限的。

旧主题的拓展，指的是将处于其他行业，但是与当前展会相关或有紧密联系的主题以及相同行业内目前展会尚未覆盖到的部分主题纳入当前项目中的一种方法。

拓展旧主题需要满足以下几点要求：

1. 关联性

拓展的主题一定要与当前主题具有一定的关联度，甚至具有紧密联系，通过主题的拓展丰富原有展会的内涵进而产生产业集聚效应。

2. 可操作性

由于拓展的主题不一定是组展方所熟悉的行业，组展方在进行招展及招商工作时往往面临一定的困难。因此，在选择拓展主题时，除了考虑该主题的发展潜力外，还需要评估该领域的可进入性以及现场展示的可操作性，并充分考虑拓展主题对展区划分的影响，提高展区布局的合理性。

3. 兼容性

拓展主题与原有主题需要具有兼容性，两者能够相辅相成，形成共赢局面。现有展会不能因为新拓展主题而受到负面影响，从而削弱其专业性，出现"画蛇添足"的负面效应。

组展方通过拓展主题的方式可进一步提升展会规模，使目标市场更加广阔。合理的主题拓展还能够使展品范围更加完整，促进展会的专业化发展。然而在进行主题拓展时，组展方需要兼顾拓展主题与原有主题的关联性、可操作性和兼容性。盲目地进行主题拓展，将影响展会专业性，不利于项目的整体布局和现场管理，对展会品牌产生负面影响。

三、旧主题的拆分

部分展会随着规模的扩大，或所在产业结构有所调整，某些细分主题将面临更加广阔的发展空间，而原有展会由于受场地和时间的限制，未能得到充分的发展。此时，组展方可通过拆分旧主题的形式实现展会的专业化发展。旧主题的拆分指的是组展方将已有的展览题材做进一步的细分，在细分主题中举办独立展会的方式。

对旧主题进行拆分，一般需要满足以下条件：

1. 规模性

原有项目已经发展到一定规模，能够分拆成不同细分主题的专业展会，不会因为主题拆分而导致规模的萎缩。同时还需要相关细分主题的会展市场达到一定规模，拥有足够的参展商及观众市场，能够发展成为相对独立的展会。

2. 可发展性

对既有主题进行拆分的契机往往是某一细分主题受到当前展览面积或时间的限制，未能得到充分发展。因此，分拆主题需要具有一定的可发展性，随着产业深化发展，该主题可以延伸形成不同的分区和多样化的细分市场，支撑新办项目的可持续发展。

3. 独立性

旧主题的拆分还需要将对原有项目的影响降至最低。因此，拆分主题的客户市场需要相对独立，与原展会的其他利益相关方关系并不密切，相互交流、贸易的意愿并不强烈。在对原有主题进行拆分之后，依然能够保持原有展会的活力、规模性和专业性。

进行主题拆分之后，原有展会和拆分主题展会都会获得更大的发展空间。但是依然需要注意以下风险：首先，需要确定主题拆分的最佳时机，拆分过早则新办展会尚未形成足够的规模，增加组展方的办展压力；过晚则错过占领新市场的机会，同时影响原有项目的活力。其次，要把握好拆分后对原有展会的影响，明确原有展会和新办展会目标市场及发展方向的不同，实现差异化发展。最后，组展方还应评估自身实力是否能够兼顾原有项目和新办项目的共同发展。

四、旧主题的合并

主题合并指的是将两个或者两个以上具有相似性质或一定关联主题的现有展会合并为一个展会，或者是将两个或者两个以上具有相同或类似性质的主题进行提炼，合并成为一个独立展会。

主题合并是小型展会提升自身实力、扩大规模的主要策略，实现该策略一般需要满足以下条件：

1. 相关性

合并的主题需要是同一主题或具有较强关联性的题材，合并后能够使展会更具有专业性。同时，所要合并的主题需要具有一定的相关性才能够保障展会定位和品牌形象不会因为主题的合并而模糊。

2. 可融合性

主题的合并除要求主题需要具有一定的关联性外，还需要考虑合并展会的组展方之间的可融合性。合并主题需要两个或两个以上组展方对项目定位和发展方向达成共识，就双方合作任务分工和利益分配方式形成一致意见。同时，各组展方的办展理念和组织文化需要具有契合点，合并主题后的展会能够得到组织成员的普遍认同，并为之共同努力。

主题合并可以将更多类型的参展商及观众聚集到同一平台上，实现展会规模的迅速扩展。通过合理的展会分区与活动排期，还能够促进产业链各个环节企业之间的互动与交流，促进展会整体水平的提升。对于组展方而言，展会主题合并还能够在一定程度上规避市场竞争，扩大市场份额，增强自身实力。但在进行主题合并时，组展方还需要考虑以下潜在风险：第一，各合并主题的整合效果以及目标客户的接受程度具有一定的不确定性。第二，不同主题的合并，涉及各组展方之间的业务整合与利益分配，组织架构的调整往往对团队成员的工作理念、工作方式带来一定的影响，有可能影响办展效果。第三，合并的题材选择不当还可能使展会定位模糊，削弱其专业性，变成"大杂烩"。

实务分析

广州（国际）孕婴童用品·服务博览会
定位分析

根据展会办展条件分析，组展方将广州（国际）孕婴童用品·服务博览会定位为贸易性为主的综合性展会。

展会借鉴了同行业相关展会的成功经验，同时对婴幼儿用品展览会的展示主题进行了一定的延伸，强化孕婴童服务展示在展会当中的地位，主题包括婴童服饰、养护用品、寝居用品、童车、玩具、益智产品、保健食品、孕妇服饰、卫生用品、孕期及产后营养食品和保健用品等孕婴童产品以及早教机构、幼教机构、婴童摄影机构等孕婴童服务供应商。展会主题的延伸不但使展会内容更加丰富与完善，展会规模得到进一步提升，而且促进了展会定位逐渐从中低端实物展向高端服务展过渡。

该展会定位中、高端市场，旨在为孕婴童各大展商提供一个交流贸易分享的平台，因此进一步优化参展商结构，提高参展门槛，严格控制参展商可进入许可，使展会向高端市场过渡。

除此以外，广州（国际）孕婴童用品·服务博览会增加了"服务"的亮点，注重早教服务这片具有潜力的细分市场，以早教行业作为突破口，对早教参展商推出了一系列的优惠措施，吸引早教机构，特别是国外富有经验和高知名度的早教机构进入展会。

资料来源：黄诗卉，刘天赐，王美萍，李尚金.《广州（国际）孕婴童用品·服务博览会立项策划书》（2009 级会展策划大赛优秀团队策划方案），2010.

思 考 与 展 望

本章主要介绍了会展定位策划的意义、原则以及具体实施当中所运用的策略及常出现的误区。会展项目的定位往往基于策划人员对拟立项项目的条件分析结果，而项目定位则直接决定会展主题的选定。会展策划人员对于会展定位以及主题的选择不应仅仅停留于一个"构思"、一个"点子"。会展定位将贯穿于会展整个策划过程，是主题选择、项目框架搭建、相关营销和活动方案策划乃至现场项目管理方案的统领。

会展主题的选择是构成项目的"血肉"，是展会真正的吸引力所在。它往往受到会展项目所在产业发展潜力、目标细分市场的需求特点以及组展方自身的办展情况影响。科学地对会展主题进行策划，通过新主题开拓，或对旧主题进行拓展、拆分或合并，能够使展会展示内容更加完整，提升展会专业性和针对性，保持展会活力。

第六章　会展策划内容体系

一个完整的会展策划基本内容体系（见图6-1）主要包括会展项目基本框架、会展项目经济测算以及会展项目相关策划三部分：第一，会展项目基本框架，是整个展会项目策划的躯干，主要包括展会名称、办展机构、办展地点、办展时间、展品范围及展会规模的确定。第二，会展项目经济测算，是组展方最为关注的内容之一。一个展会项目的盈利情况可以根据展会定价策略、展会收支预算、展会盈亏分析等做出预测。第三，会展项目相关策划，是对展会项目中所涉及的人力、物力、财力以及时间等的分配。

通过本章的学习，可对会展策划有一个系统的了解。一个完整而清晰的会展策划框架是展会举办成功的重要一步，它能够引导会展策划人员厘清展会过程，明确展会定位，找准展会市场。

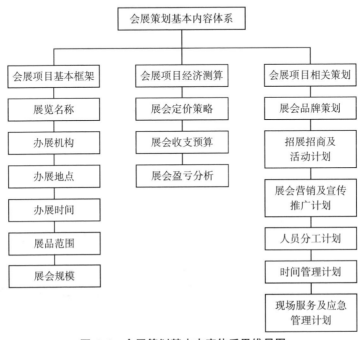

图6-1　会展策划基本内容体系思维导图

第一节　会展项目基本框架

在对展会办展条件进行分析，并确定展会主题后，即可进入展会初步策划阶段，制定展会项目基本框架。项目框架主要包括展会名称、办展机构、办展地点、办展时间、展品范围以及展会规模等内容。

一、展会名称

展会名称是展会内容最直观的反映，它是对展会内容的提炼，并向展会各利益方传达展会的价值，是人们对展会的"第一印象"。展会名称一般包括三部分内容：基本部分、限定部分以及行业标识。

1. 基本部分

基本部分是明确展会性质特征的重要要素。展览会、博览会、展销会、交易会以及"节"等都是常用的界定展会项目性质特征的名词。"中国进出口商品交易会"的基本部分是"交易会"；"中国环境博览会"的基本部分则是"博览会"。

一般而言，"博览会"的规模最大，涉及范围较广，其主要举办目的是为参展主体自身品牌或产品展示与宣传提供平台。"博览会"更强调展示内容之"博"，因此组展方一般为一个国家或地区，从全社会的角度出发，突出展会的社会影响力，专业性较弱。

"展览会"则主要以企业之间进行商务贸易及企业品牌宣传为目的，一般由专业展览机构或组织举办，服务于产业，专业性强，规模和影响力比博览会稍弱，主要集中于行业中的交流与影响。

"展销会"专业性较弱，主要服务于企业的直接销售，对象一般为普通消费者，因此一般规模相对较小，社会及行业影响力较弱（见表6-1）。

表6-1　展会名称基本差异概况

名称	规模	目的	视角	专业性
博览会	大	展示与宣传	社会	弱
展览会	中	贸易或宣传	行业或组织	强
展销会	中或小	零售	企业	较弱

2. 限定部分

限定部分是对展会举办时间、地点、展会级别的说明。通常采用"届"、"季"、"年"表示展会时间，并从侧面反映展会的办展频率，如 2014 年夏季中国婚博会、2015 北京春季房展会等。而表示地点的限定部分则是一个城市或者地区的名称，如 2014 法国戛纳房地产交易会。展会名称中通常以"国际"、"世界"、"中国"等词语体现展会级别和影响范围，如中国义乌国际小商品博览会、2015广州国际旅游展览会等。

【案例分析】国际性展览的定义与标准

根据全国会展业标准化技术委员会提出并归口的《经济贸易展览会术语》国家标准，国际性展览会是指"境外参展商不低于全部参展商的 10%，或境外观众不低于全部观众的 5% 的展览会"。

国际上对国际性展览的评估最为权威的是 UFI 认证。UFI 是国际展览联盟（Union of international Fairs）的简称，2003 年该组织正式更名为全球展览业协会（The Global Association of the Exhibition Industry）。获得 UFI 认证的国际性展会必须符合以下条件：

（1）必须获得展览会所在国家有关部门的认可，认可为国际展会。

（2）直接或间接外国参展商数量不少于总数量的 20%。

（3）直接或间接外国参展商的展出净面积比例不少于总展出净面积的 20%。

（4）外国观众数量不少于总观众数量的 4%。

（5）展会主办方必须可以提供专业的软、硬件服务，展场必须是适当的永久性设施。

（6）所有相关申请表格、广告材料必须使用尽可能广泛的外文，包括英文、法文、德文等。

（7）在展会举行期间不允许进行任何非商业活动。

（8）参展商必须是生产商、独家代理商或者批发商，其他类的商人不允许参展。

（9）严格禁止现场销售展品或现场买卖。

（10）展会定期举行，展期不超过两周。

（11）申请认可时展会最少定期举办超过三届。

可见，无论是我国还是世界范围内对国际性展览都有严格的评价标准。展会组展方需要结合自身展会实际情况确定展会级别，不应为盲目追求展会国际化形象而在展会名称中随意添加"国际"、"世界"等字眼，由此导致参展商及观众对展会产生过高的价值期望，不利于展会的长期发展和品牌形象的建立。

组展方可通过展会内容的扩容和提升，展区的合理划分等方式，体现展会的国际性，待展会国际化水平得到进一步提升时，通过展会名称的升级，提升展会国际影响力和知名度。目前我国一些优秀的展会，如中国国际服装服饰博览会、中国国际投资贸易洽谈会、国际医疗仪器设备展览会等均获得了 UFI 认证，得到国际会展行业认可。

资料来源：UFI 官方网站 [DB/OL]. http：//www.ufi.org.

3. 行业标识

行业标识用于限定展览主题和展示范围。行业标识既可以是产业的名称，亦可以是产业中某一产品类别的名称，如"2015 年广州住房博览会"表明该博览会以展示房地产行业产品为主。亦有部分展会名称没有行业标识，如"新生活方式展"(New Lifestyle Show)。

展会名称中行业标识的确立对展会的长远发展影响深远。行业标识范围过于狭窄容易限制展会主题容量，从而影响展会规模；行业标识范围过大则会导致展会定位模糊，使目标客户对展会产生泛而不精的印象，展会难以在市场中形成自身核心竞争力。

一个展会的名称犹如其"眼睛"，是展会与外界沟通最重要的"窗户"。它界定了展会的性质特征，描述了展会时间、地点、办展频率等基本信息，同时对展会所处行业加以界定。一个好的展会名称不仅要先声夺人，吸引眼球，对展会基本情况高度精练，同时还应充分考虑展会定位、规模及展示内容的发展方向，具有代表性和可延展性。

二、办展机构

办展机构是指负责展会策划、组织、招展、招商及现场管理等事宜的相关单位或机构。各类机构对展会的策划与组织发挥着不同的作用，组展方需要合理搭建展会组织机构，充分发挥不同单位或机构的资源优势，为展会的顺利举行共同发力。

1. 主办单位

主办单位是指国家主管部门批准的拥有展会项目报批资质的单位或组织，在法律上拥有展会所有权。一般主办单位主要包括实际主办单位和名义主办单位。实际主办单位有两种形式：一是拥有展会，对展会承担法律责任，并负责展会实际的项目立项、策划、组织与管理工作；二是拥有展会，对展会承担法律责任，但不负责展会策划及运营等承办工作。名义主办单位则不承担展会法律责任，亦不参与展会的实际运营。

由于目前会展行业尚未完全实现市场化发展，在行业实践当中仍有部分展会保留着一定的行政色彩，所以主办单位除专业办展机构外，还包括相关政府部门、贸易促进机构、行业协会、商会等。组展方希望通过主办单位强大的社会号召力和行业影响力，增加展会吸引力，以带动招展、招商及相关营销宣传工作的进行。

2. 承办单位

承办单位虽然没有项目报批资质，但具有举办展会的民事承担能力，能够独立承担招商、招展等组展工作，一般具有完善的办展规章制度及工作流程，并且拥有专门从事组展工作的专业人才。作为展会实际操作的核心机构，承办单位主要负责展会立项、策划、组织、管理等全过程，一般由专业展览公司及机构或具有实力的行业协会、商会担任。

3. 协办单位

展会协办单位是指协助主办或承办单位，负责展会部分策划、组织与管理工作，主要承担部分展会招展、招商及宣传推广任务。协办单位能够补充主办单位和承办单位的组展劣势，组展方可通过与不同类型协办单位的相互配合，充分发挥不同协办单位在相关展会细分市场中的影响力，促进组展水平的整体提升。

4. 支持单位

支持单位是对展会有不同程度支持作用的单位，为展会的顺利开展、信息渠道的获得以及展会宣传工作提供保障。支持单位一般承担部分招商及宣传推广工作，不承担招展工作。

主办单位以及承办单位是展会组织机构中的核心，有部分展会的主办单位与承办单位由一个组织或机构同时承担；协办单位及支持单位则根据展会实际需要进行设置。

组展方在确定展会办展机构时，需要平衡多方关系，建立广泛而稳固的合作关系，充分发挥各单位的资源优势，扩大展会规模，提升展会权威性和行业号召力，这对于展会的可持续发展和品牌形象的建立具有积极的促进作用。

三、办展地点

确定展会地点即解决展会项目"去哪儿办"的问题。地点的确定包括两个维度：一是办展区域的选择，即"在哪座城市办展"；二是办展场馆的选择，即"在哪个场馆办展"。两者都是展会项目中不可小觑的部分。

1. 展会举办地点的选择

一般情况下展会举办地点的选定受到展会主题、展会性质、展会规模三方面因素的影响。首先，展会主题对举办地的产业基础和市场基础具有一定要求。专业型展会一般选择在展会主题相关产业的主要供应市场或需求市场所在地举行。一方面能够依托行业市场基础为展会带来庞大的参展商或观众市场；另一方面能够为展会提供行业基础设施支撑，大大减少展会在展品运输、储存及管理等方面的成本支出，如德国国际工程机械、建材机械、矿山机械、工程车辆及设备博览（Bauma）正是根植于德国慕尼黑四大产业支柱之一的机械制造业。

组展方在选择办展地点时，还需要综合考虑办展城市的区位条件、市场开放程度、经济辐射能力等条件。

其次，展会性质也会影响展会举办地的选择。国际性展会一般选择在对外交通发达以及海关报关、通关边界的地区举行，便于展品的进出口贸易和人员往来。全国性展会一般选择在国内重要的经济中心、交通中心举办，以便人流、物流的集散，增加展会的辐射力和知名度。

最后，展会的规模也将影响展会举办地的选择。规模越大的展会对于举办地的城市容量、交通运力以及餐饮、住宿等城市基础设施的要求越高。

【案例分析】世界会展之都的诞生

数据显示，德国拥有世界上2/3的顶级展览会，每年在德国举办的国际贸易博览会数量约为140个，参展商约为16万~17万家，参观者人数约为900万~1000万；在德国，约有260万平方米的室内展览面积，分布在23个展览中心，其中有九个展览中心，其室内展览面积超过10万平方米。世界上五大展览中心有四个落户德国，德国毫无疑问堪称世界展览中心。

从展会选址方面来看，德国之所以具有如此大的吸引力，主要是因为：

（1）德国产业发展成熟，具有相当的产业背景。

（2）德国国际化程度较高，可以吸引众多的国际参展商及采购商，是举办国际展会的首选之地。

（3）德国位于欧盟中心，交通便利，辐射能力强，拥有世界四个顶级会展中心，地理位置优越，交通网络发达，基础设施一流。

正是坚实的产业基础、国际化辐射能力、优良的区位条件以及完善的展览设施，使德国成为各类国际性品牌展会的摇篮。

资料来源：Lisa.德国：世界会展王国[J].走向世界，2011(29).

2. 举办场馆的选择

选定展会举办城市后，组展方需要选择展会项目的举办场馆。由于部分城市拥有不止一个展馆，组展方需要根据展会实际需求，对展馆进行选择。

具体而言，场馆的选择可从以下方面进行考虑：

（1）展会特点。展会主题对展会举办场馆的选择具有一定的影响。根据展览主题的不同，组展方需要考虑不同展示产品对场馆室内外面积、层高、净高、顶棚承载能力、地面负荷、出入口数量及尺寸、地下通道、展厅形状等硬件设施的要求，如广交会第一期中需要展出大型机械，室内场馆已难以满足此类展品的展示要求，这就需要展馆拥有一定面积的室外展馆以供展示。

（2）展会规模。不同的展会规模亦对展会场馆的选择有所影响。对于规模较大、规格较高的展会，一般对展馆要求较高，场馆需要能够容纳展会所有参展商及其展品，同时能够满足组展方举办各类展会活动的要求。

（3）展会项目预算。由于展馆租赁费用是展会项目重要的成本支出之一，因此不同的项目预算对展馆的选择、租赁面积等均有一定的影响。

（4）场馆条件。场馆条件主要包括硬件设施和软件设施两个方面。硬件设施包括场馆选址、展馆布局的合理性、展馆设计的实用性、展馆建筑的有效性以及相关展示设备的先进性等。软件设施主要指展馆服务效率、展馆服务齐全性、展馆的运营意识和管理水平以及相关服务及运营人员的专业性等（见图6-2）。

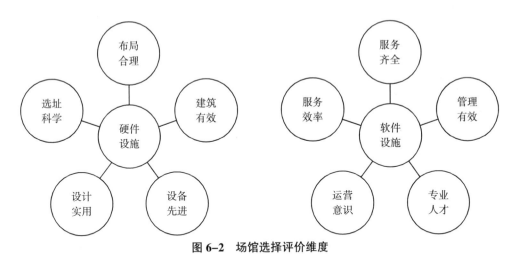

图6-2　场馆选择评价维度

良好的展馆条件能够提升展会整体形象，提高展会服务水平，有利于展会品牌的树立和维护。

四、办展时间

办展时间主要解决展会项目"什么时候办"的问题。展会项目举办时间的选定包括四个方面：一是展会举办的日期；二是展会的筹、撤展日期；三是展会向观众开放的日期；四是展会举办的周期与频率。

1. 展会举办日期的确定

首先，展会项目举办具体日期的选定与展会所在行业的特征密切相关。对于产品生产及销售季节性较强的行业，其展会举办时间应充分配合行业生产及销售进度，如服装行业展会一般在春、秋两季举行；留学类展览一般在每年四五月举行。

其次，行业中相关展会的办展时间也是考虑因素之一。在具体选择时，应该充分考虑自身展会的定位、特点以及组展方的优劣势，最大限度发挥自身优势，与同期举办的展会在展示题材方面应形成差异化发展格局，在资源上可以优势互补，最终达到双赢。如房地产类展览可与汽车、游艇类展览同期举办，三者的目标观众群体均为具有一定经济实力的消费者，观众结构相似，同期举办可共享观众资源。另外，还应尽量避开国内外同类题材展会的举办时间，避免造成冲突或恶性竞争。

最后，展会举办时间还应该考虑国家法定节假日以及企业财务习惯等因素。以娱乐消费为主的展会多选在公众节假日举行，而以商务洽谈为主的展会则多在工作日举行。从企业财务习惯角度而言，每年的3~6月和9~10月是企业执行采购、销售计划的重要节点，参展意愿较强烈，而此时国内气候宜人，是展会举办的旺季；每年的7~8月以及12月~次年2月，正值企业编制工作计划或进行工作总结之际，同时气候较差，特别是12月~次年2月，适逢我国传统农历新年，企业普遍参展意愿较弱，是展会淡季。

2. 筹、撤展日期的确定

展会的筹展日期是指展会开幕前，向参展商提供的进行展位布置的时间；撤展日期是指展会结束后，向参展商提供的撤离展品、拆卸展位的时间。筹、撤展时间应当充分、合理。筹展时间过短，展位搭建及布置时间过少，将影响参展商参展效果以及展会整体形象；撤展时间过短，则会导致展品撤除不完全或参展商提前撤展，影响展会现场秩序甚至危及现场安全。

相反，若筹、撤展时间过长，则增加组展方的办展成本，降低参展商的参展效率。因此在策划实务当中，筹、撤展时间需要秉承合理安排、相对紧凑、统筹兼顾的原则，确保参展效率。

3. 展览周期的确定

展览周期是指展会举办的频率，一年一次、一年多次、多年一次或者不定期举办，不同的展会具有不同的展览周期。办展周期的确定受到以下几个方面因素的影响：

（1）市场需求的大小。市场需求是展会发展的动力源泉，因此市场需求大小往往影响展会办展频率。市场需求大的题材，办展频率一般较密，如北京房地产展示交易会前身为"北京四季房展会"，每年分别在春、夏、秋、冬四季于北京举办。近年来随着我国房地产市场趋于理性，市场需求逐渐降低，北京四季房展会由一年四季举办改为一年春、秋两季举行，更名为"北京房地产展示交易会"。

（2）产品生命周期。产品生命周期是指产品从进入市场到最终退出市场所经历的市场循环过程。对于生命周期较长的产品，它们需要较长的研发及生产时间，此类题材的展会办展频率相对较低；相反，对于更新换代速度较快的产品，需要尽快投入市场，则相关行业展会办展频率相对较密。

（3）产业发展阶段。办展频率还与展会所在产业的生命周期阶段有关。处于进入期的产业，有大量新产品投入市场，企业需要通过各类营销活动提高产品认知度，参展意愿强烈，办展频率可相对密集；产业成长期，市场竞争激烈，企业需要迅速占领市场，抢占市场份额，因此参展意愿也较为强烈；当产业进入成熟期，市场趋于饱和，产品利润率下降，展商参展意愿随之降低；至产业衰退期，市场需求迅速萎缩，此时该行业一般不举办展览会。

展会项目时间的各个方面是相互影响的有机整体，展会的举办周期往往决定了展会的举办日期，展会的举办日期将影响布展、撤展时间的选择，而布展、撤展时间的选择又是展会对外开放时间长短的重要决定性因素，因此在确定展会举办时间时应当做到统筹兼顾，协调选择，不能顾此失彼。

五、展品范围

产业是一个展览会的重要根基，产业链上的供求关系则是构成展会需求的核心。因此，在确定展品范围时，应首先从产业角度出发。但每个行业所涉及的产品及服务类型极广，难以在有限的空间和时间内，将所有的类型囊括在展会中，因此在进行会展策划工作时，需要对展品范围加以确定。

展品范围是指展览题材的范围。对于一个展会而言，展品范围是展会定位、主题的实物反映，是展会差异性的重要体现，对展会的成功举办意义重大。展品范围的选择直接决定展会现场展示内容和呈现方式，间接决定展会的参展商和观众类型。展品范围选择的合理性还将影响展会的规模及生命力。

具体而言，在会展策划实务当中，确定展品范围时应该考虑以下因素：

1. 市场需求

需求是展会项目的核心。面对产业当中众多类别的产品及服务，会展策划人员需要做到"有所为，有所不为"，在产业链上选取具有一定深度和广度的产品及服务作为展会的展示内容。不难发现，目前发展较为成熟的展会，其展示范围亦会随着每年市场形势的变化而有所改变，重点展示行业当中的新产品、新技术，从而吸引更多参展商以及观众参与，为展会提供生机与活力。

2. 展会定位

当前会展项目正朝着专业化、精细化的趋势发展，面对不同的细分市场，展会项目的展示范围亦应有所差异。因此，展会定位是影响展品范围的重要因素。定位为"博览会"、"交易会"的项目，其展示内容将体现"博"的特点，展品覆盖范围较广；定位为"展览会"的项目，则展品范围相对集中、专业。对于消费型展会，主要面向公众，以直接销售为目的，展品涵盖范围往往比较广泛；对于贸易型展会，主要目的是信息交流、洽谈贸易，其展示内容更加专业，具有一定针对性。如香港时尚贸易展（The HUB），定位为亚洲领先的高级时装行业展会，旨在联系业界独立时装品牌和亚洲新兴的多品牌零售店、传统代理商和单一品牌经营者。因此，该展会不同于一般服装展览，按照"上衣"、"下装"、"配饰"等进行展会划分，而是聚焦服饰风格，设立有历史传承的知名品牌（Heritage），牛仔品牌（Indigo），街头风、休闲品牌（Street）及时尚原创的设计师品牌（Contemporary）几大展区。

3. 组展方实力

组展方的办展实力也是影响展品范围的重要因素。办展机构在自身熟悉的行业当中，往往表现得更为强势，依托自身资源能够高效地完成招展及招商工作。但办展机构无法完全掌握行业的方方面面，对于某些不擅长的产业，其经营颇为艰难。因此，在进行展品范围选择时，应首先考虑组展方熟悉的产业，这可提高展会成功的概率。

4. 产业相关性

在确定展品范围时，还应考虑产业的相关性。首先选取展会展示的核心产品，同时围绕核心产品往上游及下游产业作适当延伸，对于与核心产品相关性不强的展品类型，应进行取舍。特别地，对于行业展会而言，市场对展会专业性的要求越来越高，这就要求展会展品的针对性需要进一步提高，不能因为单纯追求展品的丰富性而使展品类别过于分散、杂乱。

选择展会的展品范围是一项十分专业的工作，科学合理的划分方式依赖于对该行业的深刻理解和高度把握。产品范围选取不当，或对展示范围描述不精确，都有可能造成参展商及观众的误解，最终导致客源流失。因此，对于不熟悉或不擅长的行业，组展方可寻求对该行业有相当了解的专业人士帮助，以确保选择的合理性。

六、展会规模

1. 展会规模

展会规模一般从三个方面予以衡量：①展览面积。②参展商数量。③现场观众数量。为更好地对展会现场服务及其他管理工作进行策划，组展方在进行展会框架搭建时，就需要对展会规模进行预测。

（1）展览面积。展会展览面积包括实际使用面积及毛面积两种。实际使用面积主要指展会所有展位实际使用面积之和；毛面积则指展会所有展位、通道、空地等面积之和。对于某些拥有室外展馆的展会，其展览面积还有室内展览面积与室外展览面积之分。在实际操作当中，展会实际使用面积是对展会规模较真实的反映。

（2）参展商数量。参展商数量主要指在展馆内占据一定面积的展位，进行产品、服务展示的参展企业的数量。参展商的类型包括企业、行业协会、合作单位、研究机构、媒体等。由于部分展位属于组展方与参展商进行资源置换而赠送的展位，对展会实际收入没有直接促进作用，所以一般以向组展方交付展位费用的参展商数量作为衡量展会规模的依据。

（3）现场观众数量。到场参观的观众数量也是衡量展会规模的重要标准。特别是随着展会市场逐渐从卖方市场向买方市场转移，观众质量成为参展商衡量展会是否成功及其参展效果的重要因素。因此，对专业型展会而言，有效的专业观众的数量是展会规模的重要体现。

2. 规模预测

在进行展会规模预测时，组展方可从以下几方面进行考虑：

（1）产业条件。产业条件主要包括展会所在行业的产品特征、产业规模、市场容量以及发展趋势。产品特征往往影响参展商对展位面积的需求，间接对展会规模造成影响，如大型机械设备展会中，参展商普遍需要较大面积的展位，展会规模总体较大。

产业规模和市场容量将直接影响展会潜在客户的规模。对于产业规模和市场容量相对较小、产业内企业普遍为中小型企业的产业，该行业展会主要以精细型展会为主；对于处于上升空间、发展空间较广阔的产业，其展会规模则相对较大，且处于不断扩展提升的阶段。组展方需要尊重产业发展现状与特征，不应盲目追求展会规模，而忽略展会质量。

（2）展馆条件。对于部分大型展会，其规模还受到场馆规模的限制。对于举办地展馆容量无法承受展会规模的展会，组展方需要通过分展期的形式对展会规模进行限制和规划。如广交会作为"中国第一展"，每年春、秋两季汇集国内外大量产品供应商和采购商，展位供应十分紧俏。对此，组展方根据展品类型实现分期展览，对于场馆仍然无法满足的参展需求，组展方只能够通过控制参展商数量的方式对展会规模进行把控。

（3）展会定位与办展策略。展会规模还受到展会定位及组展方办展策略的影响。如部分展会定位为高端、专业型展会，为保证展会举办质量和规格，对参展商设置较高的准入门槛，此时展会的规模将受到一定的人为限制。而对于部分成长型的展会而言，组展方需要在短时间内扩大展会规模，提升展会影响力，对参展商抱有积极开放的态度，这将直接促进展会规模的壮大。

第二节　会展项目经济测算

预算作为一种定量计划，用于协调和控制一定时间内资源的获得、配置和使用。展会项目的经济测算是组展方针对展会项目中的收支情况做出的预估，使会展策划人员对展会财务情况拥有定量认识，分析项目是否经济可行；同时对项目财务资源进行更加全面的把控，实现展会项目价值最大化。

一、展会项目定价策略

"定价是获取企业盈利的潜力。"从广义来看，价格是为客户享受产品和服务所交换的价值总和。合理的展会定价能够提高展会竞争能力，也是展会财务收入的重要保障。值得一提的是，本节介绍的定价策略具有一定的宏观性，主要为展会整体定价，包括展位定价、广告宣传服务及其他增值服务定价等提供方向性指导。

作为展会项目经济测算的重要基础，本节在具体阐述经济测算和盈亏分析前，首先对展会项目定价策略进行介绍。

1. 展会项目定价考虑的因素

展会项目的价格是多方因素博弈制衡的结果，组展方往往以某一种因素为主导，兼顾其他因素从而决定展会项目的整体价格。总体而言，展会价格由三方面因素决定：一是展会组展方因素；二是展会参与方因素；三是展会竞争者因素。这三方面因素相互作用，最终决定了展会定价（见图6-3）。

（1）展会组展方因素。展会组展方的因素是影响展会定价的内部因素，包括展会成本、展会定位以及展位数量三个方面。展位费收入是展会收入的重要来源，为了使展会在经济上科学可行，其展位定价应充分考虑展会成本。此外，展

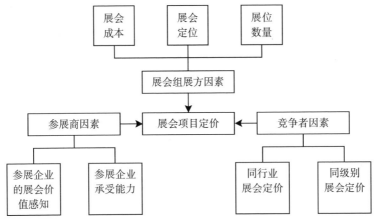

图6-3 展会项目定价影响因素

会定位也会对展会定价造成影响。国际性的高端展会定价往往高于地方性展会；商务洽谈型展会为提高展会准入门槛，确保展会的专业性，定价亦往往高于一般公众消费型展会。对于展位紧缺的展会，其展位费往往也较高，以筛选优质参展商，提升展会规格。

（2）参展商因素。参展商因素包括参展企业对展会价值的感知和参展企业承受能力两个方面。参展企业对展会价值的感知主要指参展商预期的参展回报，包括展会服务、展会质量以及展会为参展企业带来的经济效益和形象提升等有形及无形价值。对于参展企业价值感知较高的展会，往往可制定更高的展会价格。

另外，参展企业普遍的经济承受能力也是影响展会定价的因素之一。一般而言，以外国企业、国内三资企业、国内大型企业为主体的高端市场用户资金雄厚，能够承受较高的展会定价；而以中小型企业为主要潜在客户的展会，其定价则相对较低。

（3）展会竞争者因素。在具体定价时，还应充分考虑展会的竞争环境，包括同一行业相关展会的定价以及不同行业中相同级别展会的定价水平。组展方应根据自身竞争地位，选择相应的价格定位，以加强项目竞争力。

2. 展会项目定价方法

在了解展会定价影响因素后，组展方需要根据展会实际情况，选择相关定价方法。一般而言，展会项目定价方法包括成本导向定价法、需求导向定价法以及竞争导向定价法。

（1）成本导向定价法。展会项目的成本定价法则是以展会举办的各类成本为基础，加上项目预期利润作为展会定价依据，是展会项目最常用、最基本的定价方法。具体定价方式包括成本加成定价、目标收益定价以及边际成本定价三种。

1）成本加成定价法。成本加成定价法是指在展会面积单位成本的基础上加上一定比例的利润作为展会盈利而制定价格的方法。在实际操作中，组展方一般以成本为基础，同时加成一定成本利润率作为展会价格，计算公式如下：

价格＝单位成本＋单位成本×成本利润率＝单位成本×（1＋成本利润率）

运用成本加成定价法制定展会价格，具有以下优点：①计算方法简便易行，基准数据容易取得。②根据完全成本定价，能够保证展会项目所耗费的成本完全得到补偿，并在正常情况下能够获得一定的利润。③有利于保持相对稳定的展会价格和利润收入。在成本加成定价法下，当展会服务需求量增大时，展位价格不会提高。同时，由于展会利润率按照固定比率加成，也使展会项目获得较稳定的利润。④对于同样采取成本加成定价法定价的同类型展会，在展会成本支出接近的情况下，当组展方设置的加成比例与其他竞争者相近时，展会价格亦趋于相同，这将有效减少或避免同类展会的价格竞争。

尽管成本加成定价法具有一定的优势，但在实际操作过程中，亦显现部分缺点，需要组展方注意及克服：①完全成本加成法忽视了展会需求的弹性变化。不同的展会在同一时期、同一展会在不同时期以及同一展会在不同的市场，其需求弹性都不尽相同。完全成本加成法也完全脱离了展会的市场需求变化，将展会定价完全与展会成本及目标利润率挂钩，展会定价难以适应市场需求的变化，导致展会定价缺乏市场竞争能力。②成本加成法始终以展会成本投入为核心，缺乏对参展商个性需求的关注。不同的参展企业，参展需求不同，因此其服务盈利点亦相应有所差异。采用成本加成法进行展会定价，有可能导致组展方错过部分可盈利的增值服务需求，同时降低部分仅需提供基本服务、对价格较敏感的参展商的参展积极性。③采用成本加成法进行展会定价，组展始终以展会成本为基础进行利润加成，缺乏成本变化敏感性，不利于促进组展方对办展成本的控制，从而导致展会整体定价在同类型展会中缺乏竞争力。

2）目标收益定价法。目标利润定价法，又称目标收益定价法、目标回报定价法，是根据展会项目预期的总销售量与总成本进行展会定价，使组展方实现预期目标利润率。与成本加成定价法不同，目标收益定价法的定价基础并非展会面积的单位成本，而是展会的总成本。

3）边际成本定价法。边际成本是指展会每增加一个单位面积展位时，所需要增加的成本。边际成本定价法是指以展会增加展位所引起的追加成本为基础进行定价的方法。该方法以变动成本作为定价基础，只要展会定价高于变动成本，展会即可获得边际收益（边际贡献），用以抵补固定成本，剩余金额即为盈利。

边际成本定价法的计算公式为：

$$P = (CV + M) / Q$$

M = S − CV

其中，P 表示展会服务或展位销售的单位价格；CV 表示总变动成本；M 表示边际贡献；Q 表示预计销售量；S 表示预计销售收入。

当边际贡献等于或超过固定成本，该展会项目即可以保本或盈利。这种定价方法适用于展会服务供过于求、同类型展会竞争激烈的相关行业市场。运用边际成本定价，可有利于促进展位及相关展会服务销售，减少滞销，保持展会的销售活力和保证展会的顺利举行。

（2）需求导向定价法。需求导向定价法是组展方在实践中经常运用的另一种重要的定价方法。它指依据参展商的感知价值而不是办展成本来定价。运用这种方法的关键是组展方需要估计在不同价格水平上的需求量变化情况，并把注意力集中在与既定销售目标相关的价格上。一般情况下，市场对展会的需求与展会定价的高低呈负相关关系，即展会定价越高，其需求量越小。但是，不同行业的展会其需求与价格之间的相关关系敏感程度有所差异。因此，组展方需要针对展会特征决定相应的价格制定方法。

定价时组展方需要重点考虑参展商对展会的价值感知以及参展商普遍的价格承受能力，以此作为定价依据，并由此为出发点，对展会各类办展成本支出进行严格把控，从而确保展会项目的盈利能力。以需求为导向的定价方法主要包括理解价值定价法和需求差异定价法两类。

1）理解价值定价法。理解价值定价法又称觉察价值定价法，是以展会服务需求者对展会价值的感知及理解程度作为基本依据的定价方法。组展方可通过市场调研对展会在参展商心目中的价值感知进行评估，并结合展会的规模，确定展位的单位价格，以此作为基础制定价格。

2）需求差异定价法。需求差异定价法以展会市场需求强度的不同实施差异性定价的方法。具体而言，组展方可根据参展商特征、展位优劣以及参展时间的差异进行定价：①以参展商特征为基础的差别定价，主要指对于大型参展商，其展位需求面积大，因此相应的展位单位面积价格应相对较低，或在相关展会宣传回报方面给予一定价格优惠。对于一个展会的核心展示行业的参展商，由于组展方向其提供的服务、宣传往往都比其他参展商更多，所以对这部分参展商的展位售价比一般参展商高。②以展位区域为基础的差别定价，主要指根据参展商选择的展位区域进行差异化的定价，如"双开口"的标准展位一般比"单开口"展位定价高。③以参展商确定参展的时间为基础的差别定价，如组展方为促进展位销售，一般对越早预订展位的参展商提供越大的价格折扣。

（3）竞争导向定价法。竞争导向定价法是组展方通过研究竞争对手的办展条件、服务状况、价格水平等因素，依据自身的竞争实力、参考成本和供求状况来确定展会定价，具体包括随行就市定价以及产品差异定价两种方法。

1）随行就市定价法。随行就市定价法是指组展方参照同类主题展会的定价标准来制定展会价格。值得指出的是，随行就市的定价方式并非意味着组展方完全按照行业当中同类主题展会定价的平均价格进行定价。对于定位较高、自身展会品牌信誉度和忠诚度较高的展会，其定价水平可略高于同行的定价水平；相反，则可定价稍低。

2）产品差异定价法。产品差异定价法是指组展方通过不同的营销努力，使自身展会项目在参展商心中树立起不同的品牌形象，从而根据自身特点，选取低于或高于竞争者的价格作为展会定价。因此，产品差异定价法是一种进攻性的定价方法。

运用竞争导向定价法，具有以下优点：①对于没有独立特征的组展机构，往往可直接采用同类展会的价格进行定价，简化定价的过程。②容易被参展企业接受。对于同档次的展会采用竞争导向定价法，能够有效削弱竞争者的价格优势，使展会容易被参展企业接受。③采取与同类竞争展会相同的定价能保证组展方获得一定的价格竞争优势，组展方的经营相对可靠、风险小。

但是在实际操作当中，某些组展方在进行行业竞争时注入了更多的感情色彩，忽视展会整体营销策略，盲目地竞相降价，结果受到了更强烈的报复和反击，导致利润全部丧失。同时，以竞争为导向的定价方法必须反复探测竞争者的价格变化，进一步渲染了紧张的氛围。特别地，竞争导向定价法并非意味着单纯的竞争降价，靠降价而取一时之利。

二、展会收支预算

展会收支预算主要包括"1H2W"三个维度："多少"（How Much）——即为实现展会目标而执行的各种工作的收入与支出数量；"为什么"（Why）——产生相关收入和支出费用的原因；"何时"（When）——实现这些收入及支出的时间。

一个展会从前期策划到后期执行，其中涉及大量现金流，形成收支项目。对展会的收支进行较为精确的判断可以使项目在运营过程中更好地实现开源节流，达到最优效益，尽可能地满足展会各个利益相关方的需求。

1. 收入来源

具体而言，展会的主要收入来源包括：展位租赁收入、门票收入、赞助收入、广告收入以及其他收入。

（1）展位费收入。展位费收入指组展方向参展商出售展位所取得的收入，是展会的主要收入来源，展位费收入的多少主要取决于展位定价及销售数量。

（2）门票收入。门票收入主要指向展会观众收取门票所获得的收入。它是动漫展、婚纱展、土特产品展等消费型展会的重要收入来源。一般的行业专业展会仅面向专业观众开放，不收取门票费用，但亦有部分国际性高端展会，为提高观众的准入门槛，准确定位有效客户，需要收取一定的会务费。

（3）赞助收入。赞助收入是指参展企业赞助展会及其他相关活动而为展会带来的资金收入。引入优质的赞助商一方面能够为展会提供雄厚的经济支持；另一方面具有一定品牌价值的赞助商的加入，能够夯实展会品牌基础，吸引更多具有实力的企业参展，对提升展会规模具有重要意义。

（4）广告收入。广告销售收入指组展方利用自有或协助方的媒介和渠道资源，向参展商销售广告所得的收入。可用于销售的广告资源包括展会会刊、观众门票、参展证、资料袋等印刷品。此外，展览会现场的户内外广告、展览会配套活动和展览会纪念品赞助、大会官网等资源，也可以为组展方带来广告收入。

（5）其他收入。其他收入指展览会会刊销售、展会配套活动会务费、展会前后举行各类考察的活动费用、向参展客商推荐住宿酒店的佣金等方面的收入。

2. 支出项目

展会的主要支出包括：展览场地租赁费用、营销推广费用、招展及招商费用、相关活动费用、税费及劳务费用以及其他不可预知费用等。

（1）展览场地租赁费用。展览场地租赁费用主要包括场地租金、展馆空调费、展位管理费、展馆地毯铺设费用、展位搭建加班费等。展览场地租赁费用是展会支出的主体部分。对于特装展位的管理费用，部分展会需要参展商自行交纳，也有部分展会将其包含在展位费用当中，组展方可根据展会实际进行决策。展位管理费用的交纳责任需要在相关招展资料、参展合同中清楚反映，并在招展过程中向参展商详细解释费用构成，以便参展商了解。特别强调的是，在进行支出预算时，组展方还需要将筹展期的场地租赁费用计算其中。

（2）营销推广费用。营销推广费用指组展方进行展会宣传，提高展会知名度，招揽参展商及观众所花费的费用。营销推广费用弹性较大，因此需要做好宣传投放效果评估工作，做到"好钢用在刀刃上"。

（3）招展及招商费用。招展及招商费用主要指组展方为达到招揽参展商及观众的目的所投入的费用，包括印刷宣传资料、电话及短信营销等。

（4）相关活动费用。相关活动费用包括展会前后及现场举办的开幕式、欢迎宴会、各类研讨会、论坛等活动的现场布置、嘉宾接待、纪念品等费用。

（5）税费及劳务费用。展会的组织属于一项长期、周期性工作，涉及人员广，现金流量大，因此展会需缴纳的税费以及相关人员劳务费用也是不可忽视的部分。

（6）其他不可预知费用。展会还会涉及其他无法预知的费用，因此策划人员在进行项目策划时，需要对此部分费用进行预留，并结合展会实际情况进行灵活调整，以实现展会效益最大化。

3. 收支预算

对以上各展会收支项目进行测算汇总后，即可制作展会成本收入预算表（见表6-2），初步了解展会的成本、收入及利润，从而初步判断展会项目是否在经济上可行。

表 6-2　展会成本收入预算

项　目	金　额	占总收入的比例（%）
一、收入		
展位费收入		
门票收入		
赞助收入		
广告收入		
其他收入		
二、支出		
展览场地租赁费用		
营销推广费用		
招展及招商费用		
相关活动费用		
税费及劳务费用		
其他不可预知费用		
三、利润		

通过表格分析，可初步了解各项收入及支出项目在总收入、支出中的占比。对于部分占比过大的支出项目，可通过调整策划方案对其进行控制，使展会成本及收入预算更加合理。

三、展会盈亏平衡分析

通过前文分析，已对展会基本财务预算状况有一定的把握。在展会策划实务当中，会展策划人员往往希望能够知道：展会规模达到何种程度才能够确保展会不出现亏损？如何合理定价才能够在维持展会规模的同时达到财务平衡？

为进一步验证展会项目的财务可行性，会展策划人员需要对项目进行投资利润率计算，并进行展会盈亏平衡分析。

1. 投资利润率的计算

投资利润率是指项目的年利润总额占总投资的比例。投资利润率的计算能够将展会可交付成果量化，以数量形式直观反映展会的完成效果。

投资利润率的计算公式如下：

投资利润率=年利润总额/投资总额×100%

投资利润率衡量的是展会项目单位资金投入能获取的利润。会展策划人员可将展会项目的投资利润率与同行业其他会展项目的投资利润率进行比较，若该项目的投资利润率大于或等于同行业指标，则表明该展会在行业中具有一定的竞争力，具有可行性。

2. 盈亏平衡分析

盈亏平衡分析是通过计算某展会的盈亏平衡点对该展会的盈利能力以及投资可行性进行分析的方法。盈亏平衡主要指展会所得收入与支出相等，达到财务平衡的状态。盈亏平衡分析能够解决何种收入水平下才能保证项目盈利的问题（见图6-4）。

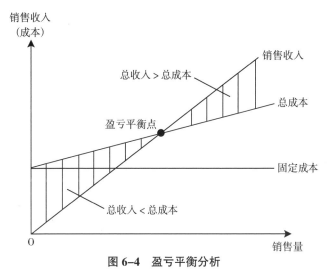

图6-4 盈亏平衡分析

一般情况下，盈亏平衡点的计算公式为：

盈亏平衡点=固定成本/(单位售价-单位变动成本)

在实际的展会项目中，展位的定价方式包括以标准展位单价定价以及以展位面积单价定价。相应地，展会的盈亏规模亦有两种计算方法。

以单位标准展位定价的项目，其盈亏平衡规模计算公式如下：

盈亏平衡规模（标准展位数量）=展会总成本/标准展位单价

以单位展览面积定价的项目，其盈亏平衡规模计算公式如下：

盈亏平衡规模（展览面积）=展会总成本/展位面积单价

公式计算所得的展会盈亏平衡规模，即为展会实现财务收支平衡所需要销售的最低标准展位数量或展览面积大小。

在展会规模一定的情况下，组展方可通过调整展位定价，以实现项目收支平衡。

以单位标准展位定价的项目，其盈亏平衡价格计算公式如下：

盈亏平衡价格（标准展位单价）＝展会总成本/展位总数量

以单位展位面积定价的项目，其盈亏平衡价格计算公式如下：

盈亏平衡价格（展位面积单价）＝展会总成本/展览总面积

公式计算所得的展会盈亏平衡价格，即在展会规模一定的情况下，展位实现财务收支平衡的展位最低定价。

展会盈亏平衡分析对展会财务可行性评估具有极大的参考价值。特别地，从上述公式不难发现，展会总成本是影响展会盈亏平衡规模及价格的重要因素。在进行成本预算时，会展策划人员应做好成本管理工作，从而增强展会竞争力。展会盈亏平衡分析对改进展会策划方案，提高展会经济效益具有积极意义。

四、展会现金流量分析

由于展览会的举办往往涉及大量现金的流动，一旦展会资金链条断裂，将影响展会的正常筹备与举办，这对组展方而言将是致命的打击。因此，组展方需要通过对展会现金流量进行分析，对展会的财务情况进行预测与把控，保持展会的可持续发展。

现金流量主要指未来一定会计期间内展会所产生的现金流入、现金流出及其总量情况的总称。其中，现金流入量一般指展会的现金收入；现金流出量主要指现金支出；现金流入量与现金流出量相抵后的余额成为现金净流量。当展会现金流入量大于现金流出量时，该展会的财务状况得以保障。

除展会现金流量测算外，组展方还可通过以下指标对展会财务稳健性进行评估：

1. 净现值

净现值是指展会项目计算期内，各届展会项目所产生的现金净流量以资金成本为贴现率折现后与原始投入额现值的差额。当净现值大于零，则该展会项目在财务上具有可行性。

2. 净现值率

净现值率指展会项目的净现值占原始成本投入现值总和的比率。当净现值率大于或等于1时，展会财务可行。

3. 获利指数

获利指数指展会项目举办后按基准收益率或设定折现率折算的各届展会现金

流入量的现值合计与原始投资的现值合计之比。当获利指数大于或等于 1 时，证明展会财务可行。

4. 内部收益率

内部收益率指能使展会项目的净现值等于零时的折现率。当内部收益率大于资金成本时，展会财务具有可行性。

现金流量是展会策划及运营期间组展方需要密切关注和考虑的问题，当现金流入量小于现金流出量时，组展方将有可能面临资金不足的困境。此时，组展方需要及时评估展会的可行性以及考虑后续资金筹措方案等问题。

第三节 会展项目相关计划

展览项目是以展会为对象和内容的新型项目形式。它是一个具有鲜明目标，周而复始，而又不断创新的一个有机整体，受到时间、成本、质量等多因素的限制。展会项目中所涉及的人力、物力、财力等诸多资源都是有限的，因此策划人员在策划时应当对这些资源进行合理安排，优化资源配置，让资源得到合理、有效的利用。本节将对展会项目实施过程中将要涉及的人、事、时三种资源进行初步规划，利用科学的方法将计划更直观、全面地展现在读者面前，便于在以后的工作中更加顺利地开展策划活动。

一、展会品牌策划

在展会市场竞争越来越激烈的今天，良好的品牌形象犹如一面旗帜，是展会参与市场竞争的重要优势来源。展会品牌定位与展会定位息息相关，但展会品牌定位是在展会定位的基础上，更注重展会品牌在目标客户心目中的形象。

具体而言，展会品牌策划包括以下步骤：①理解和升华展会定位。②确定目标客户。③构建品牌形象。④创造差异化优势。⑤确定品牌传播内容。⑥选择传播渠道。

由于展会品牌的建立是一个长期而繁杂的过程，涉及环节多，因此本书将在后面章节作重点介绍。

二、招展、招商及活动计划

招展及招商计划主要指组展方为招揽企业参展或组织观众参观展会而制定的各类策略、方案及措施。在招展、招商过程中，还将涉及各类营销及宣传方法的综合运用。

展会活动计划主要包括展会前后以及展会现场举办的各类相关活动的安排。为活跃展会氛围，创造更多互动、交流机会，组展方往往在展会举办前后或现场举办各类相关活动，包括开幕式、专业沙龙及研讨会、产品发布会及推介会、酒会、表演、比赛等活动。

针对目标参展商及观众的特点，其营销宣传计划以及展会相关配套活动的策划亦有所差异，同时涉及大量人、财、物的管理与调配，因此本书将在后面章节中进行重点介绍。

三、展会营销及宣传推广计划

为了促进展会销售，扩大展会影响力，展会营销及宣传推广计划的作用尤为重要。组展方通过完善的展会营销及宣传推广计划，使参展商、观众以及其他利益相关方的各类需求得以满足，使展会价值得到目标客户的认知和信任，从而达到开发市场、占领市场的目的。

由于展会市场涉及多个利益相关方，同时不同市场特点下的展会营销策划有其特点和差异性，本书将在后面章节进行更加深入的讲解。

四、展会人员分工计划

一个展会项目是庞大的，人力资源便是其中一个重要部分。从展会策划到执行，从展会招商到现场服务，从展会开幕到展会结束，其中涉及成百上千名工作人员。如何兼顾人力资源使用情况，对展会项目人员进行有效配置，进行人力资源优化管理，充分发挥每一个工作人员的积极性显得尤为重要。在实际操作当中，常用的统筹展会工作人员的方法有：责任矩阵、人力资源需求负荷图以及人力资源需求曲线等。

1. 责任矩阵

责任矩阵（见表6-3）是以表格形式表示完成工作分解结构中工作明细的个人责任方法。矩阵纵列表示展会项目中的各项细分任务，横排为项目相关人员名称，交叉部分则用不同符号填充明确人员责任。责任矩阵将工作内容与工作人员个体组织到同一个表格当中，两者交叉部分则表示每个个体在展会项目中的责任关系，从而有效建立"人"、"事"、"责"三者的联系。

运用责任矩阵能够直观反映项目具体任务的分配、部门和人员之间的相应职能，清楚界定了组织部门以及其人员之间的角色、职责和相互关系，可以避免因责任不清而出现推诿的现象。

表6-3　××展会人员责任矩阵

序号	工作单元	王明阳 杨华	李锐 季勇	周恒 张丹丽	王建喜 任梅	秦娜 宋人强	张杰 王涵
1	确定目标参展商	▲					◆
2	发送电子邀请函	●	▲		◆		
3	洽谈合作细节	●					▲
4	寻找目标观众		●			▲	◆
5	制作宣传海报及视频				▲	●	
6	宣传推广平台的建设			▲	●		
⋮	⋮	⋮	⋮	⋮	⋮	⋮	⋮

　　注：▲负责　●参与　◆监督

2. 人力资源需求负荷图

　　人力资源需求负荷图是指组展方在建立展会工作团队初期，依据展会的规模和档次所制定的展会筹备及现场执行期间的工作负荷，考虑专业型和管理型人才的需求量。具体操作是指通过不同部门在工作荷载和目标实施效果的横向比较来确定各个单位的效率水平，从而估计所需人力资源。在制作人力资源需求负荷图时，一般使用 Project 软件，将展会各工作部门与所需人力资源量联系起来，生成相应图表。一般简单的人力资源图是柱状图，纵轴为人员数量，横轴为时间进度（见图6-5）。

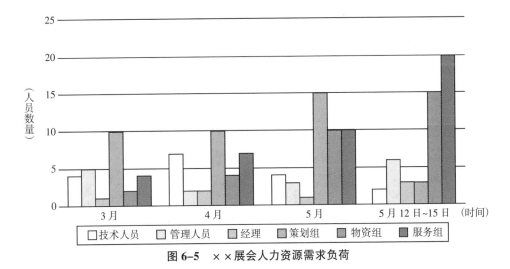

图6-5　××展会人力资源需求负荷

3. 人力资源需求曲线

　　人力资源需求曲线与展会进度甘特图及人力资源需求负荷图密切联系，主要用折线的形式来表现展会在筹备、布展、开展和撤展期间的每个任务阶段各个子项目的人员需求。一般纵轴表示人员数量，横轴表示时间进度（见图6-6）。

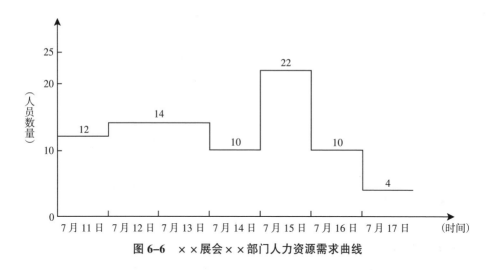

图 6-6 ××展会××部门人力资源需求曲线

五、展会时间管理计划

展会活动作为一个完整的策划项目，从前期策划到现场执行，涉及大量综合性工作，在不同的时间段内不同子项目和工作部门均有各自的分工安排，不同部分之间相互关联、环环相扣，因此对时间安排的协调性和灵活性具有较高要求。为使展会各项工作有条不紊地进行，在实施工作计划前，需要对展会各个环节制订合理的时间管理计划，并在实施过程中，实现严格的时间管理，才能够确保各项工作齐头并进，使展会如期举行。

1. 时间管理内容

具体而言，对展会进行时间管理包括以下几个重要部分：

（1）招展时间管理。招展是展会项目投入实施的首要阶段，招展工作的完成质量将直接影响展会规模及收益，组展方需要明确展会定位、主题以及招展范围，从而确定招展的细分对象，并花费较多的时间和精力反复、多次地邀请新客户参与以及维护老客户关系。

在确定招展细分对象后，组展方需要对招展工作进行合理的时间安排，并对展会招展时间进度进行有效监督和控制，把握展会招展工作的启动时间、加大招展力度以及调整招展策略的时间节点，保证展会招展工作能够如期完成。

当前展会市场日新月异，客户信息不断更新，展会的招展工作不一定能够完全按照计划顺利举行。因此，组展方需要对目标参展商的招展效果以及展会整体销售进度进行全程把控，将已经完成的销售任务与既定的招展进度计划进行对比，及时调整招展策略，以便顺利完成招展工作。

（2）招商时间管理。招商工作的完成效果直接影响到展会整体展出效果，也是参展商评估展会价值的重要标准。不同于招展工作，招商工作的对象范围广、数量大且具有较大的不确定性，这将对招商工作的把控带来一定挑战。

为了更好地对招商时间进度进行管理，组展方可根据展会预登记人数、行业口碑以及展会官方网站点击浏览量等数据进行预测评估，了解展会招商情况。

（3）宣传推广时间管理。宣传推广是促进招展、招商和建立品牌形象的重要途径，因此宣传推广工作需要与招展和招商工作配合进行。

宣传推广工作具有计划性，同时为了配合展会的最新工作进度，宣传推广工作还具有极强的时间性。在展会筹备到现场的不同阶段，需要协调专业媒体推广、大众媒体推广、展会现场推广、公共关系推广等不同的宣传渠道，并随着展会工作重点的转移，选择不同的宣传渠道，同时宣传内容的重点亦要有所变化。

（4）布展、撤展时间管理。布展及撤展时间的长短直接影响场馆租赁费用，从而对展会成本造成影响。在展会实际操作当中，布展及撤展时间一般相对紧凑，过长的布展及撤展时间既增加组展方办展成本，又增加参展商的参展成本，降低参展效率；而布展及撤展时间过短则影响参展商的布展效果，同时容易造成现场秩序混乱，不利于现场安全及服务管理。

合理的布展及撤展时间对控制展会成本、提升展会整体效果、保障参展商展示效果、维持展会现场秩序具有重要作用。

（5）展会活动时间管理。在展会前、后及展会期间，组展方还将举行一系列的展会活动，以调动展会气氛。展会活动的时间管理主要包括活动筹备阶段各项工作的时间先后顺序安排及进度控制，还包括活动现场各时间节点的把控。

由于展会活动的设计与规划不但涉及组展方活动筹备部门各工作人员的分工安排，还涉及与参展商、观众的沟通与协调，所以在进行展会活动时间设置时，需要从参展商及观众的角度出发，充分考虑其作息时间，避免活动日程安排过于松散或紧凑。

2. 时间管理方法

为更清晰、明确地表现各类工作计划，组展方可运用展会进度计划甘特图（见图6-7）协助制定时间管理方案。甘特图以图示列表的方式，将工作项目顺序及持续时间，用刻度形象地表示出来。其中，横轴表示时间，纵轴表示具体的细分任务，线条表示在工作周期中的计划和实际完成情况。

甘特图可以重点反映展会项目工作的三重约束，即时间约束、成本约束和范围约束，能够直观地表达任务开始及结束时间，并用于与实际进度之间的检查比较。

序号	工作内容	工作时间（天）	工作进度/天							
			1	2	3	4	5	6	7	8
1	放线	2								
2	卫生、清料	2								
3	展商统计	4								
4	铺地毯	1								
5	展架安装	2								
6	灯具安装	3								
⋮	⋮	⋮								

图 6-7　××展会进度计划甘特图（部分）

六、展会现场服务及危机管理计划

现场服务计划主要指对展会现场进行管理的各项计划与安排，包括参展商管理、现场观众管理、展会服务商管理等。良好的现场管理计划对维持展会现场秩序和提升展会服务具有重要意义。

另外，由于展会筹备时间长、投入资金大、花费人力多，且展会现场涉及大量的人流、物流，因此组展方在进行展会项目策划时，应对办展期间有可能出现的"危机"进行预测，制定相应的应对方案，对危机进行有效管理，化"危"为"机"，保证展会的顺利举行。关于展会现场服务及危机管理计划，后文亦有相应章节进行详细的阐述。

实务分析

首届广东（广州）高校设计交流展（CUDI）
展会策划内容体系

为详细反映展会策划全过程，下面将以首届广东（广州）高校设计交流展（CUDI）模拟策划方案为例，深入阐述展会基本框架搭建、项目经济测算以及其他相关策划等内容。对于后文涉及的内容，此处则不作赘述。

一、展会基本框架

1. 展会名称

2015 年首届广东（广州）高校设计交流展（CUDI）。

2015 The 1st Guangdong（Guangzhou）Colleges & Universities Design Interflow Expo.

2. 展会地点

广东省广州大学城华南理工大学。

3. 展会时间

2015 年 6 月 25 日~7 月 24 日。详细日程见表 6-4。

表 6-4 首届广东（广州）高校设计交流展日程

项 目	日 期	时 间
开幕时间	2015 年 6 月 25 日	9：30~10：30
展览时间	2015 年 6 月 25 日~7 月 24 日	9：30~17：00
专业观众	2015 年 6 月 25 日~30 日	9：30~17：00
非专业观众	2015 年 7 月 1 日~24 日	9：30~17：00
筹展时间	2015 年 6 月 20 日~24 日	9：00~20：00
撤展时间	2015 年 7 月 24 日	16：00~24：00

4. 展会组织机构

（1）主办单位：广东省教育厅。

（2）承办单位：广州 IFCE 会展策划工作室。

（3）支持单位：中国设计师协会（CDA）、设计产业协会（GDIA）。

（4）协助单位：视觉中国、展酷网、中国设计网。

5. 展会展示范围

（1）设计协会。

（2）高校艺术设计院系。

（3）高校设计专业。

（4）设计（原创、素材、教程等）网站。

（5）设计单位/公司。

（6）设计杂志社。

6. 目标观众

（1）专业观众如下：

1）各大招聘设计人才的相关公司。

2）独立设计工作室。

3）各高校设计院系教授、老师。

（2）普通观众。普通观众有对各种设计感兴趣的个人（个体艺术家、学生、业余爱好者等）。

7. 办展频率

一年一届。

8. 展会规模

展览面积：约 6656 平方米；参展商规模：约 64 家；观众规模：专业采购商约 600 人次及普通观众约 30000 人次。

二、展会经济测算

1. 价格定位

由于本展会还处于推广阶段，本次展会的价格定位为中档。为了追求高品质和高质量的服务，促进国内一流高校设计专业优秀生源供应与行业人才需求的对接，组展方旨在吸引更多优秀的设计专业学生，提高参展商的质量，同时也控制展会规模，打造一场小而精的专业展览。

为此，组展方采用需求导向定价法与竞争导向定价法相结合，并综合考虑了办展场馆的条件来进行价格定位。综合展会定位、利润和展馆承受能力等各方因素，把本次展会标准展位定价16000元/个，特装展位1200元/平方米。

2. 展会收支预算分析

（1）展会收入预算分析。展会收入预算分析见表6-5。

表6-5 展会收入预算

单位：元

项 目	具体项目	规 格	数 量（个）	初步预算
展位收入	专业观众日展位	400元/平方米	128	819200
	标准展位	1000元/平方米	60	960000
	特装展位	1200元/平方米	228	4377600
商业赞助	公益赞助	3000	10	30000
	公益赞助	5000	5	25000
	宣传优先权	10000	4	40000
	宣传优先权	20000	2	40000
	大会优先权 优秀人才推荐	100000	2	200000
	大会优先权 优秀人才推荐	200000	4	800000
门票收入	普通观众门票	5元/人次	10000人	50000
	学生票	3元/人次	20000人	60000
广告收入	会刊封面（首页）			5000
	会刊封面（尾页）			4000
	会刊封一封二	2500	2	5000
	会刊内彩色页	1000	6	6000
	会场内广告	2000	8	16000
	校园内广告	3000	12	36000
	官网广告	3000	8	24000
合计	7497800			

（2）展会支出预算分析。展会支出预算分析见表 6-6、表 6-7、表 6-8、表 6-9、表 6-10。

表 6-6 展会场馆运营预算

单位：元

项目	规格	初步预算
场馆基本费用		
场地租金	A1, A2, A3	200×30 天×3=18000
	A4	200×5 天=1000
	学术大讲堂	8000×5 天=40000
	音乐厅	5000×6 天=30000
标准展位搭建费用	150	150×60=9000
展位拆迁收尾费用	100	416 个×100=41600
展位物品租借费用		10000
设备费用		
电费	30×12×10×680×0.938	2296224
空调		25000
地毯	6656 平方米×20	133120
场馆装饰		70000
其他		
税金	8146000×5%	407300
保险		40000
高校人才培养基金	44×10000	440000
不可预知费用	400000	
总计	3923804	

表 6-7 人员费用预算

单位：元

工作内容	人 数	时间（天）	单位费用	小计
邀请嘉宾	8	3	150	36000
信息录入	3	3	100	900
邮件投递	3	3	100	900
活动主管	10	10	300	30000
展会工作人员	80	30	100	240000
保安	20	3	100	6000
志愿者补贴	60	30	10	18000
清洁	15	30	120	54000
工作餐补贴			15	66750
工作人员保险费			50	242600
其他	20	3	80	695150
合计	1390300			

表 6-8 办公用品费用预算

单位：元

项　　目		单价	数　量	小计
通行证		0.5	40000 个	20000
宣传品印刷费	参展商手册	3	70 册	210
	邀请函及信封	1	10000 个	10000
	全彩会刊	6	100 本	600
	海报横幅			5000
	指示牌	50	80 个	4000
饮用水		8	30×12×4+5×12×2	12480
办公用品费用				5000
不可估计费用				400000
总计				457290

表 6-9 大众传媒宣传推广预算

单位：元

名称	次数	时间	形式	规格尺寸（厘米）	单价	预算
报刊广告						
《广州日报》	2	2014 年 7 月 2015 年 5 月	彩色广告	随机版面 8×8（版花广告）	5420 元/次	10840
《羊城晚报》——享时尚周刊	2	2014 年 7 月 2015 年 5 月		底版 8×24（1/4 版面）	50700 元/次	101400
《南方都市报》	2	2014 年 7 月 2015 年 5 月		A2 版 8.5×24（1/4 版面）	22000 元/次	44000
杂志广告						
《青年视觉》	1	2015 年 5 月	彩色广告	A4 版面	5000	5000
《艺术设计》	1	2015 年 5 月	彩色广告	A4 版面	5000	5000
《包装与设计》	1	2015 年 5 月	彩色广告	A4 版面	5000	5000
《IDN》	1	2015 年 5 月	彩色广告	A4 版面	5000	5000
交通广告						
公交广告	半个月两次	2014 年 7 月 2015 年 5 月	候车站台	300×150×2	25000 元/月	50000
			车内椅背	70×40×10	350 元/月	3500
地铁广告	半个月一次	2015 年 6 月	会展专线	10 个灯箱	80000 元/月	40000
移动电视	半个月一次	2015 年 5 月	公交地铁	20 秒不间断	80000 元/月	40000
网络广告						
公益类网站						
志愿者网站	两个月一次	2015 年 5 月~6 月	头版图片	50×20	5000 元/月	10000
新闻类网站						
腾讯网	一周一次	2015 年 6 月	首页浮动广告	100×50（dpi）	8000 元/天	56000
新闻网站	三条	2015 年 6 月	评论新闻	140 字内	1000 元/条	3000

续表

名称	次数	时间	形式	规格尺寸 （厘米）	单价	预算
			专业类网站			
视觉中国	一个月一次	2015年5月	首页主版	4000×800（dpi）	20000元/月	20000
站酷	一个月一次	2015年5月	首页主版	4000×800（dpi）	20000元/月	20000
			高校宣传费			
1.5×100+44×20+44×80						4550
总计					423290	

表6-10 公关费用预算

单位：元

项 目	预算
嘉宾接待费	5000
媒体接待费	20000
高校接待费	440000
不可预计公关费	5000
总 计	470000

（3）展会利润预算分析。展会利润预算分析见表6-11。

表6-11 展会利润预算分析

单位：元

展会总收入预算	7497800
展会总成本预算	6241394
展会初步利润预算	1256406
展会理论标准展位数量	416个

3. 展会盈亏平衡分析

盈亏平衡价格＝展会总成本/展会总展位数＝6241394/416＝15000元，由此可知若展会能达到盈亏平衡的标准展位价格为15000元/个，本届展会标准展位价格为16000元/个，基本处于盈亏价格。由于第一届展会推广前期宣传让利部分较多，日后展位定价将根据收益进行调整。

盈亏平衡规模（标准展位数量）＝展会总成本/单价（标准展会与特装展会的均价）＝355个，由此可知若展会达到盈亏平衡的展位规模是355个标准展位（包括由特装展位转换所得的标准展位数量），即本届展会须售出超过355个标准展位才可实现盈利，否则本届展会将会出现亏损状况。

4. 展会经营财务风险分析

（1）经营风险是指因组展方经营不善给展会带来的不确定性因素。对筹备一

145

个展会而言，经营风险很多时候集中表现为招展不理想，展会无法达到预期招展规模。我们可以通过展会"盈亏平衡规模"计算出举办展会的"经营安全系数"，用这个系数来对展会的经营风险进行预测和评估判断。本届展会"经营安全系数"=1−盈亏平衡规模/展会预期规模=1−355/416=0.15，由此可以看出，在合理估计第一届的让利宣传后，举办本届展会将是比较安全的。

（2）所谓展会项目的财务风险即为展览项目举债筹资风险，是指组展方由于举债而带来的财务不确定性。本届展会定位中端且为首届高校联合设计作品交流展，展会在行业中属于创新型展会，须投入大量宣传费用以提高展会的知名度，本届展会宣传力度大、途径多、范围广、方法新，在宣传推广的活动中有大规模的花费，进一步增加了资金借贷的财务风险。所以，本届展会的创新性决定了首届展会利润不高，展会具有一定的财务风险。

5. 利润率分析

本届展会利润率=利润/总成本=815116/6682684=12%

综上可知，本届展会的利润率可观，又由于本展会组展方的首届让利宣传活动，若展会成功举办，无论举办方、参展方还是观众都将得到很大的效益回报。

【注释】

（1）本展会盈利还包括：①参展学生通过本展会与用人单位达成用工协议，一般收取员工首月工资的50%作为服务费用。②参展商通过本展会售卖展品的成交金额的20%作为中介费用。而鉴于第一届展会还处于推广期，以上两项费用作为优惠，第一年暂不收取。

（2）展位出租位置费用差异及数量折扣尚未详细列出，考虑在上表"不可预知费用"中。

三、展会相关策划

由于展会品牌策划、招展招商及活动策划、展会营销及宣传推广计划以及展会现场服务及危机管理计划将在本书后续章节有详细介绍，此处不做赘述。

1. 展会人员分工计划

广州 IFCE 会展策划工作室主要成员包括李明洋、王丹、秦璐、陈林、张丹丽、齐勇、马锐涛、李娜、王涵、张倩、任梅、周恒，根据展会推进进度，需要将各类细节工作落实到团队个人，以便及时执行并定期检查（见表6-12）。

表6-12　2015年首届广东（广州）高校设计交流展（CUDI）人员责任矩阵（节选）

序号	工作单元	王丹 秦璐	陈林 齐勇	马锐涛 张倩	任梅 周恒	张丹丽 王涵	李娜 李明洋
1	确定目标参展商	▲					◆
2	发送电子邀请函	●	▲	◆			

序号	工作单元	王丹 秦璐	陈林 齐勇	马锐涛 张倩	任梅 周恒	张丹丽 王涵	李娜 李明洋
3	洽谈合作细节	●					▲
4	寻找目标观众		●			▲	◆
5	制作宣传海报及视频				▲	●	
6	宣传推广平台的建设			▲	●		
⋮	⋮	⋮	⋮	⋮	⋮	⋮	⋮

注：▲负责　●参与　◆监督

在展会举办期间，涉及大量现场服务以及秩序维护工作，因此组展方制订了相应的志愿者招募计划。

（1）基本信息。招募基本信息如下：

报名时间：2015年6月1~14日。

招募对象：广州大学城各高校在读本科生或研究生。

面试时间：2015年6月15日。

招募人数：展览分为六期，每期需要志愿者60人（可连续参与志愿者工作）。

（2）志愿者培训。志愿者培训内容包括：展览详细介绍、基础礼仪礼貌培训、岗位培训。

（3）志愿者工作及待遇。志愿者工作及待遇如下：

1）工作分工：证件登记处10人、各场地内引导和管理人员40人、办公室5人、机动人员5人。

2）工作时间：展期9：00~17：00共8个小时。

3）待遇：5元/人/天的交通补贴；5元/人/天的工作午餐。

2. 展会时间管理计划

为了保证展会各项筹备工作如期、按质完成，通过展会进度计划甘特图以及展会运营安排时间表，从不同侧面反映展会筹备的具体工作内容，以及不同工作细节之间的逻辑关系。展会进度甘特图见图6-8；展会运营时间见表6-13。

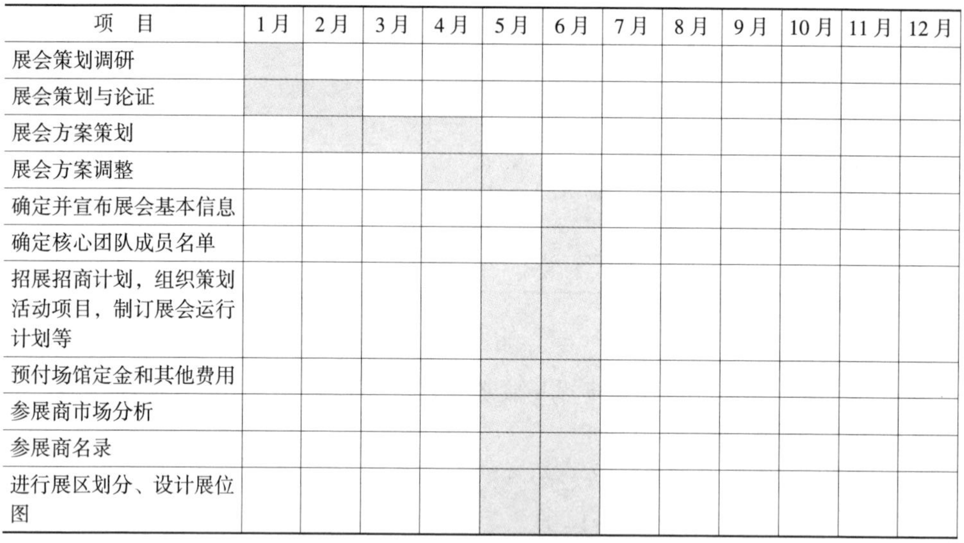

项　目	1月	2月	3月	4月	5月	6月	7月	8月	9月	10月	11月	12月
展会策划调研	■											
展会策划与论证	■	■										
展会方案策划		■	■	■								
展会方案调整				■	■							
确定并宣布展会基本信息						■						
确定核心团队成员名单						■						
招展招商计划，组织策划活动项目，制订展会运行计划等					■	■						
预付场馆定金和其他费用					■	■						
参展商市场分析					■	■						
参展商名录					■	■						
进行展区划分、设计展位图					■	■						

图6-8　展会进度计划甘特图（节选）

表6-13　展会运营安排时间（部分）

项　目	时　间	具体内容
方案准备	2014年1月	展会策划调研
	2014年1~2月	展会策划与论证
	2014年2~4月	展会总体方案策划
	2014年4~5月	展会方案调整
组建组委会	2014年6月	确定并宣布展会名称、日期、地点、主题
		确定核心团队成员名单
确定实施方案	2014年5~6月	招展招商计划，组织策划活动项目，制订展会运行计划等
		预付场馆定金和其他费用
		开始搜集展商资料，分析展商数据并根据计划表列出目标展商目录
		进行展区划分、设计展位图
招展工作	2014年6月~2015年3月	开始实行招展计划
招商工作	2014年8月~2015年5月	开始实施招商计划
初期宣传工作	2014年7~12月	建设展会网站，定期发布相关的活动新闻
确定服务机构	2014年7月	完成赞助商、展区划分、物流、安保、清洁、住宿和餐饮等招商（竞标）计划，确认支持机构运行标准和支付费用，开展进一步合作
展会审批	2015年1月	申请并办理各类许可证
展会前期筹备	2014年6~8月	制作各类宣传资料，如横幅广告、电视视频、展会宣传单、广播标语、内部报刊彩页、网络广告、路标指引等，审核全部资料

续表

项 目	时 间	具体内容
展会中期筹备	2015 年 2~3 月	完成场地和展位的最终设计，分配展览场地和会议室
		落实展会活动方案，邀请嘉宾
		落实参展商参展资料准备、展位设计方案实施情况
中期宣传工作	2015 年 1~3 月	召开展会新闻发布会，在行业杂志进行展会宣传
展会开幕准备	展会开幕前 2 周	人员协调会、志愿者培训
		审查控制相关部门（如场馆搭建、安保清洁、餐饮住宿等）的活动日程
		确认安全预防方案
		主流媒体跟踪报道，车站、地铁等公共广告宣传
		确认参展商名单及各类支持机构
	展会开幕前 1 周	检查确认各部门运行标准
		检查设备设施和安全保障
		确认交通和物流工作
		检查入场程序和确认证件
		确认媒体记者名单，提前准备好相关证件、参考资料袋
	展会开幕前 6 天	扩大宣传效果，提高宣传质量
		参展展位修改图纸确认
		落实各类展会活动筹备情况
	展会开幕前 4 天	布展和现场协调
	展会开幕前 1 天	根据清单检查核对所需物品，保障所有物品到位
		场地消防安全检查
		再次核对嘉宾人数
		对重点场地补充布置
		现场车辆安排
		现场卫生整理和安保确认

资料来源：陈浩然，代璐，段青，沈聪.《2015 年首届广东（广州）高校设计交流展（CUDI）策划书》（2012 级会展策划大赛优秀团队策划方案），2013.

思考与展望

通过本章的学习，会展策划人员可对展会策划内容体系具有整体的认识。会展项目基本框架直接、明了地呈现了展会的基本情况，包括展会名称、办展机构、地点、时间、展品范围以及展会规模等。然而，展会策划框架并非一成不变的，在实际的操作当中，组展方需要根据展会所在行业的自身特点、市场需求的变化以及展会自身定位等的差异，对展会策划基本框架进行调整，确定不同的侧重内容。

对于商业性展览，经济测算是其中必不可少的部分。通过制定会展定价策略，对项目收支实施初步预算与盈亏平衡、现金流量分析，为会展项目提供稳健的财务环境保障。由于一个会展项目涉及的人力、物力、信息以及各类资源范围极广，因此在策划阶段制订相应的管理计划，对于展会项目的有序、顺利举行亦具有重要的意义。

第七章 会展品牌策划

进入 21 世纪以来，经济全球化深入各个产业领域，经济发展进入一个全新的阶段，无差异的产品及服务供给已难以满足消费者多样化的消费需求。市场竞争已从单纯的价格竞争转变为企业文化、品牌内涵的竞争。而品牌文化则是文化竞争的重要内容，受到越来越多企业的重视。会展品牌的建立可以为会展产品及服务带来附加价值，同时培养忠诚客户，防止潜在竞争者的进入。因此，会展品牌的培育与维护是现阶段会展企业实现自我提升和可持续发展的重要手段之一。

本章将对会展品牌的概念、作用及特点进行阐述，并重点介绍展会项目品牌的定位、建设、传播及发展（见图 7-1）。

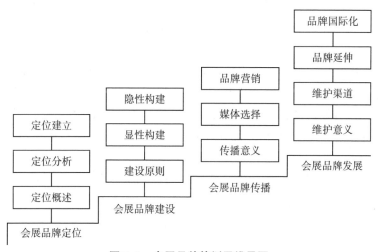

图 7-1 会展品牌策划思维导图

第一节 会展品牌概述

品牌是一个企业的灵魂，品牌化对于会展业发展来说也是必由之路，没有品牌的展会必然会被市场淘汰。很多展览专注于某一产业，以打造该产业的品牌展会项目，如广州光亚照明展、上海中国汉诺威工业博览会等。有的展览则依靠一定区域内的产业集群来建立品牌优势，如义乌小商品博览会、深圳高交会等。无论以何种方式，展会运营者只有打造独一无二的展会品牌，才能保持展会的活力和可持续发展。

一、会展品牌内涵

美国营销大师菲利普·科特勒将品牌定义为："一种名称、名词、标记、设计，或是它们的组合运用，其目的是借以辨认某个销售者或某群销售者的产品及服务，并使之与竞争对手的产品区别开来。"品牌化竞争是一个产业发展到一定程度的必经阶段。随着市场从卖方市场向买方市场的转变，产品同质化现象愈发明显，企业要提高自身市场竞争力，就需要树立独特的品牌形象，并进一步挖掘品牌内涵。

展会品牌是指向展会利益相关方呈现的，用于辨认展会项目，使之与其他竞争产品得以区分的展会名称、标识、口号、风格、理念的组合。从品牌学的角度来说，品牌包含显性部分和隐性部分。显性部分主要是品牌名称、标识和商标等显性元素的组合；隐性部分则是品牌的内涵、风格、理念等对客户产生深层影响的部分。

在进行具体的品牌定位和建设前，我们首先需要明确会展品牌的具体内涵。菲利普·科特勒在《营销管理》中指出，品牌的内涵包括六个层次，从低级到高级依次是：属性、利益、用户、个性、文化和价值（见图7-2）。

1. 属性

展会品牌体现展会的项目属性，包括展会类型及其代表的品质等。一个展会的属性将直接影响其潜在参展商和观众的类型和级别，参展商和观众也会根据展会的品牌属性来对展会加以辨别和选择。有的消费展突出其公众性，以现场促销为主，目标是吸引有消费需求的公众；而贸易展则突出其专业性和商务性，观众与会的主要目的是商务贸易、技术交流等。这就是品牌塑造的基本内涵。

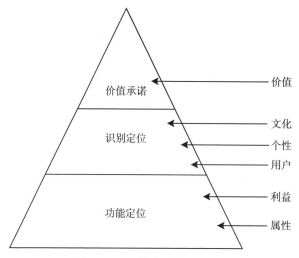

图 7-2　品牌内涵层次结构

2. 利益

品牌代表着展会为各参与方带来的利益。从展会需求者的角度来看，参展商和观众关注的并非展会属性本身，而是展会相关属性所带来的利益。因此，策划人员在进行展会品牌营销时，除呈现展会基本属性外，更应传递展会为各参与方带来的利益价值。

3. 用户

展会品牌暗示了其目标参展商及观众的类型。不同的展会品牌所象征的展会属性及其带来的利益不同，形成了不同的客户定位，也就意味着展会选择了自己的用户。从营销学的角度而言，品牌的建立是企业主动建造一个消费集群的过程。一个良好的展会品牌将会为展会参展商及观众带来归属感和荣誉感，行业中的企业如果能以参加该展会为荣，即实现了展会品牌化的目的。

4. 个性

品牌反映展会一定的个性和特征。组展方可以通过各类显性元素，如名称、标识、广告等，或隐性元素如服务等，塑造与众不同的品牌个性，从而吸引特定的客户群体。事实上，展会品牌个性是品牌存在的精髓，是与展会各利益相关方进行沟通交流的心理基础。从深层次来看，客户对展会品牌的忠诚源于对品牌个性的认同。

5. 文化

展会品牌承托着展会自身文化内涵和组展方的企业文化。加强品牌建设的效果是双向的，对外它可以彰显组展方的自身文化和理念，提升组展方核心竞争力；对内则是凝聚团队力量、提高工作效率、提升服务质量的重要动力。

6. 价值

展会品牌将反映展会向客户承诺的功能性、情感性及自我表现性利益。展会品牌所彰显的价值，超越展会服务或产品的价值，是前五种品牌内涵的综合表现和升华，往往与项目的认知度、美誉度紧密相关。展会品牌价值的塑造，往往需要长时间的积累，并通过组展方与客户之间保持长久、稳定的联系加以体现，是一个展会的无形资产，也是一个展会区别于其他同行业、同类型展会的核心独特性所在。

二、会展品牌作用

一个优秀的品牌将为组展方带来强大的竞争力。目前国内外比较成功的展会在其行业中都具有一定的知名度，但真正能够为社会公众所认识、具有独立品牌形象的展会却寥寥无几，而缺乏品牌灵魂的展会，往往会在激烈的市场竞争中逐渐没落。可见，品牌对于会展业具有深刻的意义。

1. 顾客识别

建立展会品牌的首要任务是增强与竞争展会的区分度，从而帮助参展商和观众更好地辨认项目。当前我国会展业遍地开花，相同以及不同区域内同层次、同题材的展会众多，而展会品牌的建立，则能够凸显组展方自身产品的特点，从而更好地吸引目标参展商及观众集中于同一个展会平台之上。实际操作当中，展会策划人员往往运用各类标识、图案、口号等显性元素对品牌形象加以塑造。

2. 顾客归属

顾客归属是展会品牌培养忠诚顾客的结果。与一般产品不同，展会举办的短期性以及展会项目的非实体性都将影响客户黏性的培养。而展会品牌的建立，则能够通过具有系统性和传承性的形象塑造以及差异性的展会服务，给参展商和观众留下一个可识别的、可延续的品牌形象，并通过在非展览时间举办各类客户联谊活动或开展客户关系维护工作，让客户习惯于通过该展会进行行业信息搜集、行业交流、商务贸易，形成参展惯性，最终升华为顾客归属。

3. 品牌自律

品牌能够产生差异性的重要原因之一是每个品牌都有自己的形式规范和服务特点。在具体的品牌塑造过程当中，除了组展方单向传递品牌信息，更重要的是客户的品牌感知。客户感知的不确定性和主观性使品牌形象具有被歪曲、误解的风险。因此，一个优秀的品牌，还拥有自律的作用。

通过不断对品牌进行自我检视，可使展会根据参展商和观众需求，不断完善自身产品及服务，并且形成品牌的规范，依据品牌规范进行自我监督，进一步提升品牌价值。

4. 品牌延伸

品牌延伸是指一个品牌发展成熟之后，借用已有的品牌效应扩大市场份额或增加产品种类的过程。卢泰宏认为，品牌延伸是指为降低营销成本，提高市场份额，营销者借助已建立的品牌地位，将原有品牌转移至新市场的其他产品和服务（包括同类和异类的）以及运用于新的细分市场之中。一个展会在充分发展成熟之后，可以借助其品牌影响力和美誉度，向其他地区或者其他领域进行延伸，原有的品牌积累将使此类项目的扩张达到事半功倍的效果。

三、品牌展会特点

既然品牌是展会发展的灵魂所在，也是保护展会的有力武器，那么展会的品牌优势应该从哪些方面塑造呢？展会产品与其他实物产品不同，它是无形的产品，在品牌塑造和管理方面也有着很大区别。谈到品牌，我们往往会联想到质量，因为品牌最早的出现便是对于质量的承诺，并且一个品牌的兴旺需要其内在质量的支撑。展会产品也是有质量的，但其质量评价指标与普通产品不同，主要包括以下几个方面：

1. 专业化的服务

会展业属于现代服务业，向客户提供无形的服务。与一般的服务型产品强调使用价值不同，展会更强调能为各利益相关方带来的商业价值。因此组展方需要加强行业资源整合、信息传播、平台搭建等高度专业化的商务服务能力，以满足客户的商务需求。

展会服务具有一定异质性——即便是同一种服务，由于地点、时间、服务提供者甚至顾客接受服务时的状态的不同，都有可能造成展会质量的差异。因此组展方需要通过提供规范化、人性化的服务，为与会者提供相对稳定、舒适、高效、优质的参展体验，尽可能满足客户的参展期望。

2. 具有一定的规模

在展会的平台化生态圈中，每个个体既是平台的受益者，也是平台的利益来源。一般而言，品牌化展会项目都具有一定的规模，促使更多的利益相关方聚集在同一平台上进行互动，从而创造更大的平台价值，形成品牌与平台效益的良性互动。对于参展商而言，获取行业动态、传递企业产品信息、提升企业品牌形象、促成现场交易等是其参展的主要动机。因此无论在宏观层面还是微观层面，都要求组展方维持一定的办展规模。

所谓的规模，并不局限于展会与会人数、参展商数量、展览面积等指标，还包括参展商和观众所在区域、有效性以及行业代表性。展会策划人员在进行品牌塑造时，若单纯追求展会面积的扩张甚至夸大自身规模，而忽略参展商及观众的质量与有效性，将降低客户满意度，不利于品牌的长远发展。

3. 具有一定的权威性

出色的展会除了能够帮助参展商促成现场交易外，更重要的是能够作为行业的"风向标"——预测行业走向，甚至影响行业发展趋势。因此，一个具有品牌影响力的展会需要在行业当中具有一定的权威性。这一权威性主要体现在展会主题的前瞻性、参展商的行业领导性、传递行业信息的全面性以及到场观众的代表性。在目前行业竞争越来越激烈的情况下，只有具有一定权威性和代表性的展会，才能够在众多的同类型展会当中脱颖而出，进一步提升自身品牌知名度。

第二节　会展品牌定位

在激烈的行业竞争当中，没有一个展会可以依靠与其他展会相似的产品和服务获得成功。展会品牌若想成功，就需要在目标受众的心中占据一定的位置。而一个精准、强势、差异化的品牌定位，需要展会策划人员对各个利益相关方的需求、行为、决策、自身能力以及竞争活动具有敏锐的洞察力和深刻的理解。本节将会对展会品牌定位的分析过程和建立方法进行勾勒，向展会策划人员阐明如何开展对品牌发展影响深远的定位工作。

一、品牌定位概述

展会品牌定位不同于展会定位。展会定位主要是针对目标参展商及观众需求，提供相应的产品及服务，主要解决展会"是什么"、"有什么"的问题；而展会品牌定位则是基于展会定位进行广告及传播活动，使展会得到目标客户的认可。因此，展会定位的对象是项目本身，是对展会项目的策划或设计，而品牌定位的对象是顾客，主要研究如何有效传递展会价值，使之获得目标受众的认可。

展会定位的具体策略已经在本书的总体策划篇进行了详细介绍，本节主要讲述如何基于展会定位而在目标市场中进行展会的品牌定位。

1. 品牌定位的概念

"定位之父"、全球顶级营销大师杰克·特劳特（Jack Trowt）首次提出品牌定位理论。他认为，定位就是让品牌在消费者的心目中占据最有利的位置，使其成为某个类别或某种特性的代表。当某一品牌占据某一特定位置时，一旦消费者产生相关消费需求，则会将该品牌作为消费首选。

而展会品牌定位则是指以展会定位为基础，使展会品牌的某种特质在消费者心中占据有利位置，并成为同类展会的代表品牌。根据展会平台化的思想，展会大平台上各个利益相关方对展会策划与经营工作的话语权越来越大，展会组展方只有从单纯的"项目经营"转变为"品牌经营"，关注、平衡多方利益需求，才能获得更长远的竞争优势。

2. 品牌定位的意义

展会品牌定位的意义是成功地创造以客户为核心的价值主张。展会的品牌定位作为品牌建设的基础，对品牌建设既有内在影响，也有外在影响：其内在影响表现在，品牌定位将决定展会品牌未来的发展趋势和前景，当品牌定位确定后，无论是组展方的管理模式还是资源配备都会倾向于支持在该定位方向上的发展；其外在影响表现在它决定了目标参展商及观众的类型和特点以及与会者的期望，一旦品牌定位为客户所接受，客户在进行参展决策时，就会根据该项目的定位和自己的需求有所侧重地进行选择，并对该品牌的产品产生某种期望。

展会是可塑性很强的产品，它可以根据市场需求的变化而变化。但是，展会需求的多样化既是会展产业未来的机遇，也是展会品牌定位的一个挑战。倘若没有一个明确的品牌定位，展会形象将变得涣散、模糊，展会随着市场方向的变动仓促应变，最终只能被市场"牵着鼻子走"，在激烈的市场竞争中败下阵来。

二、品牌定位分析

一个好的展会品牌定位既需要"脚踏实地"，也需要"仰望星空"。一方面需要准确把握市场现状；另一方面不能囿于现状而使品牌失去前瞻性，局限品牌成长和改进的空间。品牌定位作为展会品牌建设的第一步，应该始终以展会定位为基础，在分析市场结构和进行市场细分之后，选定适合的市场，并且相应地调整自身品牌形象的宣传方向及宣传力度。

展会品牌定位的主要目标是创造以目标受众为中心的价值主张，即寻找说服其进入该展会平台的理由。因此，策划人员需要从行业现状出发，从目标受众分析、产业竞争条件分析和自身竞争优势的发掘与发展三个方面进行会展品牌的定位。

1. 目标受众分析

在进行会展品牌定位时，首先需要进行目标受众的分析。与展会定位有所不同，展会品牌传播对象不仅包括参展商和观众，还包括展会平台上的其他利益相关方。因此，在进行品牌定位时需要站在目标受众的角度，平衡各利益相关方的需求。通过分析包括参展商、观众、媒体以及展会服务方、协助方等相关利益方在内的目标受众的行为、决策的影响因素，了解他们最希望得到满足的需求。只有满足目标客户需求并提供高于其期望的产品和服务，才能够使展会品牌根植于目标客户心中，占据一定的有利位置。

2. 产业竞争条件分析

展会竞争条件分析与目标受众决策紧密相连。在进行了目标受众分析之后，可以此为基础，进一步对相关竞争展会进行分析。具体而言，策划人员需要对目前市场上已有或潜在竞争者进行识别。事实上，同一行业中同类型展会所构成的竞争关系是直接而明显的，而能满足相同展示需求的项目所带来的挑战则更值得策划人员留意，如房地产展览会向房地产企业提供与建筑设计师商务对接的机会——设计展览也常邀请房地产企业现身与设计师们同台交流，又如房地产展览与网上"3D看房"都可以满足购房者了解购房信息的需求，因此两者之间构成了直接竞争关系。

在进行竞争者识别后，就需要对其竞争策略与目标进行研究。这一方面可帮助策划人员对行业当中的展会供给情况有所把握，进一步提高自身展会水平；另一方面可结合目标受众分析结果，选择进入更加有利的缝隙市场，增强品牌的竞争优势。而当不同细分市场均存在竞争者时，策划人员就需要对各竞争展会进行详细分析，包括其组展方资源、能力、展会发展策略与意图等，从而选择一个盈利性更好的市场服务于目标客户。

3. 自身优势的发掘和发展

品牌定位的最后是自身竞争优势的发掘和发展，主要包括对项目已有资源的评估以及将该优势转化为竞争优势。

项目自身资源的评估包括物质资源和软件资源的评估。物质资源包括项目运营团队的资金实力、物资配备等；软件资源包括策划团队的人才储备、服务能力、社会关系、团队的策划思维和管理能力等。

在对自身资源有一定认识后，展会策划人员需要根据竞争情况和自身条件，为展会定位找到合适的差异点和共同点联想。差异点（Points-of-Difference，POD）是指与展会品牌属性或利益具有强烈联系的关键点。差异点需要能够满足客户的需求，而且组展方有足够的资源维持这个差异点，这个差异点还需要比相关竞争项目更特别、更优越。只要是具备称心性、可交付性和区分性的品牌属性，都可被塑造成为一个差异点；共同点（Points-of-Parity，POP）则指非品牌独有的，与其他展会品牌共享的客户联想。共同点一般是客户认为展会所必不可少的固有属性，如对参展商而言，安全、稳定的展览场所和良好的场馆通风、空调及基本照明设备就是展会的共同点。

展会策划人员需要基本实现共同点，并识别自身最佳、最突出的差异点，以此作为品牌定位的依据，这将能够提高品牌定位的成功率。

三、建立品牌定位

在进行定位分析之后，展会策划人员还需要向团队执行人员传递定位信息，以便其更好地阐释和执行品牌定位。在市场营销当中，常使用品牌定位"牛眼图"以更加准确地表达品牌定位。

通过建立品牌定位，让展会的各个利益相关方明白该展会品牌可以向其提供何种利益以及清楚了解是什么让它成为一个更优的选择。

【案例分析】品牌定位"牛眼图"

广州国际照明展由广州光亚法兰克福展览有限公司主办，该展览公司由国内展览龙头企业——光亚展览公司与德国展览龙头企业——法兰克福展览有限公司合并而成，光亚法兰克福展览公司实力雄厚，不局限于促进商品的交易，同期还设置了"阿拉丁神灯奖"以表彰行业内优秀的照明生产企业；举办各类行业内峰会，促进行业内各方的信息交流；同期举办广州国际建筑电气技术展览会、广州国际线缆及附件展览会，充分发挥协同效应，打造"照明+建筑"（"Lighting+Building"）的世界顶级的、全面的光电盛宴。

通过品牌定位"牛眼图"（见图7-3）能够帮助我们更好地了解广州国际照

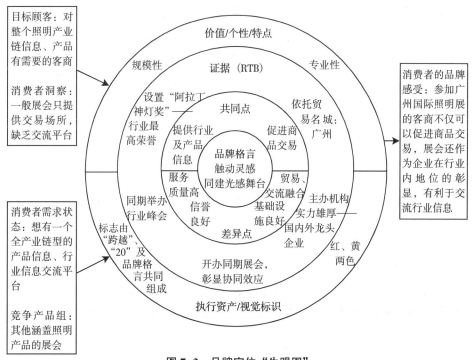

图7-3 品牌定位"牛眼图"

明展的品牌定位。其中，品牌定位的核心是品牌格言以及该展会品牌与其他竞争品牌的共同点和差异点。继而需要为共同点和差异点或产品属性或利益寻找相关的事实证据（Reason-to-Believe，RTB）。此后，将对品牌价值、个性以及特点进行归纳，以便作为品牌塑造宣传和行动基调的无形部分，并形成执行资产与视觉标识，即品牌形象的有形部分。

在"牛眼图"外部，左侧表示定位分析对品牌定位的影响，包括目标客户的决策与行为特点、品牌希望满足的客户需求以及相关竞争性展会。"牛眼图"右侧则表示品牌定位的输出，即品牌定位成功后所希望达到的理想状态。

资料来源：菲利普·科特勒，凯文·莱恩·凯勒. 营销管理（第 14 版）[M]. 北京：中国人民大学出版社，2012（4）.

第三节 会展品牌建设

在对展会进行品牌定位后，要使品牌"可传播"、"可沟通"，展会策划人员还需要进行一系列的品牌建设。

展会品牌的显性部分和隐性部分实际上是对立统一的，是展会品牌竞争策略的不同体现。其显性部分即名称、品牌标志和商标，是品牌形象的直观显示，是展会形象传播的途径，也是其隐性部分的外在载体。隐性部分即展会品牌的六个内涵，是品牌的真正价值所在，既是品牌传播的动力，也是品牌传播的目的。

组展方在策划展会品牌时，需要认清展会发展方向和目标客户群体，也要结合自身实力，做好顶层设计。

一、展会品牌建设原则

展会品牌建设是展会品牌策划的首要环节，为打好根基，展会策划人员需要首先了解以下品牌建设原则：

1. 与展会品牌定位相一致

展会品牌定位是展会品牌建设的基础，品牌建设应该紧紧围绕着展会的品牌定位进行。品牌形象是品牌定位的主要载体，贴合品牌定位的品牌形象能够快速地被参展商和观众识别，形成独特的品牌识别，从而在品牌发展过程中拓展品牌的宽度和深度。

2. 具有系统性与完整性

展会品牌的建设是一个复杂的过程，是需要组展方在展会策划的过程中时刻关注的工作。展会策划的各项事务都会对品牌建设有所影响，同时展会品牌也对展会各项事务的运作起着制约和引导的作用，因此展会品牌的建设应该是一项兼备系统性和完整性的工作。

3. 具有传承性与延续性

展览会的非实体性和服务的异质性都为展会品牌的塑造带来一定的挑战。因此，展会品牌的建设应该具有一定的传承性。除了沿用相对固定的展会名称、标识等品牌元素外，还可以通过运用展会标准色、标准字等展会个性化元素，保证每一届的展会形象设计在创新的基础上，能够保持一定的品牌延续性，从而克服展会非实体性对品牌形象的弱化以及服务固有的不稳定性对品牌塑造的影响。

4. 展会内部品牌化

在进行品牌建设的过程中，组展方工作人员兑现和传递品牌承诺的方式是品牌建设效果的重要影响因素。内部品牌化是指帮助团队人员了解品牌并接受品牌激励的活动和过程。只有团队中的每一位成员都重视并理解品牌理念，同时在服务过程中向客户传递这种理念，将外在的品牌元素内化为团队精神以及展会文化，品牌承诺才能够得以实现，使品牌不再停留于空洞的口号、标志、广告，而成为一个真正具有灵魂的、丰满的品牌形象。

二、品牌形象的显性构建

任何品牌的传播都有一个外在的承接物，其中品牌名称和标志就是重要的承接物。要建立一个优秀的品牌，首先要确保该品牌能够高效地传播，这就必须保证品牌命名和标志设计的科学性。作为品牌的显性部分，品牌名称和品牌标志承担了品牌传播的重要责任。下面将详细介绍品牌形象的显性元素的构建。

1. 品牌名称

谈到品牌，首先进入客户脑海的是该品牌的名称，它是展会品牌的一个基本要素，是品牌形象显性部分的主要载体。海瓦利（Hih Hwailee）和凯姆·萨尼安格（Kim Soon Ang）将品牌名称的作用归纳为以下四个方面：①较高的品牌名称回忆度。②较多的与品牌名称相关的利益回忆。③更积极的广告态度。④更积极的品牌态度。可见，一个良好的品牌名称对于传递品牌内涵和价值具有重要的意义。

【案例分析】品牌名称——超越言语的力量

中国品牌研究院和华央盛邦品牌管理机构曾以我国500个品牌作为样本对其品牌名称进行抽样分析。分析结果显示，国内高达75%的品牌名称毫无创意，这样的品牌名称对市场经营没有支持作用，品牌名称应有的作用没有发挥。50%的品牌名称包含不适合作为品牌名称的字眼，传达了不良信息，对开展市场推广具有负面影响。另外有30%的品牌名称包含、传播了一些不良的消费感受和联想，对企业有严重伤害。可见，品牌名称对企业的营销和传播有着极其重要的影响，但是我国大部分企业并未重视其重要性，导致品牌名称沦落为一个借代的符号。如果能够合理地利用品牌名称的作用，在进行营销和品牌传播时，一定大有裨益。

资料来源：巩婷. 符号的力量——品牌命名元素之符号学分析［D］. 青岛：中国海洋大学硕士学位论文，2013.

对于展会而言，品牌名称的确立也是至关重要的。一个成功的品牌名称，应该能够高度凝练展会信息、准确表达品牌定位、同时彰显品牌文化与个性，使目标受众过目不忘。具体而言，在展会品牌名称构建时，要把握以下几个要点：

（1）展会利益或目标市场暗示。目标客户在关注一个展会时，首先，关注与自己利益相关的价值点。若品牌名称直接或间接提到目标受众所关注的某项利益，便会增加其对该展会品牌的注意。其次，品牌名称还可以反映该品牌与其他竞争对手的差异点所在。只有让目标受众相信该展会能够满足他们的基本需求，同时在某个方面具有明显优势，展会才能够赢得目标客户的信任，使品牌形象深入人心。所以，展会品牌命名时要与展会品牌定位紧密联系，立足于客户需求，以便吸引客户注意。

（2）容易让人产生品牌联想。品牌名称的传播并不只让目标受众知道该品牌，更重要的是让其联想到展会的服务内容、服务理念、品牌文化等展会价值，当目标客户产生某类需求时，能够第一时间想到该品牌。这就要求在进行品牌名称构建时，增强具象性，并且不会引起与会者不悦、产生消极的情绪或联想。

（3）易于传播。品牌名称易于传播主要包括语义、语音和语式三个方面。首先，品牌名称需要具有时代感，便于客户理解和记忆，名称所包含的词语不会因时间的推移而产生歧义，或令人产生负面的联想。其次，名称需要便于发音。对于国际性展会，还要考虑到展会名称的翻译问题，一般需要专业人士结合展会定位和当地文化进行翻译，以免造成客户误解。最后，品牌名称语式不能过于复杂，需要简洁易记。

（4）蕴含文化气息。展会名称可利用文化底蕴感染客户，产生说服作用。文化内涵是展会品牌构建的灵魂所在。为展会名称赋予文化气息，而非枯燥无味地对展会项目进行介绍，是对展会命名的进一步要求。文化内涵可以是展会品牌文化的体现、当地特色文化的彰显，也可以是产业文化的缩影。蕴含文化气息的品牌名称使品牌内涵更深刻、更易于推广，比如广州"南国书香节"，并不是简单的对"书展"这一活动的介绍，而采用了"书香"一词，更便于市民接受，对顾客产生了更大的吸引力。

2. 品牌标志

品牌标志，即展会 LOGO，指的是品牌中可被辨认、便于记忆而难以用语言表述出来的部分，包括图案、色彩或字体等。品牌标志有多种表达形式，包括文字标志、图案标志、图文标志，每一种形式有各自的优势及劣势，需要根据展会本身的特点进行合理选择。与品牌名称不同，品牌标志不能够直接借助于口头传播，一般需要借助纸质媒介、电子媒介传播。但与品牌名称相比，品牌标志通过直观的视觉影响，可以更深刻地表现品牌感染力，更形象地传递展会的内在信息。品牌标志就像展会与目标参展商、观众及其他利益相关方之间沟通的桥梁，可以使其对展会产生记忆、认同，甚至好感，所以品牌标志的设计工作需要十分慎重。

（1）品牌标志的作用。品牌标志通过独特的图案和色彩来表现展会文化和理念，如圆形代表完美永恒；规则的图形让人感觉到展会的严谨。它以直观而形象的方式增强顾客识别度、加强顾客忠诚度，创造品牌认知和品牌联想。品牌标志的作用可以归纳为识别、联想、维护三个层次。

1）识别层次是展会品牌标志的基本功能。品牌标志与品牌名称一样，是客户识别展会的主要工具之一。由于品牌标志往往是目标受众首先接触的品牌形象元素，因此展会标志需要具有独特性和可识别性。在设计品牌标志时，既要保持品牌标志与展会特点的联系，起到推广传播的作用；又要区别于其他同类展会，起到区分、识别的作用。

2）联想层次是品牌标志作用的第二个层次。品牌标志向社会公众传递了展会的特征、形象和信息。它需要通过图案、色彩与文字向目标受众传达展会品牌理念和价值暗示，使目标受众能够产生一定的联想，认可展会的特征与品质，相信该展会能够满足其需求。

3）维护层次也是品牌标志基本作用之一。品牌标志是展会知识产权的重要组成部分，经过正规程序的申请，便受到法律保护。品牌标志是展会市场竞争的有力武器，也是组展方最重要的无形资产之一。品牌标志是组展方的团队文化、理念、客户认知和价值承诺的浓缩，是组展方的智慧结晶，所以品牌标志既维护了组展方的利益，又需要受到组展方的关注与保护。

（2）品牌标志的设计原则。品牌标志的设计是一项面向公众的创作任务，既要最大化传递展会信息，又要做到易于让目标受众感知和理解。品牌标志的设计要遵循三个原则：内涵原则、个性原则、理解原则。

1）内涵原则。内涵原则是品牌标志设计应该遵循的最基本的原则。它要求品牌标志最大化地展现展会信息。只有有内涵的标志，才是有生命力的标志。品牌标志内涵的表现形式有很多种，包括直接用图形或文字表现出主要产品的特征，如广州美博会的品牌标志主体为一个"美"字，给人以强大的视觉冲击力；也可用图形的线条形状表现展会的品牌理念，用色彩表现展会文化，等等。具有内涵的品牌标志可以更好地表达或暗示展会的品牌价值，更能给客户留下深刻的印象。

2）个性原则。个性原则主要包括两个方面：一方面，企业应该通过品牌标志表现品牌的个性；另一方面，品牌标志需要反映目标受众的个性。品牌标志作为展会个性的重要体现，不仅设计需要新颖独特，具有一定的视觉冲击力，还需要符合展会和目标受众的风格个性，给人留下深刻的印象。

3）理解原则。理解原则要求品牌标志易于为客户所理解。虽然品牌标志的设计过程是艺术创作过程，但是并不能脱离目标受众的基本心理认知规律。展会标志所体现的品牌价值和办展理念需要被目标受众所理解，能够准确地传达展会信息，充分体现展会品牌的差异点与优势。只有将艺术设计所具有的艺术吸引力和市场吸引力相融合才能够实现展会品牌标志的价值。过度艺术化和抽象化而忽略受众接受程度的标志设计，只能够流于形式，甚至对品牌形象带来负面影响。

（3）品牌标志的设计过程。品牌标志的设计主要包括以下几个阶段：

1）初步创意阶段。初步创意阶段需要确定展会品牌标志的创意方向和主题思想，主要解决的问题是：①根据展会的品牌定位，确定展会核心竞争要素。②进行市场调研，了解目标受众认为可以代表该展会的主营业务、发展定位、服务理念等的基本元素，关注受众对该展会所具有特质的认知和关注程度。③在对展会定位和公众认知做出合理的评估之后，形成品牌标志的初步创意，作为第一阶段的成果。

2）品牌标志设计阶段。品牌标志设计阶段主要是形成几种品牌标志备选方案。本阶段的主要工作是：①组展方根据调研成果，自行设计品牌标志，并广泛地向社会各界征集方案，主要的方式包括社会征集、公开招标、咨询专家、指定机构或个人设计等。②将展会品牌定位、展会主题、服务理念等信息交予品牌标志设计者，并按照规定进行设计。

3）评估筛选阶段。评估筛选阶段主要是从收集到的各个品牌标志中选择最佳方案。需要解决的主要问题是：①对设计出来的品牌标志进行评估和排序，可以咨询品牌设计机构或者知名参展商等，确定出几个优秀备选方案。②将备选方案投放市场测验，调研目标受众对其的态度，确定该标志是否具有识别性、区分性，并根据结果对选定的品牌标志进行改善。

3. 品牌口号

品牌口号作为品牌名称的延伸和补充，对品牌的传播起着重要的作用。品牌作为展会文化的主要载体和表现形式，需要向消费者传达许多含义，但是品牌名称和标志不一定能够清楚地阐述品牌的理念，所以需要品牌口号对其进行补充说明。一个朗朗上口的品牌口号有助于展会理念的传播，能够让参展商和观众快捷清晰地认识展会。但是品牌口号对于展会的发展也起到一定的制约作用。目前世界上品牌口号的研究大多认为，在品牌发展达到一定程度之后，品牌口号对于品牌发展的积极作用较小甚至起到副作用。有学者认为品牌口号的溢出效应对弱势品牌有利，对已经成熟的品牌不利。

品牌本身蕴含着复杂的展会文化，有时试图对其进行浅显、直白的阐述，反而对品牌的延伸和发展起到副作用。但是合理运用品牌口号对发展中的品牌而言确实是一个不可或缺的手段。

会展行业作为一个急速变化的行业，在发展的过程中会不断地有新理念融入品牌文化之中。因此展会在设计品牌口号时，既要通俗地表达清楚展会品牌内涵，又要避免对展会的描述性太强，使参展商和观众形成刻板印象，以至于在品牌发展时，客户对展会理念的变化有抵触心理或不信任感。

三、品牌形象的隐性构建

如果把品牌比作一棵参天大树，那么品牌的显性部分就是它的树干和枝叶，而品牌的隐性部分便是它的根。没有内涵的品牌如同无本之木，空有一身繁茂的枝叶却难以持久生长，一个只靠营销手段支撑起来的展会品牌最终也只能在市场残酷的竞争中被淘汰。品牌的名称、标志和口号只是品牌精神与文化的有形载体，真正形成品牌差异性的元素，是内在品牌特性。当品牌被赋予了人格化特性后，品牌就超越了展会本身，成为区别于同类竞争者的有力武器。

但是，品牌的隐性构建并不是一蹴而就的，它高度依赖于品牌与客户的互动，并伴随展会的发展而不断完善，也会随着市场的变动做出合理的调整。

1. 品牌目标

品牌目标是组展方在实施品牌战略的过程中，在品牌定位的领域开展经营活动的预期成果和期望。它既是品牌管理者所预期的品牌形成时的理想状态，又是用于衡量品牌建设工作的重要标尺。因此，实行品牌战略，首先应当制定品牌目标，它是立足于组展方能力和市场需求的，为组展方制定的发展任务。

展会品牌目标是品牌发展方向的具体化和定量化表现，包括展会服务水平、展会市场占有率、行业影响力、品牌美誉度等。品牌目标并不是一成不变的，组展方出于战略考虑，会制定过渡性目标；或出于营销目的，为了扩大展会影响力，组展方会为品牌制定远大的目标作为终极目标。在制定品牌目标时，策划人员应该对自身资金、人力、技术等资源做出合理评估，如果组展方在某一方面比较欠缺，阻碍品牌目标的实现，可考虑暂时调整目标以适应资源，为进一步实现品牌的终极目标做铺垫。

同时需要注意品牌目标制定的合理性，过低的展会品牌目标将削弱团队员工的积极性，抑制展会品牌的可持续发展，甚至影响品牌形象，降低参展商和客户对该展会品牌的评价与认可度。如果品牌目标制定得过高，则导致对展会的运营管理缺乏指导意义，同时不利于工作人员的理解与任务执行。品牌目标实则是对各个利益相关方的承诺，因此组展方应尽最大的努力兑现这一承诺，满足参展商及观众基于品牌信赖而产生的各种展会期望。否则，将会破坏展会品牌声誉。

2. 服务理念

对于服务业来说，品牌的隐性部分还包括服务理念。会展业作为现代服务业的重要组成部分，展会品牌建设过程中自然少不了服务理念的融入。展会的品牌价值主要通过向参展商及观众等与会者提供服务来实现，服务理念就好比产品质量，是展会利益相关方最关心的问题。值得注意的是，会展行业除了具有一般现代服务业的特征外，还具有明显的商业服务性质，即各个利益相关方更注重展会服务的专业性。因此，就要求组展方具有完善的管理体系、专业的策划和管理人才以及提供舒适、便利的参展体验。同时还要求组展方对该行业趋势拥有准确的把握，涵盖产业内的新技术、新产品。只有将这种具有行业特质的专业性融入展会服务理念当中，外化为展会工作人员的现场服务行为和精神风貌，才能够形成具有差异性的服务供给，使展会在品牌竞争当中脱颖而出。

3. 品牌个性

品牌个性是展会品牌名称、标志、展会服务及其他产品属性在客户心中构成的综合形象以及客户对品牌的主观评价。展会品牌个性也是客户对展会品牌联想的综合感知，包括对展会产品、设施等有形部分，也包括对展会服务、氛围等无形要素所构成的一个总体集合，它们之间的相互关系会被客户陆续地回想起来。

品牌形象实际上是展会产品质量的一部分。它的建立对于展会项目而言，并不只局限于营销的作用。展会作为一个多方利益共享的平台，良好的品牌形象将吸引更多客户加入平台当中，为平台带来正向效应，引起其他各方成员数量的增加，从而引发乘数效应，为平台带来巨大效益。

第四节　会展品牌传播

所谓"产品贵在质量，品牌重在传播"，对于已经建立的品牌形象，需要选择有效的渠道广而播之，以品牌形象为载体将展会的品牌理念和品牌文化精准、有效地传递到展会参与方当中，才是真正完成品牌建设的全过程。本节将主要介绍展会品牌传播的意义，阐述不同传播工具的特点，并对品牌实行进一步的营销策划，以提高品牌的知名度和认可度。

一、展会品牌传播的意义

品牌推广是指组展方把自身品牌形象展现在社会公众或目标顾客面前，并让他们接受和理解该品牌，最终达成销售品牌产品目标的过程。展会品牌推广则是指展会品牌拥有者以人员渠道、媒体渠道、电子渠道等方式，让参展商和观众了解该展会的属性、理念等要素，以促成展会产品交易并培养忠诚客户的过程。

组展方进行展会品牌推广主要有三个目的：①在公众面前树立良好的展会形象，提高品牌知名度、美誉度和增强差异化竞争优势。②开发新客户，促进展会销售，提高市场份额。③维系老客户，提高客户对展会品牌的忠诚度。

品牌传播与产品营销类似，都是借助外界渠道，让目标受众了解和认可自身属性和价值。但产品营销注重营销手段对销量的影响，以促进销售为主要目的，而品牌传播应该是一项扎实稳健的工作，它注重是否把品牌信息高效传播至目标受众，并获得其认可。因此在品牌传播过程中，需要尊重品牌个性及文化，传播内容要与品牌形象相一致。

二、展会品牌传播的媒体选择

品牌传播的媒体是在展会和目标参展商、观众之间搭建的一座桥梁。成功的传播组合，能够建立起展会品牌与各个利益相关方的互动关系，最大限度地提高展会品牌的影响力和号召力，并强化展会品牌在目标受众心中的价值和地位。展会品牌传播是一项系统性的工作，其传播方式一般包括广告宣传、人员传播、公共关系传播等手段。一般而言，展会策划人员需要根据展会品牌宣传进度和阶段性特征，以可以最大限度调用的媒体为主，综合使用各种不同的传播工具。

1. 广告宣传

广告宣传是最常见的品牌传播手段。美国市场营销协会是这样给广告下定义的：广告是广告主通过付费的方式，采用非人际的传播形式对观念、商品及劳务进行介绍、宣传的活动。展会广告宣传的主要载体包括平面印刷品、网络、电视、广播、户外广告等，它已超越告知型的展会信息传递，而更加注重品牌情感、品牌个性等因素的传播。广告传播作为组展方长久以来依赖的传播方式，无论在展会营销还是品牌塑造方面都具有重要作用。

（1）强化需求功能。一个展会品牌的建立，有时是建立在已有市场上，有时是发现了新的市场需求，并根据新需求创建品牌。无论是已有市场还是新市场的品牌构建，在传播过程中，强化顾客对于该品牌定位的需求都是至关重要的。有时客户的需求是难以觉察的，这就需要广告宣传来建立和强化品牌和客户需求之间的联系。

（2）说服功能。说服功能是广告宣传的第二大功能。广告传播具有传播范围广、密度高、重复性强等特点，向客户传递品牌价值，有利于把参展商及观众的参展动机转化为实际行动，把潜在客户转化为有效客户。

（3）提示功能。广告传播还具有提示功能。在展会品牌建立初期，客户还没有形成稳定的参展习惯，展会的品牌忠诚度和客户黏性尚未真正形成，而广告宣传正好可以在展会前后提醒客户的内在需求，引起客户进行品牌联想，起到巩固展会品牌形象的作用，从而培养客户忠诚度。

2. 人员传播

人员传播，是指通过人员沟通的方式进行精准的品牌传播的过程。与广告传播不同，人员传播一般是为了改变客户的行为习惯，有针对性地引导参展商、观众或其他利益相关方放弃另一个展会而选择该展会的过程。

展会目标客户数量相对有限，而且往往集中在一定区域或者一个行业之内，有一定的聚集性，且一般拥有较多的共同点，个体之间联系密切，具有一定的联动效应。因此通过人员传播的方式进行品牌营销，能够保证传播的针对性、有效性和便利性。但需要注意的是，人员传播涉及传播者和接受者的沟通和理解程度的问题，传播效果具有一定的不确定性。同时，展会品牌传播的受众是企业而非个人，因此进行人员传播时，还需要确认传播内容能够准确地传达给企业决策者，影响其决策行为。

由于展会品牌的文化与精神是无形的，它更多的时候需要在工作人员与客户沟通交往的过程中表现和传达，特别是在广告宣传成本快速提高、广告竞争愈发激烈的今天，人员传播不失为一个更加精准的传播方式。

3. 公关传播

展会公共关系传播主要指组展方为改善展会与社会公众的关系，促进公众对组展方以及展会品牌的认识、理解及支持，树立良好的展会形象，促进展会销售而实施的一系列活动。

展会公共关系管理的对象不是展会产品、组展方内部资金资源、技术或展会销售网络等有形的资产，而是展会信息资源、客户关系、媒体舆论、展会形象等无形资产；它所依赖的管理手段不是技术、经济、行政或法律，而是现代信息社会的传播沟通手段；它的管理目标不是直接提升展会规模、促进展位销售、赚取利润，而是通过调整组展方、展会与社会公众之间的关系从而优化展会的生存环境，提升展会的无形资产价值从而使组展方的整体资产增值。可以说，公共关系传播是品牌传播的成熟手段，一般在展会占据一定目标市场份额和展会品牌得到行业的普遍认识和认可之后，展会品牌拥有者可通过公共关系传播寻求品牌价值的进一步延伸，加强与展会各个利益相关方的公共关系，以获得更大范围的市场认可。

然而，由于我国会展业起步相对较晚，且早期展会以政府主导为主，因此对展会公共关系传播的关注较少，在实际操作当中，仍存在部分误区。展会策划人员在进行品牌传播时，需要格外注意相关误区，才能使公关传播的作用得以充分发挥。展会公关传播的误区主要有以下几类：

（1）展会主体不明确。当前我国会展行业当中，有一部分展会仍由多个组织联合举办。若多个合作方的关系出现相互重合、交叉甚至冲突，将导致在进行公共关系传播的过程中，目标受众对展会主体的认识与评估出现偏差。因此，展会品牌拥有者在进行公共关系传播前，首先需要厘清各个举办方之间的关系。对于展会平台上的各个参与方，包括参展商、观众、媒体、服务方和协助方等，其分工、职责、权利和义务都需要得到明确，这样才能够更准确地区分不同展会参与方的利益关注点，使其以更积极的态度接受组展方的各类公关活动。

（2）错把"民众"当"公众"。展会品牌公关的另一大误区是错把"民众"当"公众"。展会品牌传播不同于展会宣传，其传播目标并非社会大众，而是使展会品牌得到各个利益相关方的认可和信赖。因此，展会品牌公关活动需要始终服务于展会的品牌建设，避免一味追求活动现场的人气和轰动效应，产生"营销近视症"。成功的公关活动应当立足于目标受众的需求，通过一系列的活动，全方位、精准、形象地向其传递展会的品牌价值，以获得新客户的肯定，提高旧客户的忠诚度。

（3）公关主题不明显，不能达到效果。一切的品牌公关活动应该与品牌形象定位相符合。公关活动应始终为品牌传播服务，在品牌公关的过程中，应尽量凸显品牌个性。公关并不是对展会的产品、服务、效用等与其他竞争对手相同的属性加以说明，而是吸引客户关注品牌个性、品牌影响力以及品牌主题的差异性等。

为了提高展会品牌传播效率，展会策划人员应在进行媒体传播前，了解哪些传播渠道更容易为目标客户所接受，并根据展会品牌营销进度，有选择性地对各类传播媒体进行有机组合。但传播方案必须按照"一种声音、一个形象"执行，立足于品牌定位，向目标受众传达清晰、一致的品牌资讯，使之发挥最大的传播作用，塑造、维持和提升品牌形象。品牌的传播是一个繁杂而漫长的过程，它与展会营销密不可分，相互依存。本节只对展会品牌营销相关理论进行简要论述，有关展会营销策划内容将在第八章中进行更加详细的探讨。

三、展会品牌营销策划

在对品牌传播的渠道选择有了一定了解后，展会策划人员需要对品牌的营销工作进行系统、完善的规划与统筹。

1. 展会品牌营销的概念

展会品牌营销，是指以市场营销的观念经营展会，把展会优秀的品牌形象展示给参展商、观众及其他客户，使其对展会品牌产生并且保持持久好感的一种展会经营策略。展会组展方若希望在激烈的市场竞争中脱颖而出，除了要有良好的展会产品和服务外，还需要打造和发展自己的展会品牌，并形成一定的品牌资产积累。

展会品牌资产，是指向展会项目及其服务赋予的附加价值。它主要反映在展会参与方对展会品牌的思考、感受和在展会中的行为方式上，同时也反映在展位价格、所占市场份额以及盈利能力上。展会品牌资产主要包括品牌知名度、品质认知、品牌联想、品牌忠诚度四大核心积累。通过资产积累，展会将能够获得目标参展商和观众更广泛的认可和信赖，并在该题材市场中占据领导地位。

2. 展会品牌营销的优势

对于一个强势品牌展会，其品牌资产优势是明显的，主要体现在组展方自身、展会各利益相关方以及营销活动自身三个方面。

对于组展方而言，优秀的展会品牌有助于提高展会的知名度、美誉度和客户忠诚度；有助于抵抗竞争性营销行为和营销危机的影响；有助于组展方树立良好的形象；品牌理念的内化将有助于提高组展方内部的文化建设；展会各个参与方对于展会品牌的认可和信任也将会转化为更高的经济效益，为品牌资产的进一步积累奠定基础。

对于展会的各个利益相关方而言，强势的展会品牌往往代表着更优质的展会产品和服务。展会能够为参展商提供更加舒适、高效的参展体验，更专业、高质量的观众群体，更有效的商务洽谈渠道；能够为观众提供更前沿、优质的产品展示，更全面的行业信息，更丰富的展会活动；能够为媒体提供更多行业动态和焦点信息；能够与相关协助方、服务方达成更通达、共赢的合作关系。从而能够使这些参与者获得更多让渡价值，产生由展会品牌带来的更大的心理满足感。

对于营销活动本身而言，强势的品牌则往往能够提升营销传播的有效性。

3. 展会品牌营销策略

在具体的展会品牌营销过程中，组展方需要根据品牌定位，相应采取不同的品牌营销策略，从而为展会的持续发展提供保障。

（1）统一品牌策略。统一品牌策略是指组展方将其经营的所有展会均使用同一品牌的策略。使用统一品牌策略，有利于建立"展会识别系统"。这种策略可以使推广新展会的成本降低，节省广告营销费用。如果组展方本身以及原有展会声誉甚佳，新项目销售必将强劲，利用统一品牌是最简便的方法。采用这种策略要求组展方必须对新、旧展会项目的质量严格控制，以维护品牌声誉。

（2）扩展品牌策略。扩展品牌策略是指组展方利用目前已有一定知名度的展会品牌，推出改进型项目或新项目。采用这种策略，既能节省推广费用，又能迅速打开新的展会市场。这种策略的实施有一个前提，即原有的品牌在市场上已有较高的声誉，扩展的展会也必须是与之相适应的优良项目。否则，将会影响展会的销售或降低既有品牌的声誉。

（3）品牌创新策略。品牌创新策略是指组展方通过改进或合并原有展会品牌，设立新的展会品牌的策略。展会品牌创新有两种方式：一是渐变，即新展会品牌与旧品牌形象和题材接近，只是随着市场的发展而逐步改变旧品牌内涵，以适应所在行业的市场变化。这种方式花费少，又可保持原有的商誉，但花费时间相对较长，客户对创新感知度相对较低；二是突变，舍弃原有品牌，采用全新设计的品牌。这种方式能引起客户的兴趣，但需要大量广告费用支持新品牌的宣传。

第五节　会展品牌发展

在进行品牌建设和传播工作后，有关展会品牌策划工作并非就此完成。一个品牌的可持续发展，依赖于组展方对展会品牌长期的关注与管理。展会的周期性导致其品牌呈现螺旋式上升发展的趋势，因此展会策划人员除了进行展会品牌的定位和初期建设外，还需要根据品牌发展的阶段性特点，对品牌的进一步发展进行思考和策划。本节将介绍几种品牌发展策略，供策划人员参考。

一、展会品牌维护意义

品牌的构建是一项持续性的工作，很多品牌拥有者认为完成了品牌定位、品牌设计与品牌传播等工作就形成了一个稳定的品牌资产，便可以"一劳永逸"，坐享品牌资产带来的收益。实际上，品牌的建设并不止步于品牌被市场接受和认可，品牌的持续性运营才是"王道"，要想让品牌持久地为企业带来效益，品牌拥有者就必须做好品牌维护工作。

当前，许多产业都经历着迅猛发展的阶段，这为该行业当中的展会带来了众多的机遇和挑战。展会要想顺应行业发展的潮流，不被市场淘汰，就必须做好品牌维护的工作，让展会品牌与时俱进，不断地为品牌注入新的生命力。品牌维护对展会的长远发展来说，任重而道远。

1. 防止品牌老化

展会处于某一特定的行业当中，且具有一定的周期性，这往往容易导致展会执行团队内部形成相对固定的策划与运营模式，致使服务僵化。然而行业的发展却是日新月异的，其市场格局在不断地变化，其领导者的更迭、行业热点的兴起、行业趋势的转变都在影响着客户对展会品牌需求的变化。所谓"逆水行舟，不进则退"，倘若展会策划人员未能及时掌握行业最新动态，并相应地对品牌形象进行升级和创新，展会品牌将落后于行业发展的大潮，品牌形象老化，最终导致忠诚客户流失。

展会策划人员就是联系展会及其所在行业的"信使"，在立足展会现状的同时，需要时刻关注展会所在行业的最新发展趋势，并将其融入展会的策划与品牌管理当中，这样才能不断为展会注入新的生命力，保持品牌的市场地位。

2. 抵抗竞争压力

竞争者对展会品牌的发展有着巨大的影响。根据波特五力模型（见图7-4），潜在进入者的威胁、替代品的威胁和现存竞争者的威胁都给展会带来竞争压力。同时，没有竞争作为动力，组展方也往往懈怠于寻找新的发展出路。因此，有效的竞争既可以促进展会服务优化，也可以提高组展方的综合实力。在抵抗竞争者的威胁时，组展方往往会适时调节竞争手段，从而不断优化自身产品和品牌。

当前会展业发展迅猛，不同地区、不同行业的展会如雨后春笋，竞争激烈。在部分发展较为成熟的行业，其相应的专业展会已逐渐形成垄断格局，同时也存在不少"搭便车"办展的中小型竞争者。因此品牌拥有者一方面需要识别潜在竞争者，不断提升自身品牌影响力；另一方面对于各种恶性竞争，需要善于拿起法律武器，维护自己的品牌利益。

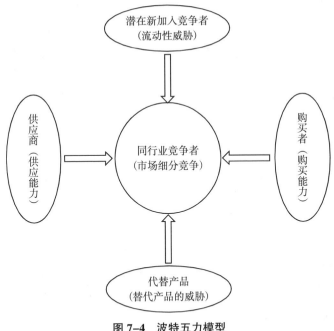

图 7-4 波特五力模型

3. 有效化解危机

会展产业是一个影响力巨大的产业，备受媒体和公众关注。但是，这种广泛的社会关注在提升展会影响力和拓展覆盖面的同时，也带来了风险。做好品牌维护工作，能够保持客户对品牌的信赖和黏性，对于突如其来的展会危机，组展方可以利用品牌资产的积累，换取客户对展会价值的信任，从而有效地化解公关危机。

二、展会品牌维护渠道

展会品牌的维护工作逐渐受到品牌拥有者的重视，在具体执行当中，主要依靠组展方内部的经营维护和外部法律维护、公关维护等途径。

1. 经营维护

经营维护主要指组展方内部对品牌的维护工作。一方面，针对服务异质性的特点，可建立统一的服务标准，并定期向工作人员提供服务培训，以减少服务的不稳定性对展会品牌的损害；另一方面，展会策划人员需要定期对展会相关利益方的参展体验及品牌认知进行调研和评估，及时了解客户需求，紧跟时代的步伐，把握行业最新趋势和潮流，更新服务种类和服务方式，提升产品和服务质量。只有展会产品和服务足够优秀，品牌才能长青。

2. 法律维护

法律维护是指组展方采取法律手段维护品牌资产，以防出现侵权现象。运营维护是组展方通过自身努力不断地提升服务质量和品牌形象以促进品牌成长，而法律维护则是依靠外部力量帮助品牌抵抗恶性竞争。如果说运营维护是增强品牌的生命力，那么法律维护便是增强品牌的抵抗力。两者相辅相成，共同维护展会的品牌资产。

但目前我国关于会展行业的法律法规尚未健全，行业当中仍存在部分恶性竞争与侵权行为，如"搭便车"办展、倒卖展位、哄抬展位价格等。展会策划人员应该具有敏锐的触觉以识别来自行业当中的恶性竞争，同时善于运用目前已有的行业法律法规，保护品牌权益。

3. 公关维护

组展方还需要善于通过各种渠道加强与参展商、观众及其他利益相关方的沟通，培养客户的品牌忠诚度。同时做好客户资源积累，善于收集客户信息，建立参展商和观众的信息数据库，与各利益方建立长远、稳定的合作关系。

三、展会品牌延伸发展

品牌延伸是组展方利用成熟的展会品牌获取品牌收益的一种手段。品牌作为一种重要的无形资产，可以为组展方带来有形和无形的收益，品牌延伸就是对于品牌这一无形资产的重要运用。

1. 展会品牌延伸的概述

品牌延伸是指组展方利用在某一领域已经具有相当影响力的展会品牌，进入相近的产品领域，从而以较低的成本较快地进入目标市场的战略性手段。品牌延伸并非只是简单借用已经存在的展会名称，而是对整个品牌资产的策略性使用。展会品牌延伸策略可以使新产品借助成功品牌的市场信誉在节省营销费用的情况下顺利地进入市场。

在品牌拥有者看来，品牌延伸扩展了展会产品组合的宽度和产品深度；但是对于客户而言，品牌延伸是品牌形象的分散，他们往往会把原有的品牌认识叠加到新项目上，同时也会把对新项目的印象融入原有品牌形象当中。品牌延伸实则是对客户品牌情感的利用，如果新项目与原有品牌的形象差异过大，往往会影响原有品牌的可辨识度。

当展会品牌在某一市场上拥有足够大的影响力，而且相关市场具有供给空缺时，就可以实行品牌延伸策略。展会品牌的延伸方式有很多种，可以根据目标产业的产业链延伸，比如汽车展，可以向上延伸至汽车零配件展，向下延伸至汽车维护、保养展等；也可以向目标产业的替代品和互补品市场进军，比如汽车展向电动汽车展转型，家具展延伸至电器展等；还可以在展会功能上延伸，比如消费展向贸易展转型——广交会的转型就是一个成功的品牌延伸案例。

2. 展会品牌延伸的影响因素

在进行品牌延伸时，组展方需要考虑相关影响因素，包括原有的展会品牌是否足够强势，是否能够吸引和带动客户进入新的展会品牌进行尝试，延伸市场与原有市场的相似性以及新项目的发展潜力等。

（1）原品牌本身是强势品牌。品牌延伸的前提是原品牌已经发展成熟。只有在行业中已有一定知名度和美誉度的品牌才能依靠自身的形象带动新项目强势进入市场。强势品牌一方面表现为展会项目具有较高的质量、认知度、客户忠诚度和积极、丰富的品牌联想；另一方面表现为由品牌产生的光环效应和较强的影响力所产生的品牌扩展性。当品牌发展到一定程度，客户对其拥有足够的信任度和认可度时，客户就会产生品牌联想，并认为该品牌在行业同类型展会当中是优秀的。当品牌形象被大部分顾客认可时，新项目便可以借助该品牌适时进入新市场。

（2）延伸市场与原市场具有相似性。品牌延伸策略对品牌的延伸方向也有所要求。品牌延伸的目标市场一般与原市场有极大的相似性或者客户群体有所重叠。因为品牌延伸的目的就是借助品牌影响力低成本、高效率地进入新市场，所以在推行品牌延伸策略时，要挑选与原业务相似度高的市场进行延伸。这样才能最大化地利用客户品牌联想，让参展商和观众尽快认同新项目，而且新项目在营销渠道、相关服务等方面也可以更好地利用原有项目的资源。

（3）新项目自身的成功。新项目的品质也是影响品牌延伸的重要因素。新项目自身的品质不但关系到品牌延伸的整体效果，更会对原有品牌带来一定影响。一旦品牌延伸成功，原有品牌的内涵将更加丰富，品牌美誉度进一步提高，但当新项目的品质受到客户质疑时，往往会影响客户对于原有品牌的感知与认可。所以在进行品牌推广策略时，要为新项目做好充分的准备，以保证不会拖累原品牌。

3. 展会品牌延伸的风险

尽管品牌延伸能够帮助组展方丰富展会内涵、使展会更加专业，增加展会活力，但同时亦存在一定的风险，包括对原有品牌的稀释、模糊原有品牌定位以及削弱原有品牌优势等。

（1）品牌稀释。在没有实行品牌延伸时，客户对于展会品牌的形象是清晰的，客户对其具有强烈的认知感，项目和品牌之间的联系是密切的。而对品牌进行延伸时，客户往往对品牌的认知感会有所下降，当他们不再将品牌与展会联系起来，并开始较少联想到该品牌时，品牌稀释就发生了。倘若企业过分利用原有品牌，或新、旧品牌延伸跨度过大，将会淡化顾客对原有展会品牌核心理念的理解，使品牌忠诚度降低。所以，组展方在进行品牌延伸时，应当充分考虑品牌延伸跨度的合理性，尽快在原有品牌的支撑下建立新品牌，以减少新品牌对旧品牌的影响。

（2）影响品牌定位。每一个展会品牌在创建初期，都经过详细的定位分析。项目特性、品牌形象和服务水平在客户心中已处于既定位置。在实行品牌延伸策略时，新的展会项目在定位上常与既有展会有所差异，倘若直接将原有品牌移植到新的展会项目当中，将会导致新项目的品牌定位游离于该项目的展会定位，同时亦将影响旧项目客户的价值认知。不恰当的品牌延伸会导致客户的困惑，引起客户对组展方品牌完整性的质疑，并对自身的参展选择感到不知所措。因此，在实施品牌延伸策略时，除了注意产品跨度不能过大外，还要考虑到新项目所服务的客户群体对品牌定位的影响。成熟的组展方在进入不同的细分市场时，往往建立新的子品牌，而不采取品牌延伸策略，就是考虑到品牌延伸会影响到原品牌的定位。

（3）风险共担。由于品牌延伸是把新的展会项目和原有项目的品牌连接起来，在共享品牌红利的同时，也要共同承担风险。当延伸项目失败时，往往影响客户对原有品牌的印象，原有品牌所积累的知名度、品质认知、品牌联想以及品牌忠诚度都将被稀释，且这种影响是不可逆的。因此，在进行品牌延伸前，组展方应充分做好新项目的市场调研，论证新项目的可行性和市场认可度，同时对原有品牌的抗风险能力进行评估，做好品牌危机应对方案，以最大限度降低新项目的失败对原有品牌带来的风险。

（4）"跷跷板效应"。"跷跷板效应"是由艾·里斯提出的，他指出：一个名称不能代表两个完全不同的产品，当一种产品的销售业绩上来时，另一种就要下去。具体而言，当组展方实行品牌延伸策略时，新项目的成功可能是以旧项目的衰败为代价的，因为延伸展会项目的市场本身与原市场有一定的重叠，有一部分原有项目的客户资源向新项目转移，为新项目带来盈利，这意味着新项目在一定程度上对原有项目有所蚕食。当然，客户在品牌内不同项目的转换不一定是坏事——这是一种先发制人的蚕食形式。换而言之，如果没有延伸项目，客户资源有可能转向其他的竞争品牌而非延伸品牌。

四、展会品牌国际化

当品牌展会发展到一定规模时，举办地的行业规模、行业辐射能力以及举办地展览硬件设施往往束缚了展会的进一步发展。此时，组展方需要考虑展会品牌的国际化移植问题。展会品牌的国际化发展并非将展会项目简单地复制到海外，而是根据海外相关行业的发展特点，将展会品牌理念、内涵与目标移植地的政治、经济、文化特点进行融合，最终促成新项目的落地。

品牌国际化又称品牌全球化，是指将已经发展成熟的品牌向不同国家、区域扩张以实现规模效益的品牌策略。广义上而言，会展品牌国际化一方面指利用已有品牌的影响力，将原有的展会项目移植到国外举办；另一方面是指在国际上宣传品牌形象，从世界各国和地区吸引参展商、观众以及其他展会参与者。

1. 品牌国际化的意义

展会品牌的国际化发展不但能够为组展方带来更多的经营利润，分散经营风险，同时还能够促使展会形成竞争优势，最终实现规模经济。

（1）为组展方带来更多利润。创造更多的利润是组展方实行品牌国际化的直接目的。品牌的国际化策略能够为展会带来更多潜在客户。当展会在原有市场的份额已经接近饱和时，可以尝试进入国际市场，赢得更广阔的发展舞台。

（2）分散经营风险。由于各国经济发展步伐、技术手段等方面有着一定的差距，所以产业生命周期也不尽相同。积极地开拓国际市场，既可以降低因国内经济周期性衰退给展会带来的系统风险，也可以通过国内与国际不同项目的组合，调节组展方在不同地区资源投入比例以分散组展方的经营风险，使经营效益最大化。

（3）形成竞争优势。实现品牌国际化也是展会的一种竞争手段，品牌国际化可以为组展方带来更多的利润和更大的品牌影响力，提高对竞争对手的抵御能力。品牌国际化也是展会抢占市场份额的方法，市场扩张所带来的额外收益将促使展会在本土市场竞争当中处于有利地位，国际化的客户资源也将为展会带来新的活力。

（4）实现规模经济。品牌国际化为展会带来巨大的市场空间，使展会的目标市场得以扩充，实现规模效应，同时降低平均成本。当展会品牌得到充分发展后，团队策划及管理能力亦相对成熟，可以利用品牌国际化的契机，扩大团队规模，从而带动展会向更高层次发展。

2. 展会品牌国际化的障碍

与其他品牌发展策略一样，展会品牌国际化尽管能够快速提升展会规格，但在品牌国际化的过程当中，亦将受到展会举办地的社会文化、政治环境的影响以及当地竞争者的抵抗，为展会国际化带来一定的阻碍。

（1）社会文化环境不同。社会文化环境是指展会举办地的社会结构、文化风俗和习惯、信仰和价值观念、行为规范、生活方式、人口规模与地理分布等因素的形成和变动，它是人们在特定环境中长时间生活而自然形成的。社会文化环境决定着当地居民的生活和消费习惯，在品牌移植的过程中，接受者不同的思维方式往往会对品牌产生不一样的感知。如果在展会品牌国际化移植时，未能深入了解当地社会的文化习惯，很可能使品牌的进入受阻。因此，组展方在进入其他国家时一般要与当地政府或者其他组织合作，根据当地相关行业的实际情况与目标客户的决策和行为习惯，制定相应的品牌营销计划，使展会品牌更好地适应当地环境，为目标客户所接受。

（2）政治环境。不同国家和地区有着不同的政治文化环境，其法律体系亦有所差异。政治环境的差异使得组展方在制定品牌营销策略、实施展会项目管理等方面受到限制。特别是展会往往涉及很多商业交易业务，相关的通关、报关以及商业法律程序都有所差异。因此，展会策划人员需要做好相关准备工作，重新梳理策划及执行工作的流程，以便持续为参展商及观众提供便捷、通达的展会服务，以维持原有的展会品牌形象。

（3）国外竞争者的抵抗。品牌国际化的一大阻碍是当地企业的竞争，而且在竞争当中，往往当地企业存在本土优势，无论在顾客资源、社会公关还是政策倾向等方面，相对于跨国企业来说都有着绝对优势。因此，在进入新的国际市场前，组展方需要做好当地展会市场的研究与评估，结合自身已有的资源，有选择地进入缝隙市场，以提高品牌移植的成功率。亦可与当地的强势办展机构合作，借助其在当地的资源优势，强强联手，成为该行业展会中的寡头。

实务分析

首届广东（广州）高校设计交流展（CUDI）
展会品牌策划

一、展会品牌显性构建

1. 品牌名称

广东（广州）高校设计交流展。

2. 品牌标志

品牌标志见图7-5。

图7-5 首届广东（广州）高校设计交流展（CUDI）LOGO

3. 展会口号

设计,添彩生活。

4. 展会证件

展会证件见图 7-6。

图 7-6 首届广东(广州)高校设计交流展(CUDI)证件

5. 展会会刊

展会会刊封面见图 7-7。

图 7-7 首届广东(广州)高校设计交流展(CUDI)会刊封面

6. 展会现场指示标志

展会现场指示标志见图7-8。

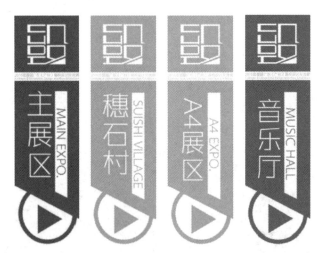

图7-8 首届广东（广州）高校设计交流展（CUDI）现场指示标志

二、展会品牌隐性构建

1. 展会理念

随着中国经济的不断发展，人们的生活水平不断提升，对于衣食住行的要求亦相应提高，大至城市规划、建筑设计，小至衣服鞋帽的设计都彰显着人们对于个性、格调与品位的追求——而这都需要良好的设计理念作为支撑。可见，设计在人们的生活中扮演着越来越重要的角色。但目前市场需求与高校人才供给仍存在信息不对称现象，两者尚未得到良好的对接。因此举办高校设计交流展，通过学生、企业单位、工作室等的设计及文化展示，传播先进设计理念，有利于实现市场与设计人才的无缝对接，从而促使设计行业更好、更快地发展。

2. 展会特色

（1）地域独特展会。首届广东（广州）高校设计交流展本身就是一个很大的特色，广东省内尚未有其他同类展会，展会独一无二，市场潜力大，加上设计行业的快速发展，具有很强的可行性，形成本展会独特的核心竞争力。

（2）把握设计行业趋势。展会以广东省内一流高校的设计专业以及市场中具有丰富实践经验的各类设计相关企业作为目标参展商及观众，充分彰显展会在设计行业的前沿性和领先性。站在市场前沿，能够有效把握当前设计行业前沿发展趋势，对于塑造展会品牌具有重要的促进作用。

（3）优秀生源供应与公司、工作室需求无缝对接。本届交流展将邀请广东省内一流高校设计相关专业的优秀学生、顶尖设计公司及其他需要设计人才的企业、独立工作室、组织团体以及行业协会等前来参加，致力于实现省内一流高校设计专业优秀生源供应与单位公司、工作室设计人才需求的无缝对接。

资料来源：陈浩然，代璐，段青，沈聪.《2015年首届广东（广州）高校设计交流展（CUDI）策划书》，（2012级会展策划大赛优秀团队策划方案），2013.

思 考 与 展 望

经过本章的学习，会展策划人员需要对品牌战略对于会展行业的意义以及会展行业该如何运用品牌战略有基本的认识。会展行业作为一种典型的文化产业，其文化属性决定了它对展会品牌的依赖性。因此展会品牌的成长和创新是组展方发展不可或缺的一大助力。

品牌战略在会展行业中的应用不仅局限于此，会展品牌战略的作用以及在行业实际当中的运用需要一代又一代会展人不断地发掘，推陈出新，这样才能找到"源头活水"，使展会项目保持活力。

第八章　会展招展招商及活动策划

　　会展招展招商及活动策划是展会策划的重要内容，招展策划决定参展商规模、来源、特点；招商策划直接影响展会观众质量，对参展商的满意度带来间接影响；而展会活动作为参展商及观众相互传递信息、交流思想的重要平台，则将影响双方的参展效果。这三项工作的完成情况将决定展会平台的参与者结构、规模以及各利益相关方的相互作用效果。因此，本章首先介绍展会客户信息的基本来源及收集渠道；其次介绍招展及招商策划的基本构成与相关工作实务；最后对展会活动的类型及策划方案进行阐述（见图8-1）。

　　通过本章的学习，展会策划人员能够了解招展、招商及活动策划工作的基本要求与实务，此时展会平台的搭建已基本完成，各个利益相关方的价值网络将初步显现。

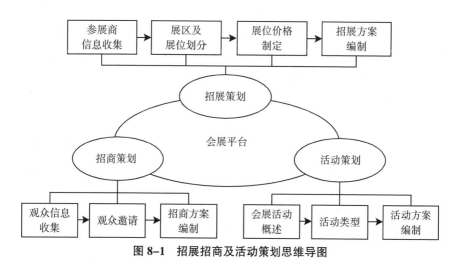

图8-1　招展招商及活动策划思维导图

第一节 会展招展策划

参展商是展会重要的参与方，参展商的数量和质量一定程度上反映了展会的成功程度。一定规模的参展商市场、具有行业代表性的参展企业更是展会提升自身档次并不断往前发展的动力。随着会展行业竞争进入白热化阶段，组展方需要主动开拓参展商市场，为参展商提供针对性的服务，此时具有吸引力的招展策划尤为重要。

一、参展商信息收集

了解参展商需求是进行展会招展策划的首要任务。而收集参展商信息资料，建立目标客户信息库则是进行广泛的市场调研，了解市场规模并制定相应的招展策划的基础。

1. 目标参展商信息来源

准确、及时的参展商消息以合理的信息来源为依据，因此组展方若希望提高数据的有效性和精准性，就需要寻找合理的信息收集渠道。一般而言，目标参展商信息的来源可以分为公开信息来源和非公开信息来源。

（1）公开信息来源。公开信息来源指面向公众的、开放的、可以通过公开渠道获取的信息资源载体，包括政府部门、专业网站、杂志、报纸、行业企业名录、行业协会和黄页等（见表8-1）。公开信息来源资源丰富，但部分信息的时效性、准确性和完整性存在一定差异，需要组展方进一步核查。

表 8-1　参展商公开信息来源

信息渠道	特点
政府主管部门	政府主管部门对相关行业内的企业进行管理登记注册和考察等，联系相对紧密，是重要的信息来源
专业网站	专业网站聚集大量企业会员信息，是获取企业信息的快速渠道
专业报纸、杂志	行业报纸、杂志把握行业前沿信息，与企业关系密切；同时杂志广告亦能在一定程度上反映企业信息
行业企业名录	部分行业拥有较完整的行业企业名录或行业内品牌企业综合排名名录等，可获取大量目标客户信息
行业协会	行业协会一般与本行业内的企业联系密切，掌握大量的企业信息，有一定的会员单位基础，可通过与行业协会合作共享企业信息
电话黄页	具有明显的地域性，对于特定地理区域范围内的业务尤为适用

（2）非公开信息来源。非公开信息来源指通过非官方媒体或渠道发布的信息资源载体，即通过正常的公开渠道无法查阅的信息。对组展方而言，非公开信息来源需要花费一定的成本，但它也是获取目标参展商信息的重要渠道，甚至能够获取企业独家消息（见表8–2）。

表8–2　参展商非公开信息来源

信息渠道	特点
往届展会	往届参展商信息是组展方的宝贵财富，亦是最真实可靠的内部参展商信息来源，有可能将参展商培育成忠诚客户
外国驻华机构	外国驻华机构一般会向该国企业推荐一批展会供其选择参与，因此外国驻华机构亦是企业信息的重要来源
同类展会	同类展会的参展商信息是组展方挖掘潜在客户的重要信息来源

2. 参展商数据收集原则

参展商的数据收集与分析是招展策划中重要的基础性工作。在计算机及网络技术日益成熟的今天，借助数据库技术可有效提高数据管理和运用效率。一个完整、可靠、适用性强的目标参展商数据库可帮助组展方及时挖掘参展商需求，制定符合市场需求的招展策划，同时提升客户关系管理水平，有利于展会的可持续发展。具体而言，参展商大数据库的建立需要符合以下原则：

（1）数据的数量要充足。数据的多寡决定了目标市场信息的完整程度。没有完整的、充足的信息，组展方将陷入"巧妇难为无米之炊"的困境，难以将招展策划投入实施。充足的目标参展商数据，有利于组展方从大量的数据整理、对比、分析中了解市场结构及其变化趋势。同时，庞大的目标参展商数据库能够作为组展方实施招展工作的基本依据，使招展覆盖范围更广、针对性更强、实施效率更高。

（2）数据信息需要真实可靠。在建立参展商数据库时，除需要注重数据信息的数量外，还需要尽量保证数据的真实性、准确性和完整性。在收集数据的过程中，需要对录入数据进行审核，去伪存真，及时补充或剔除不完整或重复的信息，避免不真实信息造成招展资源的浪费。

（3）数据层次科学合理。一个优质的数据库必须要包含完备的、层次合理的数据，即数据库需要包含来自不同地区、不同行业、不同规模、不同产品范围的参展商的信息。每一家参展商的资料中要包括具体的信息，应该有负责人、联系方式、展品类型、参展次数等。同时可根据不同的划分依据对繁杂的数据进行分类，分类规则需要科学、准确，便于组展方能够在短时间内在庞大的参展商数据库中找到所需数据，搜索结果尽量完备且不遗漏。

（4）数据要符合自身需要。目标参展商的数据收集并非是漫无目的的，应该以与办展主题相对应，或与相关行业内的企业为对象，以主要的展示内容为核心，进行上、下游产业链延伸，扩展目标参展商范围，通过有目标、有计划的数据收集，提高数据的实用性。

（5）数据需要及时更新。随着招展过程的推进，组展方需要对数据进行及时更新，根据实际情况增删补漏。在进行客户关系维护的过程中，亦可不断完善数据库信息，及时剔除退出行业的企业信息、补充新成立企业的信息、核实并更新企业联系人信息以便更好地与企业进行沟通与合作。

3. 建立目标参展商数据库的方法

目标参展商数据库的建立需要以目标为导向，在建立前需要明确使用目标，做好数据库前期规划，避免数据库正式投入使用后进行框架性修改所造成的时间和金钱的浪费。建立参展商数据库的具体步骤为：

（1）建立数据分类标准及框架。在建立目标参展商数据库前，需要明确数据库建立目标。对数据进行科学管理的前提是数据分类标准以及数据库整体框架的合理性。在搭建框架时，需要结合行业的特点与实际需求，囊括各类招展所需信息，同时参考行业产品特点，对数据进行相应分类，提高数据库的实用性和便利性。

（2）确定数据库基本字段。数据库一般以表格的形式出现，而基本字段是指表格中基本不变的项目，如"企业名称"、"地址"、"联系人姓名"等。基本字段是对数据库中每一栏信息的高度概括，为填表人提供清晰、便于理解的填表指引。若基本字段设置不合理，往往导致填表人误填、漏填，对数据库的后续应用造成不便。

（3）选择合适的软件。为了提高数据库使用的便利性，组展方需要根据数据量的多少、数据搜索的具体要求，选择相应的管理软件。对于数据量少、分类简单、安全保密要求低的展会，组展方可运用EXCEL等基本办公软件实现；对于部分数据量庞大、分类复杂、安全保密性要求高及其他行业特殊要求的数据库，则一般需要聘请专业的软件公司进行开发。

（4）录入目标参展商信息。录入参展商信息时，需要确保信息的准确性，避免出现错漏。同时，信息录入人员还需要承担信息分类的任务。这就要求该工作人员具有一定的行业专业知识，对展品分类有基本的认识和理解。为提高信息录入效率，可在开展信息录入工作前，对相关工作人员进行培训，统一统计口径，确保信息录入的有效性。

（5）数据库的更新与维护。对已录入的数据，组展方需要进行及时更新，同时做好软件的升级与维护工作。通过定期的维护，可以发现数据库在使用过程中存在的问题与漏洞，并及时予以修复，提高数据库的使用效率。

二、展区及展位划分

展区及展位的划分是招展策划的一项重要工作。展区一般根据场馆特点、展示产品的类型与特点进行划分，同时进行特装展位及标准展位的分配，对展馆整体布局进行规划。合理的展会分区能够改善参展商展品的展示效果，便于观众进行参观采购，提高参观效率；可以优化展会现场布局及形象；便于展会现场服务与管理工作的开展。

1. 展区划分原则

对展区进行合理的划分，不仅有利于展位的搭建和展品的摆放，也有利于观众的参观，优化观展体验，同时也是对参展商负责的表现，可以增强参展商的展出效果。合理的展区划分能够使人流井然有序，使现场服务和管理更加方便。对展区进行划分时，要遵循以下原则：

（1）主题展区划分清晰。组展方应根据展馆特点，将同类展品安排在同一区域内展出。在具体划分时，一方面，组展方需要兼顾不同展区的预计规模、展会各个细分主题的主次与吸引力、各类展品对展馆硬件条件的特殊要求等因素来划分展区，如一般将本次展会的核心展区设置于展馆显眼处；另一方面，根据展会活动策划特点亦可对部分展品或重点培育主题划分特殊区域进行展示，如对部分组团参展的国家和地区划分"国际馆""国际展区"，在贸易展览中划分"进口展区"等。按照主题类别对展区进行划分，使展会条理清晰、秩序井然，便于观众参观。

（2）现场服务管理便捷。展区的划分需要考虑现场服务和管理的便捷度。过于复杂、松散的展区划分将不利于组展方的现场管理，使现场观众产生困惑。同时，展区的划分需要充分利用展馆场地，合理布局，避免出现闲置的空白区域，造成场地浪费。

此外，展区在划分时不仅要合理分配各展区面积，还需要符合场馆的消防安全规定，展位设置不可阻挡消防安全通道、消防设施，同时应方便展位搭建及拆除，方便展品进出展馆。

（3）人流有序观展方便。展区规划时要考虑现场人流的因素，对于积聚人流的地方如论坛区、活动区以及部分大型展位等，需要预留合理的分流通道，避免出现拥挤。

此外还要考虑观众的观展喜好，对于核心展出区域或重点培育区域，可设置在展馆显眼处。为提高观众的参展效率，组展方可将相互关联的展品放在相邻展区内，合理的展区分布有利于分流观众，促成现场成交，提高客户满意度。

(4) 位置合理展示效果良好。展区划分往往与参展商展示效果具有密切关系。如特装展位与标准展位的分布需要相对独立，对于特装展位，组展方需要突出其新、奇、特的特点；而对于标准展位，组展方则需要通过抱团、提供统一展位形象的形式，提升标准展位展商的整体影响力。通过合理的展区搭配与规划，尽量减少展馆的"死角位"，使每一个参展商都能够充分展示其展品。

出于展馆整体布局考虑，组展方需要将重点参展商展位、主要主题展区设置在展馆的突出位置，以提升展会整体展示水平。

(5) 因地制宜统筹兼顾。在充分考虑参展商的展出效果后，组展方还需要对展位做出统一的规划。由于不同展位受方位、朝向以及周边相关展位的影响，展出效果仍存在一定的差异，组展方可通过调整不同展位的价格区间，来保障每一位参展商的利益。

在做好展区及展位划分后，组展方需要按比例将其绘制为展会平面图，图中需要清楚注明各展区的具体位置、主通道、展馆出入口、相关功能区与服务点以及展位开口方向等。展会平面图是重要的招展资料，绘制时需要做到准确、清晰、一目了然，关于展位的信息在图中需要如实反映，不得存在隐瞒、欺骗行为。

2. 展位分配原则

展位分配是参展商参展十分关注的重要环节。在展会中占据绝佳的位置，往往使参展效果事半功倍。

标准展位包括"双开口"和"单开口"两类。一般"双开口"标准展位处于转角位，有两个侧面位于通道上，接触并吸引观众进入展位参观的机会大于"单开口"展位。而特装展位亦根据开口朝向分为"半岛型"和"岛型"展位。"半岛型"展位主要指单开口、双开口或三开口展位，而"岛型"展位则主要指四面开口型展位。同理，一般而言，开口数量越多，参展商与观众接触的机会越多，也方便观众进入展位，同时更便于参展商打造独特的展位造型，吸引观众注意。但是，一场展会中位置优越的展位是有限的，因此组展方需要通过一系列的原则和方法合理分配展位。

(1) 公平原则。公平原则是展位分配的首要原则。公平原则强调组展方对所有参展企业需要一视同仁，不因为企业的规模、性质和地域的差异而在展位分配与展会服务上差别对待，如广交会在进行展位分配时，就遵守"对国有、非国有企业，对内资企业、外资企业一视同仁，不搞歧视"的公平原则。需要指出的是，公平原则并不意味着展位价格、展位分配的绝对"平均"，而是参展商获取展位的方式及相应的基本展会服务的公平性。

具体而言，组展方可通过以下方法实现公平原则（见表8-3）。

表 8-3　展位分配公平原则

方法	操作方法
先到先得法	按照参展商提交参展申请，或签订合约的先后次序依次挑选展位
抽签法	当无法判断参展顺序或产生矛盾无法调解时，可通过抽签决定先后次序
预定法	在展会后，鼓励参展企业提前预定下一届甚至往后几届展会的展位，提前预定展位的企业不仅可以优先挑选展位还可得到相应的价格优惠
竞标法	对于部分竞争激烈的优质展位，可通过竞标方式，价高者得

（2）实效评估原则。在兼顾公平原则的基础上，组展方还可以对参展商往届参展表现进行实效评估，对参展商的行业代表性、产品质量、参展信誉度等进行综合评估，在其他条件相同的情况下，得分高的企业一般可优先选择展位，如广交会会对往届表现突出和在国际上具有一定实力和知名度的参展商优先安排展位。

通过实效评估，可在一定程度上保障优质展位流向优秀的参展企业，有利于提升展会参展商整体水平，同时对于培养展会忠诚客户、增强客户黏性具有促进作用。

（3）公开透明原则。参展商获取展位的方式及上文提到的实效评估工作的操作方式需要公开透明，使参展商充分了解其参与要求、操作流程、评价标准和参与方式，确保展会的信誉度和权威。

（4）属地优先原则。属地优先即对某些属地的企业优先分配展位。它与公平原则属于同一问题的不同方面。组展方基于观众参观的需要以及大会整体布局的统一性，有可能对展会属地企业进行优先安排，比如广交会优先为展销广东省自产商品的企业安排展位。在实施属地优先原则时，组展方应向其他参展商充分解释属地优先的原因、标准以及具体操作方式，避免其他参展商对该方式产生误解甚至影响展会品牌信誉度。

三、展位价格制定

本书在第六章中已介绍展会的基本定价策略。展位定价是展会整体定价策略的重要组成部分，在展会整体定价策略以及具体计算方式指导下，组展方还需要制定具体的展位价格。

展位价格是影响参展商参展决策的重要因素，定价过高将阻碍参展商的参展积极性，影响招展工作的开展；定价过低则直接影响展会收入，减少展会盈利。组展方可运用不同的展位定价策略，制定相应的折扣优惠，以促进展位销售，保障展会招展工作的顺利进行。

1.展位定价原则

为平衡展会供求关系，以获得最大的展会效益，组展方需要对展位价格进行合理的制定。一般而言，组展方在制定展位价格时，需要从展会内部、行业外部以及目标客户特征三个方面进行考虑（见图8-2），遵循以下原则：

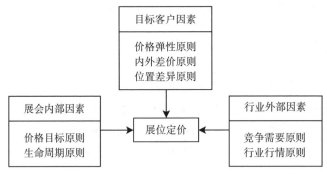

图8-2　展会定价原则

（1）价格弹性原则。价格弹性，是指当展位价格变动时，潜在参展商对展会的需求量相应变动的灵敏程度。对于价格敏感度较高的参展商，微小的价格变化幅度往往就会引起展位销售量的极大变化；而当参展商对价格敏感度不高时，展位价格变动对展位销售影响不大。对价格弹性较大的展会市场，组展方可适当采用降价促销、价格折扣等策略促进展位销售。

（2）内外差价原则。由于国内外参展商对展位定价的感知和敏感程度存在一定差异，且对于国外参展商，组展方需要提供大量的参展协助及指引服务，所以组展方可对国内外参展商制定不同的价格标准。一般而言，国外参展商展位价格高于国内参展商，相应地获得更多的展会服务及更优的展位区域。

（3）位置差异原则。展位具体位置的差别亦会影响定价。国内外展会对于不同位置展位的定价一般采取"优地优价"原则，即较好的展示位置一般定价较高，如"双开口"的标准展位一般定价高于"单开口"标准展位。四面开口的特装展位单位面积售价高于双面或三面开口的特装展位。

（4）价格目标原则。不同市场定位策略的展会其办展目标与表现不尽相同，定价目标亦相应有所差异。定价目标包括利润目标、市场份额目标、撇脂目标、质量优先目标和生存目标等。

1）利润目标主要指组展方以盈利为主要目标进行的展位定价。

2）市场份额目标指组展方以提升展会市场份额、扩大展会规模作为定价的目标。

3）撇脂目标指组展方尽量制定较高的价格，在行业尚未形成完全竞争市场前赚取较高的展会收入。

4）质量优先目标则是以向参展商提供优质的展会服务为目标进行的展位定价。

5）生存目标指组展方以在展会市场中立足，在激烈的竞争市场中获取生存空间为目标的定价方式。在此目标下进行的展位定价往往较低。

组展方需要针对不同的定价目标进行相应的招展定价。

（5）生命周期原则。每一个展会项目都有其发展的生命周期，包括培育、成长、成熟、衰退等阶段。在展会培育期，展会品牌知名度尚未建立，价格不宜过高，甚至需要一定的价格折扣来吸引参展商，开发新市场；在展会成长期，展会潜力逐渐显现，发展迅速，此时可以适当提高价格，吸引更多的高质量参展商；在展会成熟期，展会发展速度放缓，此时价格基本固定，以保持参展商的数量和质量；而当展会到了衰退期，展会吸引力大不如前，此时组展方往往通过降低展位价格以换取参展商的青睐。

（6）行业行情原则。展会制定展位价格时还要考虑展会题材所在行业现状。当整个行业或者经济处于比较消极状态时，企业普遍获利不足，此时展位定价应相对较低，以符合参展商心理价位。

（7）竞争需要原则。竞争需要原则即组展方需要充分考虑本行业中其他同类型展会的定价水平，结合展会自身定位、品牌知名度和信誉度等因素，综合制定展位价格，以保证展位定价的竞争优势。

特别地，上述展位定价原则并非是影响定价的唯一标准，各因素间常相互影响与制衡。组展方在进行展位定价时，需要结合展会的实际情况，综合考虑各因素的影响程度，以某一原则作为主导影响因素，辅助考虑其他因素，从而制定出符合展会特点的展位价格。

2. 展位价格折扣

在实际招展过程中，为促进展位销售，组展方有时需要向参展商提供一定的价格折扣，以吸引更多目标客户参展。展位价格折扣的制定与展会定位、营销策略和实际招展情况有密切关系，展会策划人员可参考以下折扣方式，综合制定相关折扣制度：

（1）统一折扣。所有参展商使用统一的折扣标准，即按照参展商参展面积的大小来计算优惠价格。参展面积越大，获得的折扣让利越多，且具有一定的折扣上限，超过该上限则不再拥有额外优惠。

（2）差别折扣。将价格折扣标准分成不同的类别，针对不同的标准执行不同的价格折扣。如对不同地区的参展商执行不同的价格折扣标准，或对不同展示类型的参展商予以不同的折扣优惠等。

（3）特别折扣。行业内的领头企业、品牌企业的参与往往能够提高展会吸引力和影响力，对展会品牌的建立具有重要作用。因此，组展方可对上述企业给予优惠的价格，以吸引其参与。

（4）位置折扣。展位在位置分布上具有一定的差异，其中难免出现部分"死角位"或人流较少的展位。为保证招展的整体性，组展方可对这部分展位给予较多的价格优惠，以吸引参展商选择这些展位。

3. 展位定价注意问题

展位定价是招展工作当中相对敏感的问题，它对于展位营销甚至展会的长远发展将产生重要影响。混乱的展位定价不但影响招展工作的开展，还影响参展商的参展信心，不利于展会品牌形象和客户忠诚度的建立。因此，展会策划人员在进行展位定价时，需要注意以下问题：

（1）严格执行展位定价及价格的折扣标准。展位定价及折扣标准一旦确定，招展团队的各个工作人员需要严格按照标准执行。对于不符合折扣标准的参展商，坚决不予以额外的价格优惠。混乱的展位定价和价格优惠既是对其他同类参展商的不尊重，也会影响展会的品牌公信力和权威性，对于培育客户忠诚度造成不良影响。

（2）严格把控招展协助方的招展价格及折扣。部分组展方会委托招展代理或其他机构协助招展。由于招展代理的佣金一般根据招展面积或展位个数进行结算，在利益驱使下，部分招展代理往往以低价或极大的折扣让利吸引客户参展。这对于整体招展工作的开展以及展会品牌形象都造成极大的损害。为避免此类情况的发生，组展方在签订合作协议时应制定相关规定条款，同时加强招展代理的价格管理和监督，一旦发现此类情况需要从严处理。

（3）避免低价倾销展位。部分组展方在招展情况不理想的情况下，采取低价倾销展位的形式促进销售。这类方式尽管在短期内保证了展位的销售，但是对展会的长期发展带来了消极影响。低价倾销展位不但损害了降价前确定参展的展商利益，同时也影响了展会品牌形象，使参展商对下一届展会抱观望和保留态度，形成恶性循环。

（4）严格控制展位折扣幅度。需要注意的是，展位折扣优惠是组展方刺激展位销售的手段，但并非展会营销的唯一方式。组展方应该做好相关的招展营销计划，通过多种渠道积极发动目标客户参展，严格控制展位折扣幅度，避免依赖折扣优惠招徕客户。过度的优惠折扣将影响参展商及潜在客户对展会的信心，不利于展会品牌形象的树立。

四、招展方案编制

招展方案是组展方对展会招展工作的整体规划与部署，指导招展工作的实施。招展方案的编制需要立足展会所在的产业现状、市场需求，结合展会定位与发展战略，对招展工作进行统筹安排。

1. 招展方案基本内容

招展方案是对招展工作的整体统筹与规划，内容涵盖招展准备及实施的全过程，主要包括：

（1）产业分析。产业情况是所有展会策划的立足点与出发点。因此在制定具体的招展方案前，组展方需要对产业状况进行全面分析，包括展会所在行业的分布特点、各地区的产业发展状况、产业发展阶段等，为组展方进一步确定招展范围及招展对象提供依据。

（2）招展对象分析。为提高招展效率，组展方在开展招展工作前，需要明确招展对象及其需求特点，以便更好地进行针对性营销。同时以组展方已有的客户数据库为基础，确定目标招展范围，提升招展工作的精准性。

（3）展区及展位划分。如前文所述，招展方案还包括清晰的展区划分及展位平面图的制作，以便目标客户能够更好地了解展位布局，挑选合适的展位。

（4）展位定价。在进行招展时，组展方还需要清晰地告知不同类型参展商的参展价格，包括相关的价格折扣标准。

（5）招展函的编制与发送。招展函是组展方用于招揽目标参展商的介绍展会基本情况的重要宣传资料。在招展方案中，策划人员需要对招展函的内容、编制方法、发放目标及范围、发放渠道等内容进行规划。组展方还应该根据目标客户数据库的容量，权衡展会成本后决定招展函的具体发放数量和方式。

（6）招展分工及人员安排。招展方案还需要对组展方内部工作人员以及外部招展代理进行合理的分工和人员安排，包括不同招展人员的目标招展行业、招展地区以及招展代理的相关佣金计算方式、相应的责任与权限等。

（7）招展营销及宣传推广。招展方案需要确定展位营销的各种渠道、实施方法，同时对配合展会招展所开展的各类宣传推广活动的时间、内容及形式进行合理规划与安排。

（8）招展预算。招展方案中需要对各项招展工作的费用支出作初步预算，以便组展方能够及时把握展会整体费用成本，及时、合理地安排各类费用支出。

（9）招展进度安排。由于招展工作涉及面广，渠道广泛，因此组展方还需要对各项招展工作进度进行总体规划及安排，以便及时控制和监督招展工作进度，确保能够在规定的时间内顺利完成招展工作。

2. 招展函的编制

招展函是用于向目标参展商宣传和说明展会情况的小册子，目的是通过招展函对展会进行详尽的描述，激发目标参展商的参展意愿。招展函是参展商了解展会的重要渠道，也是组展方开展招展工作的主要宣传资料。因此，招展函的编制是招展工作中的重要环节。

（1）招展函的主要内容。招展函是目标参展商能够获取的第一份展会正式资料，决定了参展商对展会的第一印象。因此，招展函要包含展会的基本信息，展现展会的独特个性，使参展商能够对展会的情况做出直接的了解和判断。

一般展会的招展函主要包括以下内容：

1）展会的基本内容。展会的基本内容包括展会名称及 LOGO、展会举办时间与地点、组织机构名单、办展背景和目的、展会主题、展会特色、展品范围、展位价格等。通过这一部分的介绍使目标参展商对展会情况有基本的了解，激发其进一步了解的兴趣。

2）市场状况介绍。市场状况介绍包括展览所在行业状况的介绍以及展会举办地的市场介绍。通过这一部分的介绍使目标参展商了解展会的定位、展会的潜在价值、展会所面向的市场及其辐射范围。

3）展会招商和宣传推广计划。展会招商和宣传推广计划主要包括招商计划、宣传推广计划、相关活动介绍以及配套服务项目介绍。目前，参展商越来越关注展会的观众规模及质量，因此在招展函中，组展方需要使参展商对展会招商计划有更深入的了解，增强参展商对展会观众质量的信心与认可度。

4）参展办法。参展办法主要包括参展手续办理的流程、参展申请表、付款方式、联系方式以及辅助图片，如展馆外观、展馆周边交通指引等。

（2）编制招展函的原则。由于招展函内容丰富、设计繁杂，如何对相关内容进行有效排版，以提高目标客户的阅读效率，激发其参展动机值得组展方考虑。具体而言，招展函的编制需遵循以下原则：

1）内容详细准确。招展函所包含的内容需要全面、准确，不能有错漏的地方，否则将影响参展商与组展方的沟通联系，甚至影响到招展、布展等后续工作的进行。

2）内容描述有吸引力。招展函的目的是吸引目标参展商，激发其参展兴趣，因此招展函的内容一定要富有吸引力，能够在短时间内吸引目标客户眼球。这就要求编制招展函的工作人员具有较强的文字功力，使招展函内容富有吸引力和煽动性。

3）言简意赅目的明确。招展函的内容需要翔实，但不能冗杂拖沓，需要用简洁凝练的文字清晰地表达相关内容，主题明确，内容简明实用，让人一目了然。

4）美观大方。招展函是展会形象的重要体现，一份编排细致、布局合理、图文并茂的招展函能够给参展商留下良好的印象，增加目标客户的阅读兴趣。

5）便于邮寄和携带。招展函一般要通过邮寄或招展人员登门拜访的方式发放到目标参展商手中，因此招展函的大小、材质、样式的选择一定要以易于邮寄和携带为目标，不可盲目追求独特新奇的效果而制作出不方便邮寄或者携带的招展函。

3. 招展分工

在一个展会项目中，招展单位可能不止一个。组展方为促进招展工作的顺利开展，往往将部分招展工作交由招展代理或相关协助方负责。此时，组展方需要做好招展工作分工，避免招展行业及地区出现重叠或空缺，导致招展工作混乱。

（1）招展单位的分工。组展方需要为承担招展工作的各单位分配不同的招展任务，包括分配招展面积、分配各自负责的招展行业、地区以及目标参展商等。在实际操作中，由于不同的招展合作机构其资源优势有所差异，为保障组展方以及各招展机构的权益，在开始招展前，部分展会可允许招展机构根据自身招展特长，提供目标参展商保护名单，不同招展机构的保护名单之间不重叠、不交叉，招展单位对其保护名单内的企业拥有优先招展权。

如前文所述，为避免招展过程中出现定价混乱的情况，组展方需要对招展机构的展位价格、展位费收取办法以及展位具体分配方法进行明确规定和严格监督把控，维护展会整体品牌形象。

（2）各招展单位内部员工的分工。为便于工作管理，组展方还需要对各招展单位内部员工进行一定的招展分工，包括确定招展人员名单，明确招展人员负责的目标客户范围和重点客户名单，避免产生恶性竞争。

为加强工作的协调性和统一性，组展方还需要建立高效的沟通协调机制，多方信息需要及时汇总交流，对展位的划分进行统一安排，避免出现重复选位、重复招展的情况。

4. 招展代理

招展代理或相关招展合作机构是组展方借助外部力量，提高招展效率，扩大展会规模的重要手段，是组展方在有限的人力、物力资源条件下，保证展会顺利举行的常用方式。

（1）招展代理的类型。在会展行业中，目前招展代理的类型包括公司、相关行业协会及商会、有关媒体、国外驻华商务机构或贸易代表处及其他个人代理等。在确定招展代理时，组展方需要对其代理资质进行严格的考察与审核，确保代理资格真实可靠。

（2）招展代理的权利及责任。在开展招展工作前，组展方还需要与招展代理明确双方的权利与责任。一般而言，代理商有权利按照合同规定收取招展佣金；从组展方处获取展会相关资料及介绍；招展机构招徕的参展商享有与其他参展商相同的展会服务与回报；按照合同规定共享组展方提供的各类展会公共宣传与推广支持。

同时，招展代理还需要履行以下义务，包括按照合同规定，依法招展；对所代理的展会项目进行宣传推广；定期向组展方汇报招展进度；做好参展商的展会服务及关系维护工作等。

组展方还可根据展会实际，与招展代理制定更加明确、清晰的权责条款，以保障双方利益。

（3）代理佣金。组展方可根据展会具体招展难度与代理商商议代理佣金，包括佣金计算方式、支付时间及方法等。需要一提的是，无论采取何种佣金计算方式，由此引起的相关营业税和个人所得税是其中的一笔重要开支，双方需要就相关税额的扣缴办法达成共识。

（4）代理商管理。在招展过程中，招展代理有义务接受组展方的监督与管理，包括定期以书面或面对面的座谈形式向组展方汇报招展进度。在招展过程中，需要严格按照合同定价及折扣规定，进行展位销售，并接受组展方对展位的统一调配。参展商的参展费用需要及时收取并交纳给组展方。

组展方需要与代理商保持密切联系，做好相关风险防范，包括不同招展代理对外宣传口径不一对展会品牌形象的影响；代理商的骗展行为所造成的展会财务损失及品牌形象损害；代理商展位销售及收款混乱所导致的参展商投诉；代理商招展不力导致其负责区域无法完成招展任务等风险。

5. 招展营销及宣传推广

招展营销工作主要指通过展会服务、定价、渠道、促销、形象设计与宣传等手段，以达到促进展位销售、提升展会品牌价值与影响力的一系列市场推广活动。有关招展营销的相关内容，本书将在第九章进行详细介绍，此处不作赘述。

招展宣传则是围绕招展工作的策略和目标制定一系列宣传推广活动。招展宣传推广的目的是使更多目标参展商了解展会信息，提高展会知名度和影响力，为招展工作奠定基础。

招展宣传推广的渠道包括召开新闻发布会，邮寄招展函等展会资料，在专业媒体和报纸、杂志上刊登广告，在互联网及展会官网上进行宣传，在国内外同类展会上宣传，借助相关行业协会和商会资源优势进行宣传等，具体内容将在第九章详细介绍。

6. 招展预算

招展预算是为了保障招展工作顺利进行而制定的经费预算。具体费用支出包括：①招展人员开支，包含员工的办公费用、差旅费、工资等。②招展宣传推广的费用，包括宣传资料的印刷和邮寄费用等。③公共关系营销和招展代理的费用以及其他备用的额外支出。

为了严格控制招展的成本，招展预算的编制要遵循实事求是、统筹安排、合理利用、细致节约等原则，同时及时与展会整体成本预算表进行对照，确保费用支出合理且符合实际需要。

7. 招展进度计划

在开始招展工作前，展会策划人员还需要对招展工作整体进度进行计划，包括不同阶段的招展工作重点、实施渠道、预计达到效果以及最终任务完成要求。

组展方可通过编制展会招展进度计划横道图（见图8-3），及时控制和监督招展工作完成情况，对工作中的缺陷与缺漏及时采取调整或补救措施，促进招展任务的顺利完成。

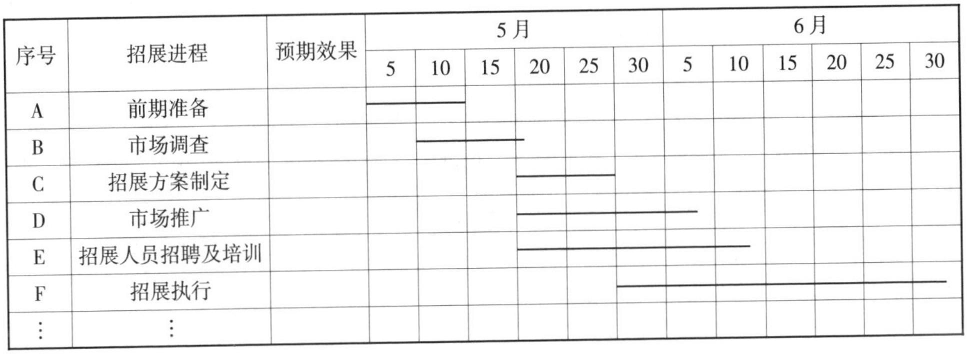

序号	招展进程	预期效果	5月						6月					
			5	10	15	20	25	30	5	10	15	20	25	30
A	前期准备													
B	市场调查													
C	招展方案制定													
D	市场推广													
E	招展人员招聘及培训													
F	招展执行													
⋮	⋮													

图8-3 ××展会招展进度计划横道图

第二节 会展招商策划

观众和参展商是一个展会成功举办的两大核心，缺一不可。没有优质观众的展会，就像空有躯壳而没有动力的火车，无法在轨道上飞驰。目前，仍有部分展会将筹备工作的焦点仅仅局限于参展商部分，而忽略对观众的发动与服务。

事实上，在展会的大平台上，参展商及观众两者相互影响、相互促进，是难以割裂的两个群体。因此在进行展会策划时，组展方需要将招商策划与招展计划综合考虑，统筹规划与实施。

一、观众信息收集

为做好观众邀请工作，组展方首先需要建立相应的观众资料库。在实际操作中，由于展会的目标参展商市场与观众市场具有一定交叉、重叠的部分，且客户信息来源相似，两大市场具有相互转化的潜在可能，所以组展方可在参展商资料库的基础上，增加观众信息资料库，节约资源库建立及管理成本。

由于目标观众市场的资料来源与参展商市场相近，此处不作详述。特别地，观众资料的另一重要来源是历届展会的观众信息。组展方可通过网络预登记、现场参观登记表、展会现场名片收集以及现场观众调查等形式，收集相关观众信息。此类信息收集成本小、资料准确度高，是观众资料收集的重要渠道。

二、观众邀请

观众的定向邀请是提升展会观众有效性的重要方式。在阐述观众邀请的具体渠道前，需要对观众的分类有所认识。

1. 观众分类

一般而言，展会观众可分为专业观众及普通观众两类。

专业观众指从事与展会主题相关行业的产品及服务的开发、设计、生产、销售的专业人士。普通观众则指专业观众以外的其他观众。在行业实际当中，不同展会根据自身特点，部分仅对专业观众开放；部分对专业观众及普通观众分时段开放；部分展会则对所有观众完全开放。

值得一提的是，"专业观众"与"普通观众"的概念并不等同于"有效观众"及"无效观众"。有效观众指符合展会参展商所期望的、能够有效参与展会现场商务洽谈或交流的、具有现场成交潜力的观众；无效观众则指参展商所不期待的，对现场成交或商务洽谈没有促进作用的观众。可见，普通观众并不等同于无效观众，对于某些消费性展览会，具有消费能力的观众是参展商高度重视的"有效观众"。

2. 专业观众邀请

随着通信科技特别是新媒体的发展，专业观众邀请渠道日益多样化，展会策划人员常用的邀请渠道包括：

（1）互联网发送邀请函。组展方可在展览会开幕前一个月以邮件形式向观众发送电子版展会邀请函，一般每隔一周发送一次。运用该方式发送邀请函，成本低、时效高、覆盖面广，是进行招商邀请的常用方法。

在编辑邮件时，需要明确邮件主题，避免目标客户错过邮件或被过滤软件误判为垃圾邮件，导致邀请失效。

（2）电话邀请。电话邀请一般在展览会开幕前的 50~60 天时开始实施，由于邀请持续时间短，所以一般电话邀请需要经历发动、回访和确认等阶段，需要沟通 2~3 次。通过电话邀请，招商人员能够与目标客户直接沟通，了解客户反馈，是较有效的邀请方式之一。

（3）邮寄邀请函。在展览会开幕前 20 天左右，组展方还可向目标客户邮寄纸质版邀请函。此方式成本相对较高，但精准度高，能够将邀请函精准投放到目标客户处，是传统而高效的邀请方式。

（4）手机短信邀请。在展览会开幕前 10 天左右及展会开展期间组展方可向目标客户发送短信邀请。邀请多以提示性质的通知呈现，内容应简洁明了，以便目标客户快速把握展会信息。

（5）媒体发布展会信息。在展览会开幕前 50~60 天，组展方可通过举办新闻发布会或相关专业媒体发布展会信息。该渠道信息容量较大，信息存留时间长，可以对展会进行深度宣传，能够有效提高展会的行业影响力。

（6）通过参展商邀请其客户。组展方还可通过参展商自有渠道，进行观众邀请。这一方式能够充分发挥参展商的能动性，邀请对象精准有效，组展方花费成本低，观众质量显著提高。

（7）新媒体邀请。新媒体的兴起为组展方提供了一个更高效、方便的观众邀请渠道。组展方可通过微信电子邀请函等形式，更加生动、活泼地向目标客户展示展会形象及特点，传播成本低、速度快、覆盖面广，是当前展会常用的邀请方式。

3. 普通观众邀请

对于普通观众的邀请，更加强调宣传渠道的覆盖面和社会影响力，主要包括以下方式：

（1）公众媒体。组展方可运用各类平面媒体，包括报纸、杂志，户外广告，如车站广告、户外广告牌等，还有电视、广播广告等公众媒体发布展会信息，以吸引观众参展。

由于此类广告成本一般相对较高，所以组展方需要做好相关宣传时间节点、内容以及各渠道的组合方式的规划，使各类宣传能够充分发挥自身优势，促进展会招商工作的顺利开展。

（2）发送展会门票。在开幕前一周，组展方可将展会门票或邀请券通过夹报发放、邮政投递、委托相关招商合作机构及社会团体赠予等形式进行派发。

（3）网络信函邀请。组展方可与部分招商代理合作，在展览会开幕前 20 天向目标观众发送电子版邀请函，使展会能够引起公众关注。

三、招商方案编制

展会招商方案是指导展会工作人员进行观众邀请的具体行动方案。在编制招商方案时，组展方需要全面了解目标观众市场信息，结合参展商需求、展会所在行业的发展现状以及展会自身定位等因素，综合统筹及规划。

1. 招商方案基本内容

招商方案涉及招商工作的整体规划及部署，主要包括以下内容：

（1）目标观众市场基本情况。在开展招商工作前，组展方需要对目标观众市场有一个全面的了解，包括展会所在行业的主要消费市场特点、区域分布以及需求情况。同时，需要对目标观众的企业特征、基本结构进行分析，从而制订更具针对性的招商计划。

（2）参展商及目标参展商需求。进行展会招商的重要目的是满足参展商需求，提升参展商的参展效益，同时促进招展工作的持续进行。因此，在制定招商方案时，可充分了解参展商及潜在参展商对观众的需求，以提高展会有效观众的比率，使展会更好地发挥其平台交流作用。

（3）展会通信及邀请函的编制与发送。展会通信及邀请函的编制与发送包括展会通信及观众邀请函的内容选择、编制方法以及发放范围等。在确定邀请函发放数量、范围及渠道时，组展方需要充分考虑展会的财务状况，平衡招商效果与成本支出，选择最优的发放方案。

（4）招商渠道及措施。为确保招商效果，组展方需要梳理可利用的各类招商资源及渠道，并综合运用各渠道，实施有效的招商措施。

（5）展会招商分工。组展方往往委托其他机构协助招商。因此，组展方需要对不同招商机构做好相关工作安排，并建立良好的协调与沟通机制。

（6）招商宣传推广计划。为增强展会影响力，组展方还需要配合展会招商工作，做好各类招商宣传推广活动的规划与安排。

（7）招商预算。在进行招商工作前，组展方还需要对各类招商活动的成本支出进行预测，以便更及时、合理地安排各项展会费用支出，提高展会收益。

（8）招商进度安排。由于招商工作开展时间已临近展会开幕，各项展会工作均进入白热化状态，所以更需要组展方做好招商进度安排及相关监督把控工作，确保展会现场的观众规模及质量。

2. 展会观众邀请函及工作通讯

展会工作通讯和观众邀请函是组展方进行招商及宣传推广的重要工具，能够全面反映展会整体情况和筹备进度，是展会重要的宣传资料之一。

（1）展会观众邀请函。观众邀请函是组展方用于向目标观众介绍展会整体情况，促进展会招商的宣传资料。展会观众邀请函一般包括以下内容：

1）展会基本内容。展会基本内容包括展会名称、LOGO、举办时间与地点、组织机构、展会展示范围以及展会特色等基本情况。

2）展会招展情况。为激发目标客户的参观动机，组展方可向目标观众介绍展会目前招展情况，包括品牌参展企业、展品的创新性和前沿性等。

3）展会配套活动。参加展会活动是观众参与展会的重要日程之一，因此组展方需要对展会前、后及展会期间各类活动的日程安排、地点、主题以及相关主讲嘉宾、参与人士情况进行介绍。

4）展会参观要求及参观指南。展会参观要求及参观指南包括参观展会所涉及的入场费、会务费或办理相关参观手续所需提供的资料等。同时，为方便观众参观，组展方可在观众邀请函上提供展馆周边交通指引等参观指南，以便观众提前做好参观准备。

5）参观回执表。在观众邀请函的最后，需要附上参观回执表或网上预登记指引、组展方联系方式及联系人等。

（2）观众邀请函编制原则。观众邀请函作为招商工作的重要武器，在编制时需要遵循以下原则：

1）内容要具有丰富性和趣味性。由于目标观众每天接受大量的信息及同类型的活动宣传，为使邀请函能够在众多的信息当中脱颖而出，观众邀请函在内容上需要兼顾丰富性和趣味性，使目标客户能够在短时间内了解展会内容并产生参观兴趣。

2）信息实用、可靠。除突出内容的丰富性和表现形式的趣味性外，观众邀请函还需要向观众提供实用、可靠的展会信息。切忌单纯追求夸张、优美的辞藻，而忽略邀请函内容的实用性。

3）设计美观大方。观众邀请函是向观众展现展会形象的重要渠道。因此，邀请函的制作需要符合展会的定位及个性，既能够吸引观众眼球、美观大方，又便于携带或邮寄。

（3）展会工作通讯。展会通讯是组展方根据展会实际需要，用于向目标观众发布展会筹备情况的宣传资料。展会工作通讯的编制，对展会招商工作具有以下促进作用：①有利于及时、准确地向目标客户传递展会信息，是组展方进行目标客户关系维护的重要载体。②有利于全方位、多角度地展示展会工作，建立良好的展会形象，促进招展及招商工作开展。③有利于提升展会整体服务水平，及时向目标客户提供良好的信息服务及参展指引。

工作通讯可随着展会筹备工作的推进，分期编制。在展会筹备初期，展会工作通讯可着重宣传展会举办背景、产业最新发展动态等；在展会筹备中期，工作通讯可着重介绍展会招展情况、品牌参展企业的基本情况等；在展会筹备中后期，工作通讯内容可逐渐向招商信息转移，包括展会期间各项活动介绍等；在展会后，工作通讯可对展会举办情况进行回顾、总结，并预告下一届展会。

由于展会工作通讯具有一定的阶段性，所以它与观众邀请函相比，需要更大的灵活性，组展方可通过内容的精心安排，更加全面、多角度地向观众展现展会形象。

3. 招商渠道及措施

由于目标观众往往相对分散，因此相比于招展渠道，展会需要更加广泛，覆盖面更广的招商渠道。一般而言，组展方进行招商的渠道包括：

（1）政府相关部门及外国驻华机构。政府相关部门与行业内的企业始终保持着相对密切的联系，尽管目前政府部门已逐渐淡出展览行业，但始终肩负促进行业交流的重要责任。因此，与政府相关部门合作，将使招商工作事半功倍。

对于国际展会而言，组展方可与外国驻华机构如外国驻华使馆、贸易代表处等合作，促进海外招商工作。

（2）相关行业协会及商会。相关行业协会及商会在行业当中具有强大的号召力和影响力，拥有庞大的会员单位基础，同时对行业的最新发展具有灵敏的触觉。与其合作，将使招商工作更具精准性和针对性。

（3）专业媒体。随着媒体的社会影响力越来越大，专业媒体在日常经营中已积累大量行业中的客户资源。因此，组展方与专业媒体合作，一方面能够运用其宣传渠道优势，提高展会宣传的影响力；另一方面可以让专业媒体参与到专业观众的招商工作当中，提高观众有效性。

（4）公众媒体。在展会开幕前夕，组展方可通过公众媒体向社会大众广泛地发布展会信息，以提高展会的社会影响力和品牌知名度。

（5）国内外同类型展会。国内外同类型展会是组展方接触目标观众的重要渠道。组展方可通过参观同类型展会或参展，获取目标客户信息，同时宣传自身展会项目。组展方还可与相关行业专业展会的组展方合作，发挥各自资源优势，实现客户资源共享。

（6）参展企业。鼓励参展商参与招商工作也是增加展会有效观众数量、提升展会整体展示质量的重要方法。

组展方可根据展会实际情况，综合使用各类招商渠道。部分展会为激励合作机构积极参与招商工作，还将根据招商情况，给予一定的佣金奖励。具体的佣金比例及计算方式根据展会实际而定。

4. 招商分工

展会招商工作的开展涉及单位更广，机构组成更为复杂，为保证招商工作的顺利进行，能够保质、保量地组织观众前来参观，组展方需要对招商工作进行分工。

（1）招商合作机构之间的分工。明确展会招商工作的主要负责机构，并对其他招商合作机构分配相应的招商任务，包括各单位负责的招商地区，对重点目标观众的邀请和接待，招商费用预算的编制办法和支付办法等。

由于行业当中普遍存在"重招展、轻招商"的现象，组展方需要向招商合作机构充分说明观众邀请的重要性，同时统一展会宣传口径，使各单位遵守统一的招商原则。各单位要分工合理、相互协调，做到优势互补，共同完成招商任务。

（2）各招商机构内部的人员分工。对于各招商机构内部，需要让其工作人员充分理解并认可招商工作的重要性，明确每一位工作人员的招商任务，包括负责的招商地区范围和主要的目标客户，同时对重点客户统一制定接待安排计划。

5. 招商宣传推广

招商宣传是围绕招商工作的策略和目标而制定的一系列宣传推广活动。招商宣传推广的目的是使观众了解展会信息，提高展会品牌知名度，为招商工作奠定基础。

招商宣传推广的渠道有很多，例如召开新闻发布会、邮寄观众邀请函等展会资料、专业媒体广告宣传、网络宣传等，具体的实施措施将在第九章中详细介绍，此处不作赘述。

6. 招商预算

招商预算是为了保障招商工作顺利进行而制定的经费预算，其中包括：①招商人员的费用，包括招商人员的工资、差旅费、办公费用等。②招商宣传推广的费用，包括观众邀请函、工作通讯的印刷和邮寄费用等。③招商代理和公关的费用以及其他不可预见的费用。

为了严格控制招商成本，招商预算的编制要遵循实事求是、统筹安排、合理利用、细致节约等原则，确保费用支出的合理性。

7. 招商进度计划

招商工作开始前，组展方需要对招商工作的进程以及每个阶段所要达到的效果进行规划，从而使招商工作按照计划进行。招商进度计划的编制有多种式样，既可以采上文介绍的进度计划横道图，也可以采用进度计划表（见表8-4）的形式。

表 8-4　展会招商进度计划

时间	招商措施	宣传推广计划	计划达到的招商效果

第三节　会展活动策划

展会作为参展商、观众以及其他利益相关方进行沟通交流、商务合作的平台，肩负产品展示、行业交流、信息发布等功能。为充分发挥展会的平台作用，组展方除向参展商提供产品展示场地外，还需举办各类展会活动，促进各展会参与者之间的沟通与交流。

一、会展活动概述

展会活动是展会的重要组成部分，组展方应该将展会活动作为展会不可分割的一部分，对其进行策划与组织。

活动策划是展会中各类活动的指挥头脑，活动策划的质量将直接影响活动的吸引力和创新性。展会活动策划主要指结合展会主题、定位、对象等，对展会相关配套活动的主题、形式、内容、实施步骤、时间进度及人员安排等进行统筹规划的过程。

1. 展会活动的意义

展会活动的举办能够有效丰富展会内容，并进一步延伸展会功能，对于活跃展会气氛、提升展会整体水平具有重要意义，具体表现在以下方面：

（1）丰富展会信息。展会作为行业交流的大平台，其重要角色之一就是行业信息的集散地。通过各类展会活动，如行业峰会、专业沙龙、技术交流会等，各与会嘉宾、学者、专业人士将行业最新、最前沿的信息带给与会听众，并促成各类行业学术交流、思想碰撞，集合成会议成果，极大地丰富了展会的信息，信息的集聚与传播效果得以凸显。

（2）拓展展会的展示功能。据统计，每位观众在每一个展位前的平均逗留时间为 2 秒，即若参展商无法在 2 秒内获得观众的关注，则意味着流失了该客户。而各类展会活动则能够帮助参展商在更广阔的舞台上进行自身产品及企业形象展示，与观众建立更加深入的联系。

展会活动打破了一般展位单一的展示形式，通过产品发布会、比赛、游戏、表演等形式，更加生动地展示了参展商的形象，且互动性强，有利于为观众创造更深刻的参观体验。

（3）强化展会的信息发布功能。专业展会在展会期间通常举办系列研讨会、讲座、产品发布会等活动，主讲单位一般为行业的领军者以及来自科研机构、政府部门的专业人士。由于展会上聚集了大量行业专家、专业人士、媒体等，所以此类展会活动是企业发布新信息，引发行业潮流的绝佳机会。

（4）延伸展会的贸易功能。部分展会活动则进一步延伸了展会的贸易功能，为参展商及观众提供了一个快速对接资源、开展深入洽谈的交流平台，包括举办贸易匹配会、产品订货会、项目招标等。如法国戛纳房地产交易会在展会期间，将举办各类"快速贸促会议"，房地产行业不同环节的企业代表，如开发商、运营商、业主与当地政府官员拥有3分钟的快速会面机会，以建立初步贸易关系，对于潜在客户，双方可在活动后进行深入洽谈与交流。

（5）吸引潜在参展商及观众。展会活动作为展会十分重要的一个宣传渠道，是大量媒体和观众的关注焦点。策划精良、组织完善、形式丰富的展会活动，能够形成强大的吸引力，使展会知名度快速提升，从而吸引更多潜在的参展商及观众。

（6）塑造展会形象，提升展会档次。具有号召力的行业会议、高水平的专业研讨会、前沿的新品发布会等活动不但为展会增添众多亮点，更能够彰显展会的行业领导性和前瞻性，对提升展会规格，塑造展会形象具有促进作用。

（7）活跃展会现场气氛。展会期间还将举办宴会、酒会、表演、比赛、游戏等相对轻松的活动。一个富有观赏性和趣味性的活动可以极大地调动现场参展商和观众的积极性，增强现场参展商与观众的互动性，对创造独特的参展体验，活跃展会现场氛围具有重要作用。

2.展会活动的设置原则

在进行具体的活动策划时，展会策划人员需要明确展会活动举办的目的，各类展会活动应始终服务于展会。当展会活动游离于展会之外时，不但增加组展方的工作压力，还影响展会形象的统一性和整体性，甚至影响展会的可持续发展。在活动策划时，需要遵循以下原则：

（1）活动主题要契合展会定位。活动主题的设置需要与展会题材具有一定联系，不能与展会脱节，且最好能够紧抓时代脉搏，体现行业最新发展动向。

（2）能丰富和完善展会的基本功能。展会活动的举办需要能够补充和完善展会在产品展示、商务贸易、行业交流、信息发布等方面的功能，促进展会平台作用的发挥。

（3）有助于吸引参展商、观众和其他利益相关方。活动需要具有吸引力，能够促进展会规模的扩大、展会整体服务水平的提升，有助于展会品牌形象的塑造。

（4）展会活动不能影响现场秩序管理以及参展商和观众的参展体验。活动举办期间，汇集大量人流，对现场管理及秩序维护造成一定的压力。组展方需要保证活动秩序的可控性，同时减少因人流拥挤、通道阻塞、噪声等带来的不良影响。

（5）活动策划要详尽且合理。展会活动策划不但要内容丰富、形式新颖，还需要考虑现场执行管理以及各类危机应对措施，确保展会活动的顺利举行。

二、会展活动类型

在展会期间举办的展会活动主要包括开、闭幕式，论坛、沙龙及行业峰会，产品发布会及项目推介会，宴会、酒会及颁奖礼，表演、比赛及其他相关活动。

1. 展会开幕式及闭幕式

开幕式是展会向媒体及社会大众展示自身形象的首要环节，因此开幕式是最重要的展会活动之一。此外，部分展会还在展会结束前举行闭幕仪式，以便向社会大众公布展会展示成果并向各参与者致谢。

（1）开幕式。开幕式需要注意以下几方面问题：

1）开幕式的重要性。一般而言，不论是大型展会还是小型展会都在展会开始前举行开幕仪式。开幕式是标志展会正式开始的重要仪式，也是组展方向参展商、观众及社会公众展示自身规模和实力的机会，因此备受组展方的重视。

开幕式的举办不仅宣告展会开幕，而且能够吸引社会各界的关注，是对展会进行宣传和展示的良好机会。开幕式期间，组展方往往会邀请政府部门代表、媒体记者、企业知名人士以及参展商代表等具有行业号召力和社会公信力的人物参加，这对于提高展会的品牌影响力，增强展会的行业号召力，吸引潜在客户都具有重要意义。

2）开幕式的内容和流程。开幕式的重要性不言而喻。为办好开幕式，展会策划人员需要对开幕式的基本内容和流程有所了解：

▲ 确定开幕式主题。开幕式主题的确定与展会定位息息相关，对于连续举办的展会，其主题需要具有一定的继承性和发展性。一个良好的开幕式主题不但能够高度概括展会定位、品牌价值，同时也为开幕式的活动流程、发言稿、表演活动等相关策划奠定基本格调。

▲ 确定开幕式的时间和地点。时间的确定需要遵循"三不宜"原则，即不宜太早、不宜太晚、持续时间不宜过长。大部分展会的开幕式时间均定为上午9：00~11：00点。

而开幕式地点则一般选定在场馆前广场或场馆内搭建的临时舞台上举行。开幕式如在室外举行，组展方需要事先考虑天气情况对仪式的影响，做好相关备选执行方案。而对于场馆内举行的开幕式，则需要考虑场馆内的光源是否满足开幕式对舞台效果的要求，如过暗，则需要考虑在舞台安装射灯。

▲ 确定出席的主要嘉宾。组展方一般邀请政府部门代表、行业专家、相关行业协会代表、参展商代表等嘉宾出席开幕式。组展方需要根据出席开幕式嘉宾名单，做好相关签到及接待工作。同时对嘉宾座席、剪彩嘉宾名单等进行事先安排和确认。

▲ 撰写讲话稿和新闻通讯稿。开幕式讲话稿及新闻通讯稿是组展方向与会嘉宾以及社会公众发布展会信息的重要载体。在准备开幕式新闻通讯稿时，需要注意以下几个方面：首先，新闻通讯稿的定位将直接影响媒体记者报道展会的新闻视角，因此新闻通讯稿的定位需要准确，充分反映展会重点。其次，新闻通讯稿需要体现展会新闻亮点，通过醒目而方便阅读的方式向媒体记者呈现展会特点。最后，新闻通讯稿在内容上需要对展会情况进行全面而系统的介绍。

▲ 展会资料准备。对于前来参加开幕式的嘉宾，组展方一般需要为其准备展会资料袋，包括展会基本情况介绍、展会会刊、展会相关活动安排、展会参观指南以及展会纪念品，使与会嘉宾对展会有更加全面的了解。为方便媒体记者对展会进行报道，组展方还需要在开幕式期间向记者媒体提供"新闻袋"，除以上资料外，还需要提供展会开幕式新闻通讯稿、展会背景介绍、展会相关数据等。

▲ 现场布置。开幕式现场布置需要庄严隆重，同时符合展会的基本形象和定位。现场需要做好签到处布置，同时要为与会嘉宾开辟休息室或会客室供嘉宾使用。对于开幕式舞台布置，活动负责人需要提早做好相关设备调试，包括灯光、音响以及其他设备，并与礼仪人员落实开幕式流程。

▲ 制定开幕式流程安排。为确保开幕式顺利举行，其流程安排需要严谨而合理。一般开幕式的流程包括以下几个环节：

● 嘉宾在贵宾室休息，观众提前入席。
● 礼仪小姐引导嘉宾移步开幕式主席台就座。
● 开幕式前的暖场表演。
● 主持人宣读开场白，介绍与会嘉宾。
● 有关领导或嘉宾代表上台致辞。
● 嘉宾剪彩或进行开幕式表演活动。
● 重要领导或嘉宾宣布展会正式开幕。
● 主持人宣布展会开幕式的结束。
● 在工作人员带领下，组展方负责人陪同嘉宾进展场参观。

（2）闭幕式。展会结束之后，部分展会还将举行闭幕式。闭幕式的作用是对展会期间取得的一系列成果进行总结与发布，同时对参加展会的参展商、观众、媒体以及其他利益相关方致谢，并对下一届展会进行展望。

闭幕式的形式较丰富，包括采用会议的形式，对展会期间的成果进行汇总，或通过文艺歌舞表演、颁奖仪式等形式举行。目前为响应精简会风的号召，大部分展会都简化甚至取消了闭幕式。如第十五届中国国际高新技术成果交易会精简展会流程，取消了闭幕式，并以新闻发布会的形式总结展会举办成果。这一方面能减少组展方的成本支出；另一方面亦能进一步提高展会的知名度与社会影响力，起到一举两得的效果。

2. 专业论坛、沙龙与行业峰会

展会期间各类论坛、沙龙以及行业峰会是最为重要的展会活动之一。通过举办此类活动，能够为听众带来行业的新思维、新理念、新技术，对于活跃展会气氛，丰富展会内容，增强展会吸引力具有重要作用。

（1）专业论坛。专业论坛一般围绕行业中的某一问题进行理论性研讨，其主要目的是激发听众思考，共同就行业发展现状、热点问题以及变化趋势进行深入探讨。为保证会议内容的完整性和系统性，专业论坛一般采取演讲的形式，主要有一个或几个嘉宾进行主题发言，听众为相关行业的专业人士、从业人员。

（2）沙龙。沙龙主要指在具有相同兴趣、爱好或关注相同问题群体内举行的，对某一问题自由发表观点、各抒己见的小规模社交活动。沙龙活动更强调在轻松愉悦的环境下进行行业交流，一般没有特定的主题演讲。沙龙形式相对轻松活泼，内容不拘泥于特定观点，沙龙嘉宾及听众可围绕沙龙主题进行相对自由的发言，更有利于激发听众思维，调动听众兴趣。因此，与专业论坛相比，沙龙活动的参与对象更加广泛，组展方可灵活运用沙龙活动形式，活跃展会现场气氛，这是组展方举办公众类活动的常用形式。

（3）行业峰会。行业峰会着重对行业专业问题进行高层对话和交流。在主题选择上，行业峰会一般紧扣行业实际，反映行业最新发展动态和热点问题。参与对象包括相关行业政府部门代表、行业协会代表、行业领头企业或品牌企业代表等。由于参与对象级别相对较高，因此行业峰会对会议的召开地点、宣传推广、现场服务等工作要求较高。

3. 产品发布会及产品推介会

产品发布会和产品推介会是展会期间较常见的两类活动，对发布产品信息，促进展品销售，提升展品知名度具有重要作用。

（1）产品发布会。产品发布会重在宣传和发布产品信息。由于展会期间现场聚集大量专业观众和行业人士，产品发布会成为企业进行新产品市场推广的不二选择。产品发布会的主要目的是进行新产品、新技术的推广，包括产品技术、设计理念和款式创新等。为达到良好的信息传播效果，产品发布会一般采取新闻发布会的形式，参与对象包括媒体记者、相关行业设计研发人员等。

（2）产品推介会。产品推介会则重在产品展示以及贸易订单的签订，目的是向特定的对象推广特定的产品或项目。会议的主要内容是向目标客户介绍产品用途、性能、结构等实用性较强的信息，以便促进产品销售。为更好地促进参展商与采购商之间的贸易对接，产品推介会多以经商会、座谈会等形式举行，伴以现场展示及示范等手段，参与对象主要为经销商及终端客户。

产品发布会和推介会是组展方为参展商提供的用于弥补展位展示功能不足的重要舞台，由于两者举办目的和对象的差异，其在活动形式、流程上亦有所不同。组展方应从参展商具体需求出发，以促进参展商和目标客户的沟通交流、商务贸易为出发点进行相关的活动策划。

4. 宴会、酒会及颁奖礼

组展方为提升展会的质量，促进参展商和目标客户之间的交流沟通，丰富展会内容，往往还在展会期间举办各类宴会、酒会活动。通过此类活动，有利于组展方、参展商及其他利益相关方在相对轻松的环境下进行社交活动，建立合作关系。

为提升展会的行业影响力，部分专业展会还将在展会期间举办行业内颁奖典礼，表彰行业内优秀企业及产品、技术，促进行业的整体进步。

5. 表演、比赛及其他相关活动

在展会期间，为活跃展会现场气氛、吸引观众和媒体关注，组展方还会举办一系列表演、比赛及其他活动。

（1）表演。展会期间举行的表演活动一般分为两类：

一类是由组展方组织的，符合展会主题的相关表演活动，如服装展会中邀请模特走秀、农产品交易会中邀请农民歌舞团表演，等等。此类活动一般用于强化展会主题，配合参展商的展示计划，增强参展商展示效果。对于主要服务于展会整体的表演，可安排在展会公众活动区域举行；而对于企业自发组织、服务于企业展示需求的表演，则可选择在参展商展位及其周边区域举行。

另一类表演活动与展会主题没有直接联系，主要用于吸引观众参观，活跃展会现场气氛。此类表演一般持续时间短，可穿插于其他展会活动，或在开幕式、宴会期间举行。

值得注意的是，此类表演活动尽管一方面能够为参展商展位以及展会现场带来人流，但亦可能将真正的买家阻挡于展台之外，导致参展商客户流失；但另一方面，表演活动所带来的噪声也在一定程度上影响参展商的展示效果，当围观观众过多时,甚至出现参观通道拥堵的情况,对展会现场的安全秩序管理带来一定压力。

因此,组展方在进行此类活动时,需要充分估计现场观众人数以及表演活动对参展商可能带来的不良影响,做好相关秩序维护工作并提前制定相关应急方案。

(2)比赛。组展方还会在展会期间组织各种比赛以丰富展会内容。比赛的类型十分丰富,部分比赛能够突出展会主题,活跃展会气氛,如在第十六届中国国际食品和饮料展览会期间举办中国精品茶叶冲煮大赛,目的是加强行业间的交流,推广茶文化。部分比赛不仅能够烘托展会气氛,对于突出参展企业形象,促进产品宣传与销售也具有重要作用,如在第六届中国泡菜展销会期间,组展方组织开展了"第一届中国泡菜品牌金奖评选"、"'东坡味道'中国泡菜制作大赛"、泡菜主题书画摄影展评和泡菜包装设计展评等一系列比赛评选活动,使参展商向现场观众展示了更全面、生动的企业形象。

在比赛的策划中,需要注意以下问题:①为保证比赛的公平公开,组展方需要制定详细的比赛规则以及评奖办法,同时邀请专业评审人员进行评定。②对于比赛评选出的优胜者和获奖者而言,这不仅是企业和个人的荣耀,同时也是一个宣传的好时机,因此需要邀请专业或公众媒体对比赛进行跟踪报道,以此为新闻亮点,提高展会以及参展商的知名度。③比赛后一般需要以颁奖典礼的形式进行比赛结果揭晓,为获奖企业或个人颁发奖金、获奖证书或纪念品,同时在展会官方网站上公布并通过媒体进行宣传报道,进一步增强活动的影响力。④由于比赛期间一般集聚大量观众,为避免突发事件,组展方需要提前做好完善的应急处理预案,一旦发生危险,要及时疏散人群。

(3)其他相关活动。除以上活动外,展会期间还会举办其他相关活动,包括招商洽谈会、项目对接会等专业活动以及明星和知名人士的见面会、签售会,等等。其中,招商洽谈会、项目对接会等专业活动的主要目的是发挥展会的平台作用,促进供需双方的沟通与交流;而明星见面会等公众活动则主要用于活跃展会气氛,制造展会新闻点。

三、会展活动方案编制

展会期间举办的活动丰富多样,其举办目的和形式相异,为了充分发挥不同活动的作用,保证展会现场各类活动有条不紊地举行,展会策划人员需要事先对各类活动做好策划与统筹。一般而言,活动策划方案包括以下内容:

1. 项目背景

展会活动的策划需要始终立足于行业需求,为展会服务。因此组展方在进行活动策划前,一方面,需要充分了解行业现状,包括当前行业热点及前沿话题,以此作为活动的切入点，提高活动的吸引力和实用性；另一方面，在活动策划前，策划人员应该明晰活动的主要目的和意义，避免盲目追求活动形式与内容，而忽略活动的最终服务对象以及需要达到的效果。此外，活动项目的背景介绍还应包括活动的举办条件分析，确保活动的可行性、实用性和目标性。

2. 活动主题

活动主题的设置应该始终围绕活动背景及目的展开。一个个性鲜明的主题如同活动项目的"眼睛"，对目标参与者形成强大的号召力和吸引力。具体而言，活动主题的设置需要具有以下特点：

（1）概括性。活动主题需要高度凝炼，反映行业发展需求及趋势，是对活动目的、举办意义的总结与概括。

（2）前瞻性。目前行业当中各类活动繁多，展会活动希望脱颖而出，就需要活动主题对行业发展现状和趋势的理解适度超前，及时把握行业热点问题，并对其进行更深入的延伸，对行业的发展具有指导性和引领性。

（3）实用性。活动主题既要高屋建瓴，也要紧扣行业实际，具有一定的现实性和实用性，使活动内容能够对行业的发展具有现实指导意义。

（4）相关性。展会活动作为展会的重要组成部分，活动主题在选取上需要与展会主题及定位具有一定相关性，活动的设置应是对展会展示内容的延伸、展示功能的补充。

3. 活动概况

活动概况是活动策划的主要框架，能够清晰明了地反映活动基本情况。活动概况一般包括以下内容：

（1）活动名称。活动名称需要紧扣活动主题，具有一定的概括性和导向性。同时，各类活动作为展览会的重要组成部分，活动名称的确立还需要符合展会的整体定位和品牌形象。对于部分组展方希望长期培育的标杆活动，其名称的确定还需要考虑活动的传承性和延展性。

（2）活动主题。为帮助目标参与者了解活动内容，组展方需要对活动主题进行概括，并用简洁明了的语言进行阐述。

（3）活动时间。活动时间的确定需要充分考虑参展商及观众的参展、观展时间及作息安排。重点活动如专业论坛、行业峰会等一般安排在上午或下午的黄金时段；各类表演、比赛等公众活动一般安排在周末或假期等普通观众相对集中的时间。对于部分活动安排相对紧凑的展会，组展方可将不同行业、主题的活动作为平行会议，但需要兼顾参与者的综合需求，尽量使每一个行业的参与者能够出席所有他所关注的相关行业的活动。

为做好展会时间的统筹安排，组展方一般会制作展会活动日程安排（见表

8-5）。

表 8-5　××展会活动日程安排

活动名称	时间	地点	主讲人	入场方式

（4）活动地点。活动地点一般位于展会现场的论坛区域，对于部分规格相对较高的活动，一般安排在展馆专用会议室或周边酒店中举行。对部分举办地点离展馆距离较远的活动，组展方需要考虑参与者的前往方式，如提供穿梭巴士服务等。

（5）活动规模。活动规模指活动计划参与者的数量规模。为做好展会现场秩序管理方案及活动应急预案，组展方需要在活动策划阶段对活动参与者的数量做出预测，并以此为依据确定活动场地。对于规模较大或活动场地容量有限的活动，组展方需要充分考虑人流疏导措施。为提高活动质量，保障参展商的参展体验和展示效果，减少现场活动对参展商的影响，组展方需要做好活动规模的把控。

4. 活动嘉宾与对象

根据活动内容及形式的不同，组展方需要确定相应的活动嘉宾与参与对象。需要注意的是，活动主讲人、嘉宾之间，活动参与者之间的行业类型、职务级别需要具有一定的相似性，以便促进双方更好地进行沟通与交流。

5. 活动流程及资料的编制

为保证活动举办效果，组展方需要根据活动参与者需求、活动目的与活动类型的不同，设置相应的活动流程。活动流程的制定需要尽量细致，充分考虑活动的现场情况，为活动的执行提供参考。

对于专业论坛、行业峰会等专业活动，组展方还需要根据活动流程、会议内容，编制相关的活动资料，如会议议程、领导发言词、新闻稿、主讲嘉宾介绍及主要观点等。

6. 活动执行方案

活动执行方案包括筹备阶段工作方案及活动现场执行方案。活动筹备方案需要对活动准备过程中的时间、人力资源进行统筹安排，运用甘特图或时间进度表等形式对工作进度进行及时把控。对于活动现场工作，组展方需要确定各个活动的现场负责人，做好活动现场筹备工作的统筹与安排方案，包括灯光调试，音响、话筒、投影仪等设备测试以及现场的工作人员、服务人员和设备维护人员的沟通协调等。

7. 经费预算

活动费用需要根据以往的经验和目前的现实情况编制详细而周密的经费预算，并对活动经费使用情况与预算做好比较分析，对活动成本及支出做好把控。

8. 应急预案

大部分的展会活动均在展会现场举行，活动期间聚集大量人流，对展会现场的秩序管理与控制提出较高的要求。因此，组展方需要提前做好活动应急预案，对活动期间有可能发生的突发状况做好相关应对措施，以保证展会的顺利举行。

9. 活动评估与总结

为促进展会品牌活动的培育，提升展会活动的整体水平，组展方需要在活动后及时进行展会活动评估，分析活动举办对组展方、参展商、活动参与者及其他利益相关方带来的效益和效果以及对展会举办地的社会、经济影响。同时，对活动策划、筹备过程、经费预算、举办效果等进行评估与总结，为下一届展会的相关活动策划提供良好的参考依据。

展会活动类型多样，不同的活动能够满足参会者不同的需求，并为其带来不同的参与体验。组展方应始终立足于目标客户的需求，举办相应类型的活动。值得注意的是，活动主题和内容的选择应贴合展会主题与定位，明确活动举办目的，避免脱离展会实际。此外，展会活动的数量并非越多越好，组展方应根据自身资源及能力，有的放矢。过于紧凑的活动安排不但增加与会者的参与压力，对组展方的筹展工作也会带来影响，还会增加展会现场的秩序管理工作压力。喧嚣拥挤的展会现场还将影响参展商的参展体验，损害展会整体形象。

实务分析

本节将结合广州（国际）小空间·简约集成创意家私贸易展览会模拟策划方案，对招展、招商以及相关展会活动策划方案的撰写进行介绍。

广州（国际）小空间·简约集成创意家私贸易展览会 招展方案

一、产业分布特点

目前我国家居建材产业发展迅速，已成为世界上最大的建筑材料生产国和消费国，相关产业发展多年维持在20%以上的递增速度，专业人士预测，2015年建材装饰市场产值有望达到40000亿元。时下，随着国家40000亿元巨资投入拉动内需，多项扶持政策相继出台，住宅将成为五大消费热点的第一增长点，其将更加促进家居建材行业的发展。

创意家居设计用品的市场需求量很大，随着经济的发展，地价、房价越来越高，人们的购房期望倾向于小户型，特别是刚刚参加工作的白领阶层，追求高质量、高水平的生活，对小空间的住房也要求前卫、时尚，并尽可能地利用空间。创意家居设计和用品的市场分布很广泛，除中国内地外，在中国香港、中国台湾、日本、欧美也都有很大的市场（见图8-4）。

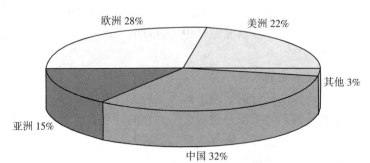

图8-4　创意家居设计和用品的市场分布

目标参展商名录如下（见表8-6）：

表8-6　目标参展商名录（部分）

深圳市丝露花雨花艺制品有限公司	上海凤印堂经贸发展有限公司广州办事处
深圳市莱菲花艺有限公司	香港祥友国际企业有限公司
福州尚品工艺品有限公司	河南华夏丝毯厂
深圳爱度生活体验报告馆	A.I.A.L. Confartigianato Legno Arredo
深圳市花卉之源实业有限公司	A.R.Arredamenti
广州简约家居有限公司	A.T.M.A. Consorzio
深圳市海韵苑家居装饰品有限公司	Best Interiors Warner World Media Publishing House
东莞市艺峰饰品有限公司	Best Store Corporation Sdn Bhd
深圳市凯利豪贸易有限公司	F.B.L spa
桂林市匠心文化产业有限公司	F.i.m.e.s. dei F.lli Longoni sas di Longoni G. & C.
东莞市沙田镇宏力石材家具制品厂	F.L.A.I. snc di Didone' G. & C.
潮州市龙湖中顺工艺厂	
马尊家居饰品	
利来行家居配套中心	

二、展区和展位的划分

展区、展位的划分见图8-5。

三、招展价格

1. 招展价格的制定

本次展会的价格定位追求的是展会质量领先目标，是以保证向客户塑造一个高质量的展会为主要目标的价格定位。因此本次展会采取的是需求导向定价法与竞争导向定价法相结合，并综合考虑了办展场馆的条件来进行价格定位。在广州

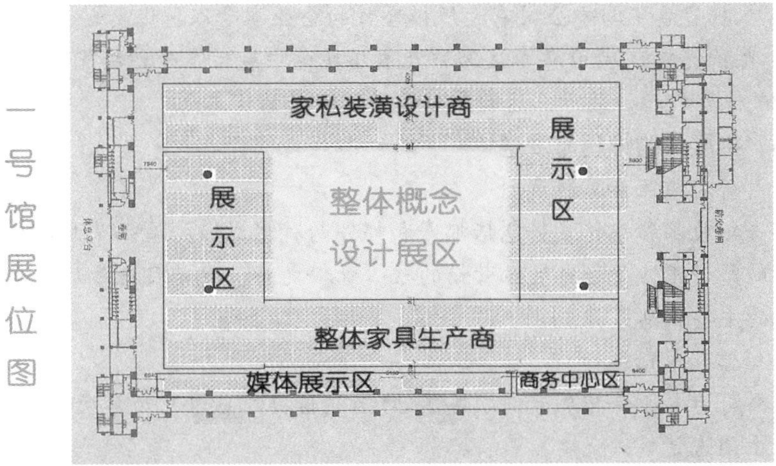

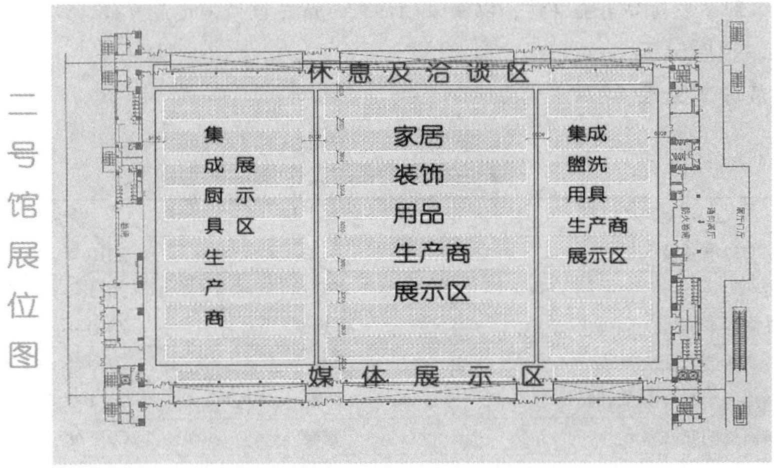

图 8-5 展会展区及展位分布图

琶洲保利世贸博览馆办展的其他相近或相似展览的展位价格在 7800~12000 元/个标准展位，以本公司的企业多年来塑造的企业形象打造一个高品位的专业家居展会，参展商对展会的认可程度和认可价值都比较高，相比之下，我们公司把本次展会的展位价格定位在 10000 元/个标准展位。

2. 招展价格折扣

（1）免费服务。本展览提供以下免费服务：

1）空地特装。场地管理费由主办方交纳，参展商无须再向搭建公司交纳。

2）含搭建标准展位的费用。为每个标准展位（3 米×3 米）提供：围板、楣板、灰色地毯、接待台一个、一桌三椅、垃圾桶、射灯四盏、2.5A500W 电源一处。

（2）特别折扣。本展会对符合条件的企业提供折扣：

1）八折优惠。与本公司有大规模合作的企业享受八折优惠。

2）九折优惠。2009 年参展客户在本届展会中展位享受九折优惠。

（3）位置折扣。展厅三边的展位给予九五折的优惠。

四、招展函的编制与发送

1. 邮寄招展函和宣传资料

邮寄招展函和宣传资料包括邮寄和邮件两种形式。招展函是向参展商发出友好邀请的第一步，是进行展位营销的核心资料之一，也是目标参展商最初了解展会情况的主要信息来源。

2. 短信和电话邀请

本公司为本展会招展专门配备了 20 名电话接线员以及两名短信通知人员。

3. 上门邀请

员工到参展商公司去拜访，以面谈的形式邀请参展商，是最直接、最有效的方式。

五、招展分工

招展分工见表 8-7。

表 8-7　展会招展工作分工

事项	负责人员	完成时间
招展前期物资准备及人员安排	张秦	2010 年 5 月 1 日
广告宣传	李梦达	2011 年 4 月 30 日
国外代理商联系商榷	黄启明	2010 年 8 月 15 日
媒体、行业协会、商会联系	李梦达	2010 年 8 月 15 日
公司内部招展小组分配及调度	张秦	2011 年 4 月 27 日
展商资料信息的整理录入	张秦	2011 年 4 月 28 日
展商交纳费用的存储及招展费用的管理	黄启明	2011 年 4 月 28 日

六、招展宣传推广

招展宣传推广的策略：本次展会的主题是创意家居，特色和亮点是在“创意”上，利用有限的空间来布局，使房间变“大”。时尚前卫的装修、家具、装饰是吸引顾客的特色之处。我们为顾客提供的是优质、高利用率、时尚、个性、前卫的家居生活。从客户出发，用精心设计的布局使有限的空间变得无限。

招展宣传推广的渠道：本次展会通过召开新闻发布会、在专业和大众报刊上做广告宣传、向相关人员直接邮寄展会资料、在官方网站及其他网站上宣传推广等多种渠道进行。

招展宣传推广的时间和地域安排：在招展实际工作前为招展工作造声势、造知名度十分重要。具体进度见进度安排表（见表 8-8）。

七、展位营销办法

1. 关系营销

往届展会与顾客以及展会服务中间商等已经建立并保持着密切的联系。利用与顾客结成的这种长期相互依赖的关系，发展办展机构和顾客之间的连续性交往，以提高顾客的忠诚度来巩固市场，销售展位。

2. 合作营销

本次展会通过与有关机构和单位的合作来扬长避短优势互补，拓宽营销渠道和营销范围，扩大营销覆盖的地域，利用合作机构的力量和渠道来扩大展位营销。

3. 直复营销

本次展览采取了多种媒介进行展位营销，包括邮寄销售、电话销售、展会现场推广、直接拜访客户以及其他媒体营销等。

4. 网络营销

展会拥有自己的官方网站，顾客可通过网络查阅展会的相关信息，及时地反馈自己的参展信息，预订展位，并且可以增强本公司与参展商之间的合作关系。

八、招展预算

招展部分的支出主要包括宣传和人员两个部分：

1. 招展宣传

（1）报纸杂志。报纸 1/8 版面，20000 元/则 ×3 则 = 60000 元；家居生活类杂志，100000 元/篇 ×3 篇 = 300000 元。

（2）其他网站广告宣传。其他网站广告宣传预算为 100000 元。

（3）广播。500 元/15 秒 ×10 则/天 ×5 天 = 25000 元。

（4）宣传资料。宣传资料邮寄为 10000 份 ×（3 + 0.6）元/份 = 36000 元。

（5）短信、电话费用。短信 20000 条 ×0.1 元/条；电话费 10000 元。

2. 招展人员

（1）短信电话以及邮件邀请。短信电话以及邮件邀请需要支出：4 人 ×80 元/天 ×2 天 + 20 人 ×150 元/天 ×5 天。

（2）上门邀请人员工资。上门邀请人员共工作 10 天，工资为：15 人 × 2000 元/人。

九、招展总体进度安排

招展总体进度见表 8-8。

表 8-8　招展进度计划

时间	招展措施	宣传推广支持	计划完成的招展任务（%）
2010 年 5 月	开始宣传并接受参展商报名参展	报纸杂志、交通广告及网络宣传等	10
2010 年 9 月	加大宣传力度	广播广告和地铁广告	15

续表

时间	招展措施	宣传推广支持	计划完成的招展任务（%）
2010 年 11 月	员工主动联系	短信、信件、邮件、电话、上门邀请参展商	40
2011 年 1 月	整理网上预订信息	官方网站及其他网站的宣传	18
2011 年 4 月	员工再次走访	给予参展商一定的优惠条件	12
2011 年 5 月初	逐渐减少广告投放及人员安排	给予参展商更多的优惠，确定参展商名录	5

广州（国际）小空间·简约集成创意家私贸易展览会招商方案

一、目标观众市场分析

1. 目标观众参展目的分析

（1）目标国内客商参展目的预测。目标国内客商参展目的预测见图 8-6。

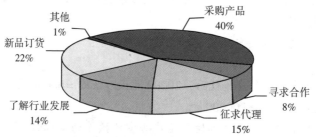

图 8-6　展会目标国内客商参展目的分析

（2）目标外商参展目的预测。目标国外客商参展目的预测见图 8-7。

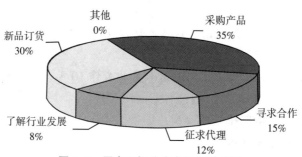

图 8-7　展会目标外商参展目的分析

2. 目标参展专业观众的业务性质构成

（1）目标国内客商的业务性质。目标国内客商的业务性质分析见图 8-8。

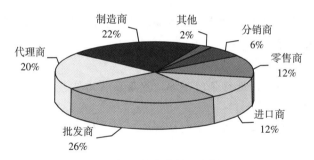

图 8-8　目标国内客商的业务性质分析

（2）目标国外客商的业务性质。目标国外客商的业务性质分析见图 8-9。

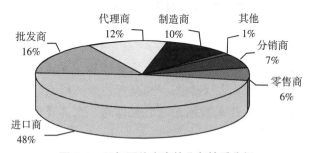

图 8-9　目标国外客商的业务性质分析

（3）目标客商的地域分布。

目标客商的地域分布见图 8-10。

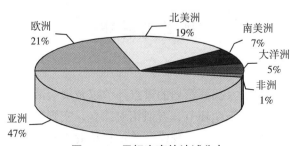

图 8-10　目标客商的地域分布

二、目标商客的获取方式

1. 广告

通过地铁电视、电台、报纸、专业杂志、网络等媒体进行全面宣传推广该展会，使得更多的目标参展观众知晓本次展会，并尽力激起他们的参展欲望。

2. 网站

借助其他知名专业网站，大力推广本展会官网，让更多参展商及观众能在此网站得到自己想要的信息，对本展会加深了解。同时开启网上招展、网上预订、网上展览等相关功能。

3. 推广

组建宣传推广小组，进行登门拜访，搜集参展商信息。

4. 社会组织

通过国内外专业协会、商会及驻外商务机构宣传推广、组织观众。

5. 政府部门

通过国家政府相关部门邀请并组织专业观众参会。

6. 同类展会

选择参加国内较具规模和影响的同类专业展会，进行宣传推广和观众组织工作，直接面对专业客商。

7. 宣传资料

印发大量邀请函、宣传单、广告彩页等宣传品，并在会前通过实体宣传品及使用短信、邮件等方式向相关企业、经销商、专业观众、专业设计师以及各大专院校和科研院所"轰炸式"地发送展会信息，尤其是邀请业界的专业人士及广大用户前来参展选购。

8. 利用原有储存、收集的信息。

资料来源：乔梁，赵冬啟，梁少霞，钟梦怡.《广州（国际）小空间·简约集成创意家私贸易展览会策划书》(2008级会展策划大赛优秀团队策划方案)，2009.

思 考 与 展 望

本章主要介绍了招展及招商策划的重点环节以及展会活动策划的要点。三者作为展会策划至关重要的三个环节，看似相对独立，实则环环相扣：招展工作直接影响展会参展商的性质、特点、规模及质量；招商工作直接影响展会观众的来源、性质、规模及质量；展会活动则能够充分弥补现场展示的局限性，将参展商、观众以及其他利益相关方更好地聚集到展会这一大平台上，促进他们开展各类沟通、交流，实现多方合作共赢。

通过本章的学习，会展策划人员需要了解招展、招商和活动策划的基本方法。在具体策划时，需要从目标客户的需求出发，结合展会项目本身的特点，有针对性地制定相应的策略，并从展会整体定位的角度，统筹各方面工作的策划与开展。

第九章 会展营销与宣传推广

营销的作用就是满足消费者需求，运用有效的营销策略开发市场、占领市场。对于展会而言亦然，一个成功的展会必须满足市场现状，把握参展主体的需求，并量身定做符合其参展目标的展览，还要通过各种营销宣传手段，将自己的展会"推"出去。

本章主要介绍会展营销与宣传推广的方法，从四个方面展开，分别是会展营销概述、会展营销方式、会展宣传推广、会展营销新趋势。主要讨论会展营销的对象、特点、策略、方式以及会展宣传推广的步骤、特点、途径，等等。本章最后还讲述了在现今迅猛发展的会展市场中，有哪些会展营销的新趋势值得会展策划人员借鉴，可以帮助其进行有效的营销推广创新（见图9-1）。

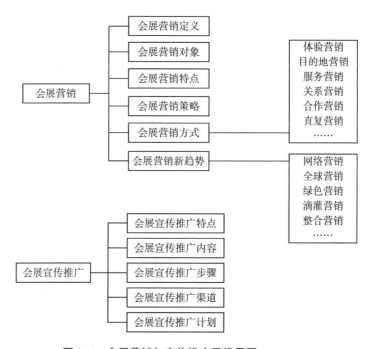

图9-1 会展营销与宣传推广思维导图

第一节　会展营销概述

展会营销是组展方进行参展商及观众招揽、赞助商招募的重要策略。通过不同的展会营销组合，使参展商、观众以及其他展会相关利益方认可展会价值，同时传递客户满意度。

一、会展营销定义

展会营销是指组展方通过展会服务、定价、渠道、促销、形象设计与宣传等手段，以达到吸引目标客户、提高展会品牌价值与影响力的一系列市场推广活动。

在制订展会营销计划前，首先需要明确营销的目的。展会营销的主要目的是有效地将展会价值、特色传递给目标客户，以满足其需求。因此，一个成功的展会营销应该实现以下目标：①增加客户参展效益。②提高参展客户的影响力和知名度。③促进参展客户之间的交流和沟通。④帮助参展客户达到特定目标和目的。⑤增强客户满意度和黏性。⑥提升展会品牌形象和影响力。

本书认为展会营销的对象不应该仅仅局限于参展商，营销的目的不单局限于展位的销售促进。立足于"利益一体化"的思想，成功的展会营销应该关注展会平台上各个利益相关方的价值期望，为其创造与平台中不同群体进行信息传递、利益分享的机会，从而培养客户忠诚度，实现展会大平台的利益共享。

二、会展营销对象

在展会发展趋于成熟的阶段，各参与方之间的互动更加频繁。他们既关注自身利益，又对其他参与方具有一定的影响，如参展商往往关注展会专业观众的规模和质量；专业观众关注展会展品的数量和品质；媒体关注参展商和观众的代表性；协助方则关注展会的发展潜力以及参展商和观众的对接给自身带来的效益，一方的参与往往会带动另一方对于展会的依赖性和满意度。因此，展会策划人员在制订营销计划时，应考虑不同利益相关方之间的相互联系，面向不同的对象，具有针对性地制定策略，以提高营销效率（见表9-1）。

表 9-1　会展营销核心层利益相关主体的营销关系

营销对象	营销内容	营销目的
参展商	展会信息、观众质量、参展效益	吸引参展商参展 增强客户忠诚度

营销对象	营销内容	营销目的
观众	展会题材、展示内容的前瞻性、代表性和丰富性 展会活动效益	吸引专业观众参观 加强观众与参展商的交流
媒体	展会信息、展会新闻亮点	吸引公众关注，促进招展招商 提升展会知名度 传递行业信息
协助方	展会品牌价值、行业及社会定位 合作效益性	提高展会的行业影响力 招揽参展商及观众
服务方	展会办展理念、品牌价值、发展潜力	提升展会服务质量

1. 参展商

参展商是展览会中重要的主角之一，其数量、级别、展示面积以及参展效果是展会成功与否的重要标准。企业参展所关注的焦点主要包括专业观众的规模和质量，展会能否实现产品展示、促进产品销售以及提升自身形象，增强企业品牌影响力等。不同类型、级别的企业，其参展目的也有所差异。因此，组展方应该区分不同参展需求，具有针对性地实施不同的营销策略，协助参展商更高效地识别有效客户，通过各类活动以及现场广告，使参展商的形象更加全面地呈现在观众面前，以提高其参展满意度。

2. 观众

随着不同行业的市场格局逐渐从卖方市场向买方市场转变，企业的参展决策往往受展会观众的类型、质量影响，因此组展方对专业观众的邀请和营销不容忽视。专业观众一般首先关注展会的主题是否具有前瞻性，展示内容是否代表行业最新的产品、技术和服务。其次，专业观众还希望能够通过展会与同行进行信息共享和技术交流。组展方在进行展会营销时，可着重对展会主题、内容、参展商的代表性以及展会配套活动的效益性等方面进行营销宣传。

3. 媒体

由于行业专业媒体掌握大量的广告客户资源，这部分资源往往能够转化为潜在参展商、观众，且媒体拥有自有宣传渠道，能极大地降低组展方的宣传成本。此外，公众媒体还可以广泛地面向社会大众宣传展会信息，覆盖面广，能够有效地营造社会舆论氛围，而且对于展会的评价往往也会影响目标参展商、观众以及社会公众对展会的印象。组展方应当把握媒体的资源优势，向其重点营销展会信息与新闻亮点，一方面吸引专业媒体参与招展及招商工作，另一方面使展会获得公众媒体的认可，增强展会宣传影响力。

4. 协助方

协助方如政府部门、相关行业组织和团体等，对于展会的组织、操作、招展、招商、宣传推广具有支持作用。由于协助方长时间深入行业当中，行业资源丰富，且对于行业实际情况十分熟悉，组展方若能够与行业中强势组织合作，组展工作将获得事半功倍的效果。而协助方往往关注的是展会的品牌价值、展会在该行业当中的定位是否与该组织的定位相符以及作为展会协助方的效益性。组展方应通过展会营销吸引更多具有实力的协助方加入到展会平台上，以提高自身的行业影响力，提升招展及招商工作的效果。

5. 服务方

展会服务方为展会提供各类服务支持，是展会顺利举办的重要保障。特别是在展会竞争愈发激烈的今天，服务质量成为展会的核心竞争力，是打造品牌展会的重要元素。吸引具有实力的服务方为展会做好后勤支撑显得尤为重要。组展方通过展会营销使服务方了解和认同展会的办展理念，并为之提供持续不断的优质服务。同时服务方对展会品牌价值的认同及发展潜力的信任，将促使其树立长远的合作目标，不断提升服务质量以达到展会的发展要求。

三、会展营销特点

展会营销的具体表现形式是多样的，展会策划人员需要了解展会营销的特点，才能够更好地把握展会营销的核心，以保障展会营销的效果。

1. 营销对象的复杂性

展会的策划与运营需要众多相关群体的参与，包括参展商、观众、媒体、服务方和协助方，其特点及接受程度的差异，导致在对其进行展会营销时，营销渠道的选择、营销内容的侧重点均有所不同。组展方需要通过市场调研深入了解不同参与方的参展需求，厘清不同利益相关者之间的相互作用和吸引力，并选择相应的营销渠道有针对性地传递展会信息。

2. 营销内容的整体性

展会的举办时间、地点、主题、内容等都是展会利益相关方所关注的内容，而这些内容又是松散而零碎的。因此，在进行营销时，需要注意营销内容的整体性，将展会信息以及展会外部条件，包括举办地区位条件、配套设施、行业优势、经济、政治文化、接待能力等因素进行有效整合，依托各类有形载体传递到目标客户当中，使其相信展会可以为其带来独特的参展利益，进而促进展会销售。

3. 营销手段的多样性

展会营销对象的复杂性及营销内容的多样性导致组展方需要综合运用各类手段开展宣传推广工作，以达到预期营销目标，包括传统的报纸、杂志、传单，还包括电话、广播、电视、户外广告等。近年来，随着网络与新媒体的兴起，利用互联网网站、邮件、微博、微信等渠道传递营销信息也成为一种新的趋势。需要注意的是，营销工作具有明显的阶段性，因此组展方需要根据展会宣传营销进度与节奏，面向不同的营销对象运用不同的营销手段，为客户留下深刻的印象和触动，从而激发其参展愿望。

4. 营销对象的参与性

展会营销过程是长期的、周期性的，具有一定的整体性和系统性，组展方并非每次都能准确地把握营销关键点，在目标客户当中形成轰动效应。因此，组展方还需要在长久地与客户沟通当中，不断调整和完善自身的营销策略，加强营销对象的参与性。另外，展会独特的平台特性导致不同参与者之间存在各类合作与供需关系，如参展商往往熟悉观众的营销特点，行业协会更加熟悉企业的决策行为。因此，组展方可以通过引导此类群体参与营销过程，以提高自身的营销效率。

四、会展营销策略

不同行业的特征差异以及行业中供需双方的关系特点，都会影响展会的营销策略。同时，如前文所述，展会营销对象众多，不同对象之间相互作用和影响。因此，组展方需要结合自身情况，根据展会市场特点，选择有效的目标市场实施相应的营销策略，才能更好地改善营销效果。

1. 目标市场营销策略模式

一般展会目标市场营销策略主要包括三种模式，即无差异性目标市场策略、差异性目标市场策略和集中性目标市场策略。不同的营销策略基于组展方不同的市场态度，其营销侧重点和营销目标亦有所差异。

（1）无差异性目标市场策略。无差异性目标市场策略强调目标客户的共同需求，忽略不同个体之间的差异，是把展会市场作为一个整体营销目标的策略。采用这一策略的组展方，一般具有强大的组展实力，经济实力雄厚，掌握广泛而可靠的媒体宣传渠道并采用统一的广告宣传方式和内容。

（2）差异性目标市场策略。差异性目标市场策略是把整体展会市场划分为若干细分市场，针对不同的细分市场分别制订不同的营销计划，提供具有差异性的展会服务产品，以满足不同客户的需要。

（3）集中性目标市场策略。集中性目标市场策略并非以整个市场作为营销目标，而是组展方选择一个或几个细分的展会市场作为营销目标，集中自身的优势力量，对目标客户采取有效的营销策略，以取得在细分市场上的优势地位。

2. 不同条件下营销策略的选择

展会的市场营销策略的选择是各项办展条件的综合考虑的结果（见表9-2）。一般而言，实施无差异营销策略的组展方，具有雄厚的实力，管理水平较高，且具有相对丰富的行业资源，能够支撑组展方开展全面而广泛的营销工作。无差异营销策略一般适合处于导入期和成长期的展会项目，此时市场中竞争者少，垄断性强，组展方只需要面向行业进行广泛的营销，即可吸引目标客户参展。

随着展会项目走向成熟，市场需求开始出现分化，同一行业当中的展会数量快速增长，竞争越来越激烈。组展方需要根据不同的细分市场实施具有针对性的营销策略，以吸引不同需求的客户参与展会。实施差异性营销策略要求组展方具有良好的市场调研能力、分析洞察能力以及营销执行能力，因此组展方的经济实力也相对雄厚，客户及信息资源相对丰富。

对于刚刚进入展会市场的组展方，他们实力较弱，受到人力、物力、财力以及社会资源的局限，难以在市场当中实施大规模的营销活动。因此，他们需要结合自身情况，选择一个或几个具有条件优势的细分市场进行集中性营销。通过项目深耕，可以促使组展方在细分市场当中取得优势地位。

表9-2　不同条件下展会营销策略选择

	无差异营销策略	差异性营销策略	集中性营销策略
会展市场宏观环境	供小于求	供大于求	供大于求
组展方自身实力	实力雄厚、管理水平高、信息资源丰富	实力雄厚、管理水平高、信息资源丰富	实力弱小，财力、物力、人力、信息资源不足
展会产品或服务特点	同质性会展项目	差异性较大、选择性强的会展项目	差异性较大、选择性强的会展项目
展会市场需求状况	需求接近、市场类似	需求异质性强	需求异质性强
展会项目生命周期	导入期、成长期	成熟期	导入期、成长期、衰退期
展会市场竞争状况	竞争者少、垄断性强	竞争者多且实力强大	竞争者多且实力强大

第二节　会展营销方式

在确定展会目标市场营销策略后，就需要根据目标市场特征，选择相应的营销方式。营销方式是营销工作的重要载体和表现形式，运用不同的渠道将无形的营销内容传递给目标客户，以获得客户的认可。在实际操作当中，展会营销方式主要包括体验营销、目的地营销、服务营销、关系营销、合作营销及直复营销等。

一、体验营销

20世纪70年代，美国西北大学市场营销学教授菲利普·科特勒首先提出"体验经济"的概念。同年，美国著名未来学家艾利维尼·陶夫莱（Alivin Toffle）

在 《未来的冲击》中提出，体验经济是继农业经济、工业经济、服务经济等经济形态之后的一种新的经济发展模式。在展会同质化愈发严重的今天，体验营销在会展行业的运用为展会带来新的活力。

1. 体验营销的概念

体验经济是指 "企业以服务为舞台、以商品为道具、以消费者为中心，创造能够使消费者参与、值得消费者回忆的活动。其中商品是有形的，服务是无形的，体验是难忘的"。展会体验营销则是指组展方通过目标客户观摩、聆听、参与、尝试等方式，使其亲身体验展会产品或服务的品质或性能，从而促使客户认知、喜好展会并做出参展决策的一种营销方式。展会体验营销是以满足客户体验需求为目标，以展览会为平台，利用服务、气氛、感官、认知等多种体验要素，使目标客户融入情景当中以获得体验价值，促使组展方与参展商、观众、媒体、协助方、服务方实现价值链的深层次对接，最终实现多方共赢的营销方式。

2. 展会体验营销的特性

展会是一种传递信息、促进营销的活动，是产业中供需双方能够进行直接交流和接触的平台。当前各类展会在形式、功能、营销方式上都在不断进行创新和尝试，而体验营销所强调的客户参与性、需求满足性、个体差异性、主题传达性和参与诱导性正好能够服务于展会开放、双向、直接的特性，并产生一定的 "化学反应"。

展会融入体验营销之后，能够从客户的感官、情感、行为、思维等角度出发，将展会的营销目标和品牌价值塑造无形地贯穿展会始终，为客户带来全方位、全感官的参与体验。

（1）顾客参与性。体验营销强调与顾客的沟通，顾客需要全程参与其中并在活动过程中获得各种体验享受。体验是以客户为价值创造主体，使营销成为真正意义上以展会参与者为中心的互动过程。

（2）需求满足性。体验是一种独立的经济提供物，有些特殊的产品或服务还具有使客户产生体验需求和冲动的特质。体验能够让客户满足亲身感受的需求，为其带来满足感。

（3）个体差异性。体验的个性化是体验营销的灵魂，它要求为展会参与者提供某种特殊的、能够触动其内在情感与情绪的心理感受。由于个体的差异，每个个体在体验中获得的感受也不同，这与产品经济和服务经济提供的标准化产品有本质差别。

（4）主题传达性。体验营销中的体验活动一般拥有一个明确的主题。主题是营销传播的品牌核心价值，是组展方希望通过体验活动向公众传达的信息，也是社会大众了解展会的首要方面。一个鲜明的主题有利于激发参与者的兴趣。

（5）参与诱导性。体验营销的目的在于促进展会销售，通过各种手段提升展会知名度，使展会参与者在参加展会的过程中享受到愉悦、轻松、刺激等感受，为其带来强烈的心灵震撼，以塑造深刻、独特的展会品牌。

3. 展会体验营销层次

体验式展会营销围绕展会主题，通过视觉画面、听觉声音、触觉展品甚至嗅觉味道等，为与会客商创造难以忘怀的参与体验。具体而言，展会组展方主要从与会客商的情感、思考以及行动角度出发进行展会体验营销（见表9-3）。

表9-3　展会体验营销层次分析

体验营销层次	载体	营销产物	持续性
情感体验	展位布局、灯光、展会主色调	情感触动	稍纵即逝
思考体验	展品展示、主题展示、展会活动	品牌联想	短暂
行动体验	展会服务	客户行为	长期而深远

（1）情感体验。情感体验指组展方关注多方客户的内心情感，综合运用场馆布置，如展位布局、灯光、展会主色调等元素，为与会者创造情感体验。展会对于参展商、观众以及其他相关利益方情感的触动，将有助于深化客户对展会的品牌记忆，塑造非同寻常的展会形象。

（2）思考体验。组展方通过展会展品、服务、主题展示、创新性的展会活动等形式，激发与会者的兴趣与好奇心，引导与会者对展会进行更加细致且具有创造性的思考，从而对展会进行重新定位。与会者在展会中所形成的体验感知将增强展会品牌联想，对展会品牌的打造具有重要意义。

（3）行动体验。行为体验相比以上两种体验更为直接，是指组展方将展会文化、展会品牌理念融入与参展商、观众以及其他相关利益方长期接洽的过程中，通过展前协助、现场服务以及展后跟踪等形式，主动而持续地为各利益方提供独特的参展体验，并逐渐外化为与会者的行为方式或生活方式，对其产生长远的影响。

4. 体验营销在展会中的运用

体验营销策略的实施方式是多样的，是贯穿展会全过程的。具体而言，目前体验营销在展会中的运用主要包括各类创新性的体验活动、展会现场立体传播方式、电子媒介营造体验氛围、娱乐体验营销、教育体验营销、服务体验营销以及审美体验营销等。

（1）创新体验活动。新颖的主题活动往往能够激发与会者的参与兴趣，从而在不知不觉中传播展会及参展企业的品牌形象。如华润蓝剑集团在全国糖酒会现场打造了大型参与式多米诺骨牌体验活动，50余万块倒下的骨牌呈现出八个大字——"蓝剑啤酒，精品纯生"，八万多名来自全国各地的糖酒会经销商和普通消费者在"玩转城市多米诺"的互动游戏中过了一把终极体验营销瘾。

（2）立体传播。立体传播指通过全方位、多感官的立体氛围设计，带动客户五大感觉器官，使与会者能够跨越视觉、听觉等平面感观，获得多觉或五觉共通的立体体验。立体传播方式能够为与会者留下深刻的体验，使其获得难忘的回忆，从而增强展会品牌传播的联想度和持久度。

（3）电子媒介营造体验氛围。电子媒介是指运用电子技术、电子技术设备及其产品等进行信息传播的媒介，包括广播、音响、电视、电脑、移动终端等等，营造出各式各样的体验氛围，为参会者带来丰富的感官体验。

【案例分析】变形金刚 30 周年展 3D 展馆打造视觉奇观

"缤纷漫博展广州站——暨变形金刚 30 周年"在广州正佳广场举行。展览采用专门定制的 3D 异型结构投影技术，与正佳广场场地特色结合，形成多层次的复式展馆，呈现超震撼的视觉效果，让市民仿佛置身于"赛伯坦星球"。展览以变形金刚的故事为主线，根据展览区域划分设计了任务关卡模式引领观众看展。观展者从进入展区那一刻起，就代表着某一变形金刚派别看展，并且将属于自己的角色贯穿始终，亲身体验变形金刚的故事。

除了静态展览外，展区还设置了丰富的互动体验区，带来声、光、电全方位感官体验。市民在互动展区可以亲手为汽车人启动能量传输模域，好看更好玩。音响、电脑等电子媒介的引入一改单纯的模型展示单调、呆板的形象，丰富的视觉感受增强了展会的体验性，为观众带来独特的、难以忘怀的参观体验。

资料来源：中国国际动漫网. 缤纷漫博展广州站——暨变形金刚 30 周年媒体见面会举行 [DB/OL]. http：//www.chncomic.com/info/201407/38114.html，2014-07-28.

（4）娱乐体验营销。娱乐体验营销是指打造一系列娱乐性强、激发观众内心愉悦感的活动，如部分展会举办"抓红包机"、"微信摇一摇"等活动派发奖品，邀请名人明星到现场与观众互动，或在展会现场放置游戏体验机，等等。这些活动趣味性十足，带给观众娱乐体验，从而延长观众在展馆内的逗留时间，带动展会人气，同时也为参展企业与观众交流、商洽提供更多的机会。

【案例分析】WEWE"娱乐式购物体验馆"颠覆展会体验营销

2014 年中国国际服装服饰博览会（CHIC）在办展理念上有了新的提升。除展位设计更加精致外，完全突破了传统服装品牌参展的诉求，不再单纯地将观众置身于满目繁华、极尽华美的展馆设计中，而是更加关注观众的参观体验。

其中，2014年中国国际服装服饰博览会中的参展商WEWE不仅展出的产品和展位设计让人赏心悦目，更为到场观众打造一种"娱乐式的购物体验"。走进WEWE展馆，礼仪人员亲切且迅速地为所有愿意装上WEWE公司APP的客人装上APP软件，为观众打开购物体验之旅。

当顾客走到一组别出心裁的场景前，手机将自动响起"××女士，您好，您现在所关注的是WEWE的建筑美学系统产品，其风格以……"，自动语音提示实现了极尽人性化的主动推荐，堪称是一场时尚服装与电子技术高度融合的盛宴。

WEWE展馆中有一块神秘区域，只要人走进这片区域静止五秒，马上就会收到手机提示音"您好，您现在进入了WEWE惊喜摇奖区，您将获得一次APP摇奖机会，百分之百中奖，有特殊惊喜……"，让参观展会的消费者拥有更多特殊的礼物惊喜。许多人都在WEWE展馆中寻找惊喜摇奖区，几乎让WEWE展馆里人满为患。

展馆内还特别设置了一个虚拟试衣间，每一件产品上都有一个特殊的芯片，只要观众挑选好衣服走进虚拟试衣区，马上你就可以在试衣区的iPad中看到衣服穿上的效果及WEWE智能系统推荐的搭配，更有甚者，如果试衣的顾客是WEWE注册会员，那么智能系统可以准确地叫出会员姓名，极人性化地推出"猜你喜欢"的多种搭配款式供顾客挑选……

2014年WEWE展馆并不大，与2013年WEWE那个巨大的独立展馆相比，今年更加精致，但是却将购物体验的环境打造得淋漓尽致，让每一个进入WEWE馆的顾客多了几许寻幽探奇的童心。

展会现场各类娱乐体验活动能够在短时间内吸引大量观众驻足，延长观众逗留时间，为参展商进一步接触观众，进行深入沟通创造了机会，对消费型展会的促进作用尤为明显。对于展会而言，亦为与会者创造了独特的参展体验，提升其满意度。因此，组展方既可以独自策划各类娱乐体验性活动，亦可以引导参展商开展各类体验互动，共同促进展会展示水平的提升。

资料来源：NaNa.WEWE首推"娱乐式购物体验"馆，引爆2014CHIC［DB/OL］. http：//www.nzw.cn/2014/0408/170864.html，2014-04-08.

（5）教育体验营销。通过打造特定的体验产品和活动，引起目标客户的好奇、兴趣以及对问题的思考，使展会参与者思想上受到启发、文化上得到教育、心灵上受到熏陶，如在一些节能环保展中，组展方在现场使用环保电力车，运用太阳能发电，并使用节能灯等，且参展企业的展台搭建也尽可能使用循环环保材料及模块化组件。通过一系列的措施为参展商节约办展费用，并为到场的观众带来亲身体验，起到宣传教育作用；又如在上海房地产博览会上举办二手房交易讲座,参观者可以免费参加相关讲座,提高对二手房的认识。通过讲座形式,调动了消费者的认知体验,同时也使消费者对于房地产企业、房地产中介等参展商的信任度大幅度上升。

(6)服务体验营销。组展方为参展商及观众提供优质的服务,为其打造高质量、个性化的服务体验。对会展行业而言,一切的营销策划最终都将通过服务来实现,因此良好的服务至关重要。服务人员通过自身衣着打扮、行为举止为展会参与者留下深刻印象,创造更好的观展体验。如在大型游戏展会中国国际数码互动娱乐展览会(China Joy)上,可以看到各种造型不同、装扮成各类游戏人物的服务人员在为展会观众提供服务。这种特殊的装扮为观众带来身临其境的感受,仿佛置身于游戏世界当中,使观众能够更好地享受虚拟游戏带来的乐趣。

(7)审美体验营销。审美体验营销指通过灯光、色彩、主题、装饰、布置等使展会从视觉上更符合人们的审美,甚至达到赏心悦目的体验效果。这在一些创意展、美术展、家具展、服装展等展会上体现得更为明显。

【案例分析】广州国际设计周——黑暗中的“明珠”

广州国际设计周于 2006 年首届举行以来,已成长为国内第一个获得国际工业设计联合会(ICSID)、国际平面设计协会联合会(ICOGRADA)、国际室内建筑师团体联盟(IFI)国际三大设计组织联合认证,全球同步推广的年度设计商务盛事。广州国际设计周作为我国乃至世界设计行业的风向标,不但参展商自行设计的展位备受关注,由组委会独创的“交钥匙展位”(TKB)也成为展会布局的一大亮点。

“交钥匙展位”展区由专业照明设计师进行灯光再生设计,布局灵感源自著名的米兰伊曼纽尔二世长廊(Galleria Vittorio Emanuele Ⅱ)。在个性影慢和专业灯光装饰下,展位之间的通道成为“时尚街道”,两边的展位则如同临街精品专卖店,为观众带来“逛街”般的观展体验,刷新参展商及观众的参展体验。

除了展位布局设计外,广州国际设计周还突破性地关闭了展馆内所有自有灯光,仅依靠展位内部灯光照明。昏暗的环境为展会创造了一种独特的、静谧的展示氛围,帮助每一位进入场馆后的观众尽快平复心境,进行进一步的商业洽谈和艺术交流。同时,排除展馆照明的干扰,还能够充分发挥各个展位自身独特的灯光设计,使其展示效果得到最优呈现:为观众带来独特的视觉体验。

资料来源:广州国际设计周官方网站[DB/OL]. http://www.gzdesignweek.com/about/? 143.html.

二、目的地营销

会展和旅游一样，为客户提供服务产品，需要良好的外部环境作为支撑，因此目的地营销对展会品牌的打造具有重要意义。目的地营销是展会策划"跳出系统外"理念的重要体现，吸引参展商及其他利益相关方参展的因素不仅仅局限于展会的举办时间、地点、展会主题及内容，展会所在地区的经济发展情况、产业条件、政治及文化环境、场馆及配套设施、服务水平、接待能力、安全状况、交通便捷程度、人口密集度等因素都会影响其参展决策与行为。因此，展会的营销也是展会所在目的地的营销，展会策划人员应巧妙运用目的地营销策略，提高展会吸引力。

1. 目的地营销的概念

目的地营销的概念从旅游业发展而来，展会目的地营销指的是将展会举办地作为一个整体进行营销，营销内容包括展会本身，还涉及举办地餐饮、酒店、交通、旅游、零售、物流、金融、保险、广告、媒体、通信、建筑等支持性行业以及当地公安、交通、园林、环保等介入性行业，将展会举办地打造成为独特的、整体性的、富有内涵的目的地形象，宣传和促销包括展会举办地在内的展会项目及服务。

2. 目的地营销策略及对象

展会目的地营销的核心是"宣传所在区域优良的办展环境"。由于这一内容涉及范围十分广泛，因此展会目的地营销往往被视为是办展地政府或行业协会的行为。而组展方一般将营销焦点集中于展会本身，忽略关于展会举办地基础设施、配套服务、旅游资源、交通条件等方面的宣传。事实上，展会功能的发挥以及对相关客户吸引力的形成依赖于办展地区整体资源的组合。因此，组展方在进行展会营销时，应该把展会主题融入举办地大环境当中，把举办地的产业环境、市场潜力、配套服务、区位条件乃至文化氛围、旅游资源等因素与与会者利益联系起来，找到两者的契合点，从而增强展会的整体吸引力。

会展目的地营销的对象十分丰富，包括参展商、专业观众、媒体、协助方以及服务方等，还包括展会举办地的政府、民众。一个展会的举办一方面需要获得展会直接参与者的价值认可；另一方面还需要得到举办地政府和民众的支持。因此在进行展会目的地营销时，组展方需要根据不同群体对展会的需求和期望，寻找展会与其需求的契合点，利用不同的渠道进行针对性营销。

3. 目的地营销系统的构建

组展方是展会的组织者，是连接展会与各方资源的最重要的纽带，组展方通过各个沟通渠道，寻找合适的合作伙伴和营销对象，能够最大限度地整合展会举办地资源，实现展会营销。下面将从政府、区位条件、办展环境、展馆等方面来说明组展方如何实施目的地营销策略。

（1）政府。一个展览的举办要涉及众多政府部门，而组展方则需要尽可能获得这些部门的支持，协调好各部门关系，为展会的成功举办打下坚实基础。同时，组展方和政府亦是互利共赢的关系，组展方通过政府获得相关信息以及交通、运输、海关、通信、传媒等方面的便利，而展会本身也在短时间内为举办地带来大量的人流、物流和资金流，带动区域经济的发展。

（2）区位条件。组展方可充分利用办展城市的区位优势，如在一个工业发达的地区举办工业类展会，或在一个环境优美、旅游资源丰富的城市举办旅游产品展，使展会与当地特点及产业基础融为一体。

除此之外，组展方还要考虑产业结构、基础设施、交通、气候、旅游、经济、政治、文化资源等区位因素，结合举办城市的优势区位因素进行宣传，如河南省郑州市地处中原，自古以来是文化、商贸中心，历史文化底蕴十分深厚，因此"河南省经贸洽谈会"、"郑交会"在招展、招商宣传时以郑州市建城 3600 年作为展会宣传点，使展会更富有吸引力。

（3）办展环境。组展方需要充分了解办展环境，包括宏观环境、行业态势、市场前景、自身条件以及竞争对手条件等。了解这些情况有助于组展方借助其他渠道进行整合营销。如某些展会的组展方实力、资源相对较弱，并非每个组展方都能够承担起庞大的营销推广费用。此时，可考虑与举办地的旅游部门进行合作，将会议、展览活动与城市及周边的旅游景点和旅游服务设施有机地结合起来，并纳入旅行社的旅游线路当中，捆绑成一个目的地整体旅游产品来进行营销。

（4）展馆。大型展馆是一个城市的标志性建筑，如广州琶洲国际会展中心、上海国家会展中心、德国汉诺威会展中心等。大型展馆的建设往往与城市定位及城市整体规划布局密切相关。而展馆的规模、设施等硬件以及展馆附近交通便利程度、酒店、餐饮、娱乐设施完善程度都会对展会的目的地营销产生影响，比如，国际性展会需要场馆规模、相应配套设施符合国际惯例与需求等。

（5）品牌。组展方通过打造一流的展会品牌，将展会与城市形象结合起来，在全球进行有关会展城市目的地的营销，使品牌展会成为当地的标志性活动。在我国有几大标志性的品牌展会，包括广交会、深圳高交会、哈洽会等等，这些展会均成为所在地区的名片，同时也能够利用展会举办地的影响力和经济辐射力为展会带来更广阔的市场空间。

三、服务营销

服务营销是指组展方在充分意识到客户需求的前提下，为充分满足客户需求而在营销过程中所采取的一系列活动。一般而言，展会的成功举办离不开以下三个条件：一是举办地的经济文化比较发达，能够汇聚多方参与者；二是举办地拥有相对完善的交通、通信、住宿等基础设施；三是举办地拥有比较闻名的旅游资源，且游览观光和购物条件良好。上述条件与服务行业息息相关，事实上，会展经济越发展，其服务需求就越突出。随着会展行业的发展，无论是参展商、观众还是其他展会利益相关方对于展会服务的需求层次都相应提高，并向多元化发展。

1. 创新服务营销

由于客户对于展会服务的需求是多样的而又是稍纵即逝的，而一个新的服务需求的出现往往为组展方带来全新的发展机遇。因此，有效洞悉客户需求，并迅速、恰当地做出反应，是展会组织者提升自身竞争实力，保持展会活力的重要方法。

（1）创造服务需求。创造服务需求并非要求组展方单纯地了解客户已经存在或潜在的需要，而是需要将其内在需求转化为参展需求或购买动机。组展方应当在长期的服务过程中，与客户建立和维持良好的互惠互利关系，以便及时地得到客户反馈的信息，挖掘对自身服务及展会销售具有重要价值的商业机会，并引导客户关注自身潜在服务需求，从而影响其参展决策、消费观念等。

（2）开发服务产品。在挖掘客户服务需求后，组展方还需要开发相应的服务产品，最大限度地满足参展商、观众及相关利益方的需求，培育客户对展会服务的高度忠诚。

具体而言，展会服务需要是全方位的、系统化的，即服务内容涵盖在展前、展中和展后的各个环节，涉及如外语翻译、金融、保险、物流运输、海关、进出口检验检疫等诸多方面。组展方在展前需要及时发布展会筹备最新信息，同时也要为参展商和客户提供展位搭建、广告设计、资料印刷、信息交流等服务，为客户参展及参观提供便利。在展中阶段，组展方需要积极协助参展商和客户组织各类新品发布会、贸易洽谈会、行业论坛等，为供需双方实现交易创造机会和条件。在展后则可以通过展商调查等方式，征询与会者对展会的意见和建议，为提高展会服务水平以及为下一届展会的策划构思打下基础。

（3）追踪客户评价。组展方所提供的展会服务还应该延伸至展后。在展会结束之后积极寻求客户反馈信息，为自身改善服务质量和开发新的展会服务提供重要的信息来源。

2. 服务营销个性化

展会个性化服务营销是指在展会营销活动中，针对目标参展商及观众提供各类个性化服务，最大限度地满足其需要的一种营销模式。展会各参与方在生活习惯、居住区域、民族文化、价值观念、个性、兴趣爱好、受教育程度等各方面都存在着差异，这决定了他们对展会服务具有不同程度的个性化需要。因此组展方应积极主动为其提供"量身定做"的服务，以提高客户满意度。

3. 人本管理策略

在服务传递过程中，员工是展会以及组展方与客户沟通的纽带，展会服务主要依赖于工作人员与客户面对面的交流实现。而每一次展会服务的质量直接取决于员工的表现，为组展方的展会服务质量控制带来一定的挑战。因此，组展方应加强对团队工作人员的管理，包括更加注重人员的选择和培训。将展会理念、组展方文化内化为员工的价值观和行为规范，并以服务的形式向客户传递。

4. 服务营销沟通策略

客户参与展会服务的过程，也在一定程度上影响展会服务质量的稳定性，不同的客户对于相同的服务产品评价亦有所差异。因此，服务过程中的沟通显得尤为重要。沟通也是一种全方位的价值创造过程。在实施服务营销时，展会工作人员应努力塑造展会特点，为参展商、观众及其他与会人员留下独特的展会印象，通过语言和行为上的交流，达到展会理念和价值的有效传递与沟通，以获得客户对展会文化的充分认可，从而为展会培养忠诚的客户群体。

四、关系营销

关系营销是指组展方与参展商、观众以及其他利益相关方建立和保持密切的关系，并通过彼此交换和履行共同的承诺，实现各自营销目的的营销行为。

展会是一个利益共享的大平台，组展方、参展商、观众、协助方、服务方、媒体等在展会上扮演不同的角色，实现各自的利益和价值。而多方共赢关系的建立需要各方的支持，因此协调好各方之间的关系是展会成功举行且能够持续发展的一个重要条件。

因此，关系营销一直以来都备受组展方重视。关系营销的目的主要是促进组展方与客户之间形成相互依赖的长期关系，同时维持好组展方与参展商、观众、协助方、服务方、媒体"1+5关系圈"中的利益关系，形成各利益相关方之间的持久交往，以提高顾客的忠诚度，使展会的地位更加稳固。

在实际操作中，关系营销可以分成三个层次：

1. 财务性关系营销

财务性关系营销是指营销人员以价格为手段，通过价格因素与客户建立关系，并通过这种关系刺激和鼓励企业参加展会，如对连续参展的参展商和观众给予一定的价格优惠，对展位面积较大的客户给予一定的价格折扣等。财务性关系营销利用价格因素撬动参展需求，能够在短时间内带动展会销售，营销效果明显，但进入门槛低，易于被模仿，长期使用会对展会品牌形象造成不良影响，只可作为辅助性营销手段。

2. 社会性关系营销

社会性关系营销是指在财务关系的基础上，依靠个性化服务与客户建立起某种社会性联系的营销策略。社会性关系营销的关注点从财务联系上升为情感联系，营销人员通过与客户建立各类社会性关系，在与客户的日常交往中传递展会理念，及时了解客户需求和意见，随之提升自身服务质量。社会性关系更注重客户情感感知在营销过程中的作用，一般难以复制，相较于财务性关系更为稳固。但由于此类关系受营销人员自身因素影响较大，因此仍具有一定的不稳定性。

3. 系统性关系营销

系统性关系营销是指通过服务价值传递系统的构建，将组展方、参展商、观众、媒体、协助方、服务方等各个利益相关方组织到同一个系统当中，实现关系构建。在系统性关系中，组展方根据价值传递的方向，利用各类现实载体促进关系的构建，如参展商与观众的供需关系、参展商与协助方的合作关系等，各类关系相互交织，最终形成庞大的价值关系网络。

系统性关系营销抗干扰能力很强，平台中任何一方离开该展会平台转向其他竞争展会的成本较高，这使客户在展会价格出现变动、社会性联系不稳固时，仍不会轻易离开该展会平台。

需要指出的是，不同层次的关系营销手段并不相互排斥，组展方可以根据展会项目特点，有选择性地进行组合使用，以提高与客户关系的稳定性。由于关系营销具有较强针对性，一般难以覆盖所有目标客户，但对于大型参展商、在行业当中具有代表性和知名度的专业观众以及强势媒体、协助方尤为适用。

五、合作营销

合作营销是指组展方有选择性地与相关机构及单位合作，采取有效的策略，共同对展会进行营销的一种营销策略。一般而言，合作营销的对象主要包括：

1. 行业协会及商会

行业协会及商会作为展会协助方，拥有大量的会员单位，在行业中具有强大的号召力和影响力。同时，行业协会及商会长期处于行业中，对行业情况极为熟悉，是一个理想的合作办展伙伴。

2. 专业组展机构

一个展会所展示的内容涉及面较广，涵盖产业的上游、中游和下游，且展会的专业观众往往是其下游行业的专业人士，而组展方未必擅长产业链的每一个环节。通过合作营销的方式，组展方可与上、下游相关行业的专业组展机构进行合作，发挥其擅长的领域和渠道优势，以资源置换等方式，实现优势互补。

3. 媒体及网络

媒体及网络作为营销宣传的"喉舌",如何高效运用其在舆论中的重要作用值得展会策划人员思考。行业内专业的报纸、杂志、网络媒体,本身掌握着大量的企业客户,同时专业媒体始终走在行业的最前端,了解行业发展的最新趋势。大众媒体则广泛地覆盖社会公众,直接影响公众对于展会的印象和评价。组展方与不同类型的媒体合作,可达到促进招展招商工作,同时提升展会知名度和品牌影响力的效果。

4. 参展商

明星参展商往往是展会的"金字招牌"。知名企业在行业中具有一定的影响力和号召力,能够获得其认同,将会成为一股巨大的拉力,带动行业中其他企业参展。同时,知名企业的参展,将吸引更多优质的专业观众和行业中的相关组织、机构参与展会,形成良性循环,最终扩大展会规模。组展方可通过与明星参展商合作,以价格优惠、定制服务等方式,吸引明星参展商的参与。

5. 招展代理

招展代理在长期地与客户交往中积累了大量的展商资源。与诚实可靠的招展代理合作,能够提高招展效率并改善对参展商的服务,有利于提高参展商的参展满意度。特别是海外招展代理,他们熟悉当地行业情况,且更能获得当地企业的信任,与其合作,将大大减少境外招展、招商工作的压力。

6. 政府及相关部门

尽管近年来政府部门正逐渐淡出经济事务,展会组织正朝着市场化方向迈进,但政府部门对于行业展会的支持,仍然能够为组展带来动力。况且,政府部门的部分事务借助展会这一平台,亦能更好地实现,如旅游博览会正是各地政府推广当地旅游资源,打造区域品牌的重要平台;又如与各国驻华机构合作,能够帮助组展方更好地了解境外参展商的需求,而境外企业参加国内展会,也是各国驻华机构引进该国先进产品及技术,实现招商引资的重要渠道。

组展方实施合作营销,能够与合作机构共同扬长避短,实现优势互补,进一步拓宽营销渠道和影响范围,取得良好的营销效果。

六、直复营销

直复营销是一种互动营销系统,通过一种或多种媒体渠道,实现在任何地方产生可以度量的回应和达成交易的目的,其主要特征是组展方与客户之间的"互动",彼此通过双向交流的方式传递信息。常见的直复营销方式包括:

1. 直接邮寄营销

直接邮寄营销指组展方将有关展会的宣传资料,包括招展函、邀请函、展会回顾等以邮件的方式直接邮寄给目标客户的一种营销方式。直接邮寄营销的对象是潜在参展商及观众，针对性非常强。同时由于直接邮寄的目标客户一般经过筛选或与组展方联系相对密切，所以其回复率往往比较高，组展方能够更好地掌握客户的动态。

2. 电话营销

电话营销指组展方营销人员通过电话直接向目标客户进行展会推销的一种营销方式。电话营销比直接邮寄的针对性更强，营销人员可根据客户特点及回应做出迅速反应，提高营销活动的及时性和精准性。

3. 电子邮件营销

电子邮件营销指营销人员通过电子邮件将展会信息发送给目标客户的营销方式。电子邮件营销成本低、速度快，能够在短时间内广泛地覆盖各类目标客户，因此成为目前展会营销的重要手段。特别在大数据时代下，组展方更加注重客户信息库的管理，大量的数据信息成为电子邮件营销的信息基础，通过电子邮件可突破时间、空间的限制，高效完成相对精准的展会营销。

4. 展会现场推广

展会现场推广是指组展方营销人员在国内外同类展会上进行自身展会推广的一种营销方法。营销人员可以在这些展会上租用专门的展位进行展会宣传，也可以不租用展位而逐个拜访现场客户，向其介绍展会信息，并接受企业参展申请。展会现场推广优势明显：它可以面对面地与大量目标客户接触，直接倾听他们对参展的意见，也可以直接得到潜在客户的答复，效率较高。

5. 直接拜访客户

直接拜访客户是指组展方营销人员到目标客户的公司或工厂直接拜访，听取其参展意见的一种营销方式。直接拜访客户的营销方式针对性强，能够充分显示组展方诚意，同时面对面的交流能够帮助营销人员更加直观、准确了解目标客户的参展期望，并即时给予反应。直接登门拜访的营销方式对于重点目标客户、行业巨头、知名企业尤为适用。

6. 其他媒体直复营销

电视、广播、报纸、杂志及户外广告等亦可以用于直复营销，目标参展商可以从这些渠道得到展会信息，并通过上述媒体或者直接与组展方联系参与展会。

第三节 会展宣传推广

展会宣传推广是指展会整体的宣传推广，是围绕展会基本目标制定的、有目的、有计划举行的一系列促进招展、招商和建立展会形象的宣传推广活动，是展会策划和营销工作中的一个重要环节。由于展会的宣传推广往往与展会营销策略和进度相适应，因此在介绍会展营销相关知识后，本节将对展会宣传推广计划作重点阐述。

一、会展宣传推广特点

展会宣传与推广是参展商、观众以及其他利益相关方认识展会、了解展会的重要渠道。展会宣传一般具有整体性、阶段性和计划性等特点，展会策划人员需要根据展会宣传的特点制订适合展会项目本身的宣传推广计划。

1. 整体性

展会的宣传推广具有一定的整体性和连贯性。展会宣传的整体性主要体现在以下几个方面：①展会形象的整体性。在制订具体的展会宣传计划前，策划人员需要明确展会定位及品牌特性。展会宣传推广的内容、渠道和形式是多样的，但是要向目标客户传达口径统一、形象鲜明、定位准确的展会信息。②宣传时间的统筹性。由于展会宣传内容、对象纷繁复杂，所以在时间安排上需要统筹兼顾多方需求。③宣传效益的整体性。展会宣传推广的目的和任务是多样的，组展方需要注意各类宣传的整体效益，避免顾此失彼。

2. 阶段性

展会宣传推广应该随着整个展会各项工作的推进分阶段进行，不同阶段都有不同的内容和侧重点。在招展阶段，展会宣传应着重针对展会基本概况、展示内容、展会亮点以及展会服务创新等方面，以吸引更多的参展商参与到这个平台之上；在招商阶段，则应针对参展商规模、展会活动等作重点宣传；在展中及展后则应及时反映展会举办情况与亮点，建立良好的品牌形象。

3. 计划性

展会筹备时间长，阶段性强，宣传对象众多，渠道选择多样，宣传任务繁重，这要求展会策划人员在展会筹备时就做好宣传推广的工作计划，明确推广对象和每一阶段宣传推广的主要目的，制订科学缜密的计划，切忌盲目跟风。

二、会展宣传推广内容

展会的宣传推广可以按宣传的对象分为内部宣传和外部宣传；也可以按宣传阶段分为展会启动时宣传、展会组展过程中宣传、展会开幕期间宣传、展会结束后宣传。

1. 按宣传的对象分

展会宣传推广内容按宣传对象的不同，主要分为内部宣传推广与外部宣传推广。面对不同对象，展会宣传在内容及目的上均有所差异。

（1）内部宣传推广。展会内部宣传推广主要是面向展会组展方及服务方的工作人员。其主要目的是指导组展方内部成员更好地理解展会定位及办展理念，并在具体的服务工作当中将展会价值传递给各与会者。内部宣传推广还能够帮助服务方了解展会情况，以便更好地开展相关服务及代理工作。

（2）外部宣传推广。展会外部宣传推广主要面向参展商和观众及其他相关协助方。一方面能够充分反映展会情况，促进招展及招商工作的开展；另一方面亦能够建立良好的品牌形象，创造展会竞争优势。

2. 按宣传的阶段分

展会宣传推广内容按宣传阶段分，主要包括展会启动时宣传、组展过程中宣传、展会开幕期间宣传以及展会结束后宣传。

（1）展会启动时宣传。展会启动时宣传推广主要是用于营造声势，通过宣传展会的宗旨、主题、选题特色和预期效果，达到传播信息、吸引社会关注的目的。

（2）展会组展过程中的宣传。展会组展过程中的宣传主要通过组展成效的新闻推广，向已经确定参展的客商或单位公布组展情况，向尚未落实参展的客商或单位进行说服，达到推动招展及招商工作的目的。

（3）展会开幕期间的宣传。通过宣传展会的特色，包括展品、服务、增值服务、活动等方面的特色，达到吸引观众、引导舆论的目的。

（4）展会结束后的宣传。通过展后回顾、总结性宣传，强化展会各利益相关方对展会的印象，为下一次的招展工作奠定基础。

三、会展宣传推广步骤

由于宣传推广的内容、对象十分广泛，所以在进行展会的宣传推广之前，组展方需要制定科学的宣传策划方案，以达到良好的宣传推广效果。一般的展会宣传推广步骤如下。

1. 确定目标

确定目标即明确宣传推广的目标，包括在不同阶段、不同渠道投放展会宣传所希望获得的效果。只有明确目标和任务之后，才能使宣传推广工作做到有的放矢。需要注意的是，除展会整体宣传目标外，随着展会筹备进度的推进，其阶段性目标亦有所差异，展会宣传内容和重点亦应进行相应的调整和完善。

2. 进行宣传推广资金的预算

在确定宣传推广目标之后，需要确定宣传推广的资金预算。在实际操作中，组展方可根据不同宣传渠道分别进行测算，然后将各渠道的预算汇总，制作成总预算。根据国际经验，组展方一般以预期收入的 10%~20% 作为展会宣传推广的资金投入。

3. 策划宣传推广的信息

宣传推广信息策划的目的在于确定展会需要向外界传递怎样的信息，比如，办展理念、展会特点以及展会形象等。对外传递的展会信息需要保证其可靠性和独特性。既需要符合展会实际，避免与会者过高的参展期望与现实体验的落差，对展会品牌带来不良的影响，也要突出展会特色，使其不被其他竞争者信息所淹没。

4. 选择宣传推广的渠道

为了改善宣传推广的效果，在进行策划时策划人员需要考虑综合运用各种渠道，包括电视、报纸、户外广告、网络、数据业务平台等，将各类渠道有机结合，以便最及时、高效地向目标客户传递展会信息。

5. 制作宣传推广的资料

各类展会推广信息还需要一定的载体进行传播，在制作展会推广资料时，策划人员需要考虑以下问题：①整体性。各类宣传资料口径需要统一，各类数据、形象需要与展会定位及办展理念相一致。②系统性。由于各类宣传资料众多，不同资料既需要发挥自身优势，又需要相互补充，更全面地反映展会情况。③兼容性。部分宣传资料并非针对特定的目标市场，因此在制作该资料时，组展方需要充分考虑目标市场的特点，兼顾不同行业特点、各国文化差异等。

6. 评估宣传推广的效果

在进行系列宣传推广工作后，组展方还需要及时对宣传推广效果进行评估。一般宣传效果评估包括以下标准：①量化标准，即通过统计的方法，对宣传推广资料接收率、阅读率和认知率以及宣传后对展会销售的促进率、直接及间接收益等进行有效的数据反映。②反馈标准，指通过收集推广对象的反馈信息，采取综合评估的方法来验证宣传推广的实际效果。

四、会展宣传推广渠道

展会宣传推广渠道众多，主要包括公共关系、媒体宣传、展会宣传、人员推广等。展会策划人员可通过综合运用各类渠道，建立立体化的宣传推广网络，以改善宣传效果。

1. 公共关系

公共关系指组展方通过策划和实施一系列公共关系事件，引起目标客户及公众注意，从而达到展会宣传推广目的的方法。公共关系宣传的具体形式包括举办展会新闻发布会、开幕式以及开展各类公益赞助活动等，通过此类活动增强展会的社会影响力，吸引更多目标客户并与其建立良好的合作关系。

2. 媒体宣传

展会媒体宣传包括专业媒体及大众媒体两类。专业媒体一般指展会主题相关行业的专业报纸、杂志、网站以及相关行业展会的会刊、官方网站等。此类宣传针对性强，富有专业性，能够直接面向目标市场，是展会首选的宣传推广渠道。

大众媒体包括电视、广播、报刊、户外广告、网站等。此类宣传普及性强、覆盖面广、实效性强，具有一定的新闻性和可信度，因此大众媒体是展会其他宣传渠道的有效补充。

3. 机构推广

机构推广主要指与相关政府部门、行业协会、国内外办展机构、国外驻华机构等合作，充分调动其资源，开展各类展会推广活动。此类宣传针对性强，对目标客户说服力强，是专业展会的重要宣传方式。

4. 人员推广

人员推广是一种直接的宣传推广渠道，组展方通过与目标观众实际联络，告知其展出情况并邀请其参展，具体包括发函、致电、拜访等形式。此类宣传针对性强，相较于其他形式更为灵活，是重要的展会宣传渠道。

五、会展宣传推广计划

为了更好地配合展会筹备、招展和招商等工作的需要，组展方在筹备展会开始就需要对展会的宣传推广工作及其需要达到的效果进行统筹规划和安排。

下面以某展会的宣传推广进度计划（见表9-4）为例：

表 9-4　××展会宣传推广计划

时间	宣传推广渠道	计划达到的宣传推广效果	费用预算	负责人
2015 年 3 月	专业媒体及大众媒体	迅速提高展会的知名度，同时告知公众展会的存在		张三
2015 年 6 月	同类展会	有针对性地开展宣传推广，联系重要观众		李四

时间	宣传推广渠道	计划达到的宣传推广效果	费用预算	负责人
2015 年 9 月	相关活动及大众媒体	扩大展会的社会影响，建立展会的良好形象		王五
2015 年 12 月	相关活动	扩大知名度		陈丽
2016 年 3 月	专业媒体及大众媒体	短时间内形成轰动的效应吸引更多社会关注		黄娜

从上述例子可以看出，宣传推广的进度计划主要包括：任务完成时间、任务渠道、宣传内容、宣传目标、宣传预算以及相关负责人。利用进度表，可及时跟进展会各项宣传推广工作的实现程度，促进各项宣传任务顺利完成。

第四节 会展营销新趋势

在会展行业竞争愈发激烈的今天，组展方也在不断探索更多展会营销新策略，让展会的各个利益相关方塑造更加全面、深刻的展会价值认知，从而促进展会销售。

一、网络营销

网络营销是随着互联网特别是电子商务发展而兴起的一种全新的营销方式。目前，国外的许多展览公司已成功将网络技术运用至展会的筹办、组织与管理当中，部分具有实力的办展机构在举办实体展会的同时还举办网络虚拟展会，如德国柏林展览公司，采取"线上+线下"结合的模式，凡是参展的企业均可将相关资料在展会官方网站上保留一年，有效补充了实体展览的展出效果。

网络营销很好地突破了时间和空间对于展会营销活动的限制，展会的各个相关利益方能够通过互联网进行各类交流与合作，其及时性和交互性是其他营销渠道难以媲美的。

1. 网络营销的优点

与传统营销方式相比，使用网络进行会展营销具有成本低、效率高、互动性强、受众范围广、不受时间空间限制等优势：

（1）营销成本低、效率高。网络营销有效地突破了其他营销手段受环境、时间以及人员操作规范等因素的限制。展会营销信息可通过网络渠道以文字、图像、声音等多媒体方式快速、及时地传递到目标市场当中，且受众面广，极大地拓宽了展会的营销空间。

（2）提高展会营销工作的灵活性。网络营销增加了组展方与目标客户的互动性，组展方在营销过程中可以根据目标客户的反馈，针对市场和客户的需求变化，及时调整营销策略，以提高展会的市场适应性。由于网络对于各类展会信息具有较强的包容性，营销内容更新便捷，能够更好地传播展会的个性化形象。

（3）有利于客户对信息的收集与整理。利用网络进行展会营销，通过展会网站浏览量统计、账号登录、在线交流等方式，能够帮助组展方进行参展客户信息的原始积累，利用后期科学的数据处理，能够使组展方更方便地了解客户的需求及偏好，以便改进展会策划及组织工作。

（4）促进展会服务提升。通过展会网站，可以进行在线营销、展位预定、观众登记等工作，将展会现场服务前置，有效缓解组展方在展会现场的工作压力，便于为展会参与者提供更加便捷、舒适的参展体验。同时，网络营销的即时性，也使客户需求得到更加及时的反馈，提高其服务满意度。

2. 展会网络营销途径

随着科技的发展，展会网络营销的内涵已经不再局限于展会官方网站的建立，它还包括微信公众平台、手机 APP、虚拟展会等多种形式。

（1）电子邮件。通过电子邮件发送展会邀请函以及相关展会信息，是最传统的网络营销方式之一。组展方根据客户数据库已有信息，具有针对性地向目标客户发送展会邀请函，其营销成本较低、传递效率高，且能够适应大规模的营销投放，是良好的网络营销方式。

（2）微信公众平台与手机 APP。随着移动互联网的兴起，微信公众平台以及手机 APP 迅速成长为最具发展潜力的网络营销渠道。利用微信公众账号及手机 APP 来进行展会网络营销，能够及时、准确地推送展会最新信息，运用移动互联网终端，抢占目标客户的阅读时间，使客户能够随时随地了解展会。

（3）展会官方网站。建立展会官方网站，能够为目标客户提供最真实、可靠、详尽的展会信息。相较于移动客户端，展会官方网站能够提供更加全面的形象展示，提供各类展会资料的下载以及在线咨询等，是移动网络营销的有效补充。

（4）虚拟展会。盖根莫勒（Geigenmüller）（2010）从功能特点的角度对虚拟展会作出较为全面的定义，他认为虚拟展会是供应商、经销商及顾客利用网络，虚拟地"集中"在展览平台上，观众通过在线访问虚拟展厅及展位，收集产品信息；参展商及观众通过文字、图片及声音等多媒体环境进行互动交流。

【案例分析】世界虚拟展会革新企业参展行为

世界虚拟展会是由世界虚拟展会（中国香港）有限公司（Fairtheworld Limited, Fair）投入巨资并历时两年多成功研发的世界第一家参展商完全自主布展的 3D 虚拟展会网站。世界虚拟展会集参展、参观、招聘求职等实时功能于一体，用户通过在 Fair 官方网站注册并下载使用"易 N 易"（Fair N Fair）3D 虚拟展会大型智能软件（永久免费），即可互动体验大型智能展会六大功能。

（1）虚拟展会六大功能。六大功能分别为：

1）自主性。参展商自主三维立体、多媒体布展，随时更新。

2）专业性。该平台中的参展商和参观者均来自全世界各行业领先优秀企业，具有一定的行业代表性和专业性。

3）体验性。展会通过逼真的 3D 场景，实现参展商和观众之间的无缝对接，体验互联网 3D 商务时代颠覆传统的 B2B 模式。

4）一站性。该平台还整合了产业链的产品、配件和商务活动所需的服务机构，如金融、物流、保险、认证、媒体、风险投资等企业和机构，使产业链得以完整呈现。

5）即时性。全球参展商、参观者和应聘者的个人虚拟形象能够随时随地出现在虚拟 3D 场景中，参展商和观众能够通过搜索目标或偶遇彼此建立客户联系。

6）虚拟性。该平台实现"虚拟展会＋虚拟团队＋虚拟办公"，虚拟商务模式将推动现实经济增长。

2009 年首届 3D 自主布展世界虚拟展会受邀的参展商和观众主要来自中国、美洲、欧洲、中东及非洲等地区的世界各行业排名前 500 强企业以及世界各国经济、政治、文化等领域内的高端人士和专业人群。首届展会开放商务综合馆和八大行业展馆。商务综合馆展出行业包括国际金融、物流、保险、报关、认证、风险投资等机构。八大行业展馆分别是给排水馆、建筑建材馆、石油石化馆、工程机械馆、纺织品服装馆、旅游运动馆、IT 馆、汽车工业馆，共吸引全球约一万多家高端品牌展商和约 36 万专业人士参与。

（2）虚拟展会的优点。虚拟展会的诞生和成熟，打破了实体展会现场人多拥挤、参观目标对象不明确等问题。作为实体展会的有效补充，虚拟展会一定程度上区分了有效客户与仅仅出于好奇前来参观的非有效客户，从而提高现场成交效率。此外，虚拟展会还具有以下优点：

1）数据分析统计。组展方可以通过访客的浏览量、点击率等指标，统计访问各展馆的人数，从而更好地跟踪受众的反应，及时获取用户的需求信息，事先了解目标观众和目标市场，有助于实体展会策划时进行科学决策。

2）充分利用网络资源。参展商可以与虚拟展会建立连接桥梁，将自己的网络资源与展会资源完美结合，使观众可以获得更多的产品信息。这一点是传统展会难以媲美的。

3）实体展会的补充和延伸。由于传统实体展会受时间、地域等局限，能够真正来到现场参观的观众是有限的。借助互联网的优势，虚拟展会能够很好地弥补实体展会的缺陷。参展商可以利用网络虚拟展会的平台，树立良好的企业形象，提高知名度，介绍产品的功能及特性，从而达到实体展会的补充和延伸效果。

资料来源：Fairtheworld Limited 官网［DB/OL］. http：//sulimax.diytrade.com.

3. 建设网络展会的模式

利用互联网建设网络展会的模式是多样的，目前行业当中比较常见的展会模式包括："电子商务—网络展览"模式、"实体展览—电子商务"模式、以行业展览为依托的网络展会模式等，组展方可根据行业特点以及展会实际情况进行策划。

（1）"电子商务—网络展览"模式。"电子商务—网络展览"模式以电子商务服务商为主导，是目前电子商务服务企业涉足会展行业的重要方式。该模式是B2B 电子商务平台发展的产物，旨在运用展览会的平台，促进供需双方的贸易信息匹配、在线贸易等活动。在国内，包括阿里巴巴、环球资源、中国制造网等B2B 电子商务上市公司亦已涉足线上内外贸交易平台、线下展览或买家见面会和认证服务等领域。而线上线下互为补充举办展会，提供贸易撮合、招商引资等服务，已成为我国近年来电子商务产业发展的一大趋势。

（2）"实体展览—电子商务"模式。组展方以既有的实体展会为核心，充分利用种类繁多、日益便利的网络手段，推动展会招展、招商及现场组织管理工作的实施，为实体展会服务。以往的品牌展会主要通过建立官方网站进行宣传推广，而如今的网上展会则具备了更多传统展会所不具备的功能和手段，成为一个相对独立的新的展会形式，如第十四届国际礼品、工艺品展览中组展方与深圳电信联合推出的全新的展览模式——"立体会展"（实体展会＋网上展会＋B2B 行业交易频道）。此模式利用电信提供的集视频、音频、短信等为一体的网络展会平台，将传统的实体展会与线上展示融为一体，同时将供需双方的交流与互动通过行业交易频道延伸至展会后，能够帮助组展方持续地向参展商及观众提供各类增值服务，提升客户满意度。

（3）以行业展览为依托的网络展会模式。以行业展览为依托的网络展会是一种以展会信息资源为基础，发展网络平台的模式。组展方在已有的品牌展会的基础上，利用实体展览所积累的行业资源，建立行业网站，实现实体展览组织网络化、行业资源交流网络化和展览网络化，即"行业展览—行业资源—行业网站"模式（见图 9-2）。这种模式将电子商务、行业资源、网络展览彻底综合，实现最接近纯粹网络化的会展。

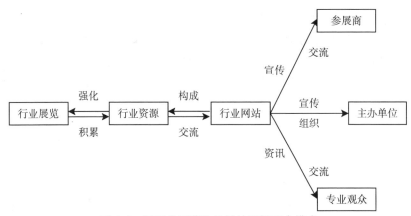

图 9-2　以行业展览为依托的网络展会模式

【案例分析】阿拉丁照明网的内容建设

　　阿拉丁照明网是广州光亚法兰克福展览公司旗下的资讯网站，阿拉丁照明网是以工程照明为精确定位的照明行业网站，致力于打造工程照明综合服务平台，为工程照明产业链从业主、设计、施工、产品供应到工程监管各环节提供交易、咨询、交流等整体解决方案。

　　阿拉丁照明网在发展初期主要以光亚照明展为依托。2003 年"非典"对当年光亚照明展带来沉重的打击，为避免此类突发危机对实体展会的打击，提升展会的抗风险能力，光亚展的组展方在 2007 年推出了隶属于光亚国际照明展的阿拉丁神灯网，此后用阿拉丁神灯的网络优势弥补自身实体展会的不足，实现了实体展与虚拟展二者并驾齐驱的良好局面。

　　阿拉丁照明网充分整合与利用亚洲第一展——广州国际照明展 13 年来精心积累的丰富资源，吸纳了包括国内 53 万专业买家、数万家全国大型建筑设计规划院、装饰公司、工程公司、照明设计公司、贸易商、市政采购单位以及 17000 多家海内外生产企业。该网站借助自身网络优势，为参加光亚照明展的参展商提供增值服务，为其打造一个会后继续深度交流的平台，还相应设置了网上商城，使展会的经济效益不仅局限于展会现场的短短几天，而且延伸到会后更长的周期。

　　现在阿拉丁照明网已经成为照明行业的大型专业平台，内容包括新闻、案例、资料、工程公司库、网上展厅、产品库、采购/合作需求、电子画册、视频、博客、专家专栏、论坛等。阿拉丁照明网并不停留于单纯的信息发布，同时整合行业资讯发布、信息搜索、合作洽谈、专业学习、互动交流等多种功能，同时阿拉丁照明网还成功举办多场照明行业高规格的活动，如 2008 中国照明电器产品大赛、2008 奥运工程照明高端论坛、LED 照明（中国）市场现状及应用趋势报告会等，充分发挥资源优势为照明行业服务，行业影响巨大。

阿拉丁照明网始于行业展览，以行业资源为基础，建立行业网站，通过虚拟平台上客户的相互合作，创造效益，再反哺线下各类展览及相关行业活动。这种"行业展览—行业资源—行业网站"的运营模式使阿拉丁照明网成为照明行业的客户吸铁石（见图9-3）。

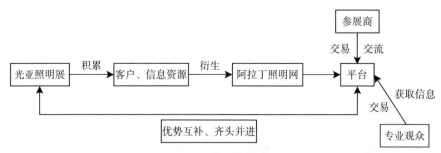

图9-3　阿拉丁照明网"行业展览—行业资源—行业网站"运营模式

资料来源：阿拉丁照明网官方网站［DB/OL］. http：//www.alighting.cn.

4. 网络营销实施要求

在实施网络营销的过程当中，展会策划人员需要根据展会实际需要，相应地选择一种或多种网络渠道，并注意以下原则，以提高其网络营销的专业性、功能性、高效性和效益性。

（1）明确营销定位及渠道。在利用网络进行展会营销前，组展方需要首先选择一种或多种网络载体作为营销渠道。其次，策划人员应当考虑展会所在行业的具体特征，以行业为导向，并以客户需求为核心，明确营销定位及通过网络营销所能实现的目标。

（2）营销内容具有前瞻性。在实施网络营销的过程中，需要注意传递的内容要具有前瞻性，能够代表行业发展趋势。当前网络信息繁多，缺乏亮点和代表性的内容很容易被其他信息所淹没。组展方若希望提高营销效率，就需要将展会信息整合到行业的前沿信息当中，使展会成为行业发展的引领者。

（3）营销渠道界面友好。在技术层面上，无论组展方选择何种营销渠道，其界面都应是简洁、友好的。导航清晰、栏目分布详略得当、色彩文字和谐，符合客户的浏览习惯，才能够吸引客户持续不断地关注。

（4）持续更新、及时维护。网络营销的内容应当随着组展工作的推进而不断更新。若营销内容一成不变，目标客户将对其逐渐失去兴趣，使网站形同虚设。另外，各类营销渠道的正常运用也离不开专业的技术支持和日常维护。

【案例分析】实体展会与网络展会——竞争或融合?

网络展览虽然已渐成趋势,但它并没有像阿里巴巴、慧聪网等B2B网站那样"成绩斐然",而是一直处于平淡状态。究其原因,中国会展经济研究会秘书长陈泽炎认为,观念错位导致了网络展览的平淡。在网络展览的初期,人们认为它可以代替传统展会而独立存在,但在国内的国际展览联盟(UFI)组织看来,没有实体经济,虚拟展览不可能发生根本性的变化。

根据目前展会市场现状分析,网上展会的发展对实体展会的确造成了一定的冲击,对传统展会的办展思路带来了新的挑战。然而网络展会完全脱离传统展会发展的时机尚未成熟,如网络展会尚未能完全满足观众触摸展品实物、与参展商面对面交流以及网络交易安全性的需求。因此在未来一段时间内,展会市场以实体展会为核心,以网络展会为补充和延伸的基本格局暂时不会改变。

近年来,原本"扎根"网上的电子商务企业纷纷开始涉足线下会展,积极寻求"线上虚拟展会+线下面对面交易会"的这种虚实互补组合的商业模式,并取得了不错的业绩。目前,包括阿里巴巴、慧聪网等五家电子商务上市公司在线上内外贸交易平台、线下展览服务中均有尝试,初步形成了"专业公司+线上平台+线下展会"的运作模式。实体展会网络化、网络展会现实化,网络展会与实体展会之间相互嫁接、优势互补、融合发展将成为网络展会发展的趋势。

作为展会组展方,一方面需要充分利用网络展会的优势,提升展会整体竞争力;另一方面需要重视网络展会对展览市场的影响和冲击,积极应对互联网浪潮下会展行业的下一轮革新与发展。

二、全球营销

全球营销是市场营销理念在20世纪90年代后的最新发展,是指导企业在全球市场进行营销活动的一种营销理念。在某种意义上,全球营销打破了"本国企业"与"外国企业"、"本地市场"与"外地市场"的界限,拓宽了市场的外延。

随着我国会展业的发展,展会国际化程度逐步提高,但主要仍停留在参展商国际化阶段——展会海外参展商不少,甚至不乏国际巨头,但绝大部分的观众仍来自本地和国内。组展方在营销过程中,往往更看重国际参展商的招揽,而忽略了国际专业买家这一巨大的市场空间。因此,组展方必须树立全球营销的理念,物色更加宽广的国际市场,进一步扩大和提升展会规模和影响力。

在全球营销的初级阶段,组展方可通过世界各地路演、召开新闻发布会、赞助公益活动等方式,使展会形象呈现在全球市场当中,积极开展海外营销。针对品牌相对成熟的展会,组展方可通过设立分公司、办事处、分支机构等方式,采取独资、合资、合作等手段进军其他国家的会展市场。这种扩张（特别是知名组展机构的扩张）往往会引起当地甚至全球媒体的广泛关注，这对组展方本身品牌的提升亦具有重要意义。

【案例分析】杜塞尔多夫展览集团公司的全球布局

德国主要会展中心城市的规模并不庞大，其人口数量、购买能力和市场规模都具有一定的局限性。因此，德国各国际品牌展会的组展方都十分重视拓展国际渠道，实施全球营销策略。他们通过在世界各地，特别是在会展业存在巨大发展潜力的国家或地区设立分公司、办事处或代办机构，构建功能更强大、范围更广泛的国际营销网络，从而实现培育品牌、占领市场、巩固会展中心城市地位、获取更大利益的目标。

德国杜塞尔多夫展览集团公司成立于1947年，旗下展会涉及领域包括机械、机床及设备、贸易及服务、医疗及健康、时尚及生活、休闲等。该公司拥有68家国外代表处和12家子公司，国际服务网络覆盖达127个国家和地区，是世界第一品牌的展览集团。在杜塞尔多夫市举办的40多个专业展览会中，有23个是业界第一大展览盛会。

通过覆盖全球的营销网络，杜塞尔多夫展览集团公司为全球各行各业的企业提供了广阔的经济贸易平台，有120个展览会通过该公司网络在世界各地举办，并获得展商和观众的普遍关注和信赖。目前，随着杜塞尔多夫展览集团公司全球营销网络的成熟与深入发展，在世界任何一个角落，只要是在杜塞尔多夫展览集团公司举办的展会上，都不乏来自该行业的旗舰企业和领军人物。可见，全球营销策略对展会项目的移植以及组展方自身的业务拓展都具有极其重要的意义。

资料来源：杜塞尔多夫展览（中国）有限公司官网［DB/OL］. http://www.mdc.com.cn/company/mdc?lang=cn.

三、绿色营销

目前，环境问题已经成为一个全球性的问题。资源短缺、环境污染、生态环境的恶化等问题使得人们越来越关注人与自然的和谐发展。

在这一背景下，20世纪80年代市场营销学家提出了绿色营销的理念。绿色营销是指企业以环境保护为经营指导思想，以绿色文化为价值观念，以消费者的绿色消费为中心和出发点的营销观念、营销方式和营销策略。绿色营销要求企业在经营中贯彻自身利益、消费者利益和环境利益相结合的原则。

会展行业作为全球范围内的"朝阳产业"也应该顺应这一趋势，以绿色营销理念指导展会经营活动。展会策划及执行的各个环节都应贯彻绿色理念，为参展商和观众提供节能、环保的展会项目和服务。具体而言，展会绿色营销可以从以下几个方面着手：

1. 场馆的绿色设计

组展方在进行展会选址时，应充分考虑场馆建筑材料、设备使用以及内部功能分区的绿色环保，在具体使用时，也应当遵守场馆及相关管理部门对环境保护方面的规范与要求。

2. 强化绿色意识

展会组展方应倡导参展商更加注重参展过程中的节能环保及废物处理，例如，号召参展商利用环保材料搭建展台。环保材料虽然造价略高，但搭建材料可以重复利用，这一方面可减少搭建时使用的涂料对展馆现场空气的污染；另一方面也可起到成本控制的作用。还可以呼吁参展商减少一次性宣传物资的使用，如纸质宣传单、广告册等，引导参展商使用电子传单，这样一方面可以帮助参展商建立与观众展后后续交流的渠道，减轻专业观众在现场参会的负担；另一方面还可以减少现场废弃传单对展会现场保洁工作的影响以及对环境的破坏。

3. 宣传绿色理念

组展方在进行展会宣传时，还应强调自身的生态特色和绿色理念，以迎合参展商和公众对环保的需求心理，如 2007 年 2 月 3 日联合国气候变化大会在印度尼西亚巴厘岛举行时，印度尼西亚政府特别为大会配备了使用天然气的小型公共汽车和出租车，以减少二氧化碳的排放。

【案例分析】无纸化展会：2014 亚洲移动通信博览会

2014 亚洲移动通信博览会秉承"绿色展会"的理念，举办符合现代绿色环保原则的无纸化会展。亚洲移动通信博览会由全球移动通信行业协会（GSMA）主办，至今已举办三届。2014 亚洲移动通信博览会在上海新国际博览中心横跨三个展馆，总面积达 37000 平方米，共吸引了来自 93 个国家和地区的超过 26000 名专业观众参展。展会主要通过机器对机器的通信（M2M）向观众展示互联生活，使其可以体验到更新潮、更绚丽的移动技术。

2014 亚洲移动通信博览会在许多细节服务上都十分注重环保理念，如为现场观众提供"酒精消毒手机"，设置"展览目录取阅处"以及安放"入场证及挂绳回收箱"等。其具体做法是：

首先，在展位设计和搭建上，组展方为参展商及搭建商提供多项"环保展会"的建议，包括标准化展位和会议室均采用可循环利用的材料搭建而成。在会务工作中，组展方亦尽量减少不必要的资源浪费，包括参会者资料袋及挂绳均采用可回收材料制成；入场时观众可通过移动设备出示带有二维码的邀请函，避免纸质打印；官方会议安排的餐会也采用可循环利用的餐饮用具。

其次，展会建立"无纸化媒体中心"，实现宣传资料的制作和发放的网络化，由电子版本的合作伙伴负责出版物发放，所有来自全球移动通信行业协会的工作沟通流程均通过电子邮件、网页或社交媒体等网络形式实现。

最后，主办方还制订了"一揽子"媒体宣传计划——展前、展中及展后都可以收到展会动态新闻和现场图片，并附上现场活动的演示文稿的下载链接。

资料来源：葛菁. 终于等到你——2014 亚洲移动通信博览会体验记 [J]. 中国会展，2014 (13).

四、滴灌营销

滴灌营销是指在展览营销费用投入即"灌溉量"有限的情况下，针对不同类型的客户，按其需求的不同，进行精耕细作的营销以实现营销回报最大化的一系列营销活动。

根据管理学"二八原理"——80% 的价值由 20% 的因子创造，组展方应该将更多的时间和资源分配到 20% 的关键客户上。在展会运营过程当中，组展方往往将展会营销活动等同于新客户的开发，却忽略了旧客户的关系维护。据不完全统计，在中国 90% 的客户服务企业并非因为价格因素，而是由于用户服务体验不友好，缺乏对客户的深入追踪和持续改善而导致经营危机。事实上，一个企业获取一个新客户的成本约为保留一个现有客户成本的七倍。因此，老客户是展会组展方实行滴灌营销的重点，对既有客户的二次、三次开发能够帮助组展方提高营销效率，降低营销成本。

在具体实践当中，组展方可根据客户偏好及关注点的不同，首先，具有针对性地举办各类小型活动，以搭建与客户充分沟通、交流的平台。其次，对于滴灌营销的对象，组展方可提供针对性的 VIP 服务，如向 VIP 客户提供选择展位、参与展会活动、开展宣传推广等的优先权；在展会期间重点关注 VIP 客户参展情况，及时向其提供服务支持；在展后做好参展效果评估、媒体宣传反馈等评估数据支持等。最后，组展方还应该给予"滴灌"客户足够的尊重与信任，将其发展成为展会的"合伙人"，充分发挥其在行业当中的代表性和示范作用，从而吸引更多行业当中的企业参与到展会当中，增强展会的影响力。

五、整合营销

整合营销传播是以客户为核心，综合传统的、各自独立的传播方式，创造出有效的沟通组合，通过"多种形象、一种声音"，为参展客户传递本质上一致的信息，从而实现传播目的一种营销手段。

在实际组展过程中，客户进行参展决策时，依赖的往往并不是对展会项目特点、服务等所作出的严谨的调查和理性的思考，而是通过各种渠道接触项目后所形成的主观判断。而由于组展时间跨度长、涉及面广、营销主题和对象众多，常容易造成展会的形象涣散甚至偏颇。这就要求展会策划人员在发布展会信息前充分理解展会理念与文化，在综合运用各类营销手段的同时，保持展会定位与目标的一致性。统一的展会形象和理念更容易被接触和理解，形成展会的"虚拟人格"，从而使客户在参展过程中加深印象、强化体验，潜移默化地受到影响。集合于同一主题之下的展会形象的统一性、系统性是展会策划的重点，也是基于整合营销传播理论的核心观点。

实务分析

首届广东（广州）高校设计交流展（CUDI）宣传推广方案

一、宣传目标

采用多种宣传方式组合进行推广，通过不同途径的宣传，确保首届广东（广州）高校设计交流展的相关展会信息能够在第一时间直接或间接传达至各个不同领域的参加者。一方面，向参展商（高校设计专业学生）和团队（学生自主工作室等）传达本届交流展举办的主要内容、形式、要求及相关服务的介绍信息，使其对本届交流展有足够的兴趣以及期望，从而达到招揽一定数量和质量的高校设计专业学生以及学生工作室等团队个人前来合作参展的目的；另一方面，吸引国内外各需要设计人才的相关企业或独立工作室前来交流展示，并与各高校设计人才进行相关学术的实践交流，还可以进行独立的企业文化创意展示，在互动交流下寻找合意的合作对象，完成对人才的招聘意向、对设计者作品的生产合作意向。同时吸引大量的非专业观众，如艺术生、设计爱好者等前来交流展参观、购买设计者作品。通过各种方式的宣传推广扩大交流展的对外影响力，增强本届展会的知名度，以便更有力地帮助推进展会的组织、服务与展会后期的评估。

二、宣传内容

1. 展会理念

随着中国经济的不断发展，人们的生活水平不断提升，对于衣食住行的要求亦相应提高，大至城市规划、建筑设计，小至衣服鞋帽的设计都彰显着人们对个性、格调与品位的追求——而这都需要良好的设计理念作为支撑。可见，设计在人们生活当中扮演着越来越重要的角色。但目前市场需求与高校人才供给仍存在信息不对称现象，两者尚未得到良好的对接。因此举办高校设计交流展，通过学生、企业单位、工作室等的设计及文化展示，有利于传播先进设计理念，实现市场与设计人才的无缝对接，从而促使设计行业更好、更快地发展。

2. 展会特色

（1）地域独特展会。首届广东（广州）高校设计交流展本身就是一个特色，广东省内尚未有其他同类展会，展会独一无二，市场潜力大，同时借设计行业快速发展的东风，本展会具有很强的可行性，也形成了本展会独特的核心竞争力。

（2）把握设计行业趋势。展会以广东省内一流高校的设计专业以及市场中具有丰富实践经验的各类设计相关企业作为目标参展商及观众，充分彰显展会在设计行业的前沿性和领先型，站在市场前沿，能够有效地把握当前设计行业前沿发展趋势，对于塑造展会品牌具有重要的促进作用。

（3）优秀生源的供应与公司、工作室需求无缝对接。本届交流展将邀请广东省内一流高校设计相关专业的优秀学生、顶尖设计公司及其他需要设计人才的企业、独立的工作室、组织团体以及行业协会等前来参加，致力于实现省内一流高校设计专业优秀生源供应与单位、公司、工作室设计人才需求的无缝对接。

三、宣传推广方式

1. 通信平台部分

（1）邀请函、短信、邮件群发。向国内参展商（包括高校、企业、工作室等）直接邮寄或电子邮寄本次交流展的邀请函、宣传单、展会说明、参展商展位申请表或专业观众登记表、通信与咨询方式等展会详细资料。向客户表达组展方的诚意、通报展会有关情况。

（2）一对一人员推广。组展方形成统一的推广团队，专门与重点邀请的参展高校、公司、工作室和其他专业观众进行一对一的沟通，通过电话、传真和E-mail等方式直接联络，倾听客户声音。

2. 电子平台部分

（1）网站宣传。网站宣传主要有：①针对目标参展商及目标观众，与相关知名网站如视觉中国、站酷等进行联系，投放宣传广告，增强本届展会的知名度。②利用内部网站——首届广东（广州）高校设计交流展的官方网站宣传本次展会。

（2）手机平台软件推广（APPs）。分别针对苹果公司（iOS）、谷歌公司（Android）、塞班公司（Symbian）三大手机平台操作系统发布关于高校设计交流方面的手机软件APPs，让众多参展商不仅局限于交流展那一段时间、局限于交流展上的展品，更可以通过这款软件的相关推送随时浏览高校优秀设计人才的作品，随时随地招聘人才；同时该款软件也面向大众，让大众同样能随时随地欣赏到更多的设计作品，满足自身的爱好及艺术需求。开展期间利用该软件，进行各种活动的相关事宜通告，吸引更多客户观众参加；休展期间通过该款软件持续推送展会相关信息；让客户、市民对本届展会的印象保持一定的热度，为下一届展会做好准备工作。

（3）微博宣传。微博宣传主要有：①建立本届展会官方微博，即时播报展会最新动态消息。②通过本地知名微博如"青春广东"、"玩乐广东"等进行微博广告宣传。

3. 户外平台部分

（1）报纸、杂志。在本省、本地报纸上刊登宣传广告，并在一些知名杂志刊物上推出文章，如本届展会的特写、评论、报道等具有新闻性质的软性广告，使其更具可信度。

（2）声讯广告。联系本省、本地各大广播电台以及高校校内的广播平台，在其节目黄金广告时间中播报本届展会信息，一天4~6条为佳，加深受众印象。

（3）视频广告。通过相关传媒公司，在地铁、公交的移动视频设备上播出本次交流展的宣传视频，使展会信息具象化，更具表现力。

（4）户外广告。户外广告主要包括公共汽车车身广告以及公交候车区背板广告、地铁站内广告。在各大地铁站上、部分人流较多区域的公共汽车的车身上及车厢内贴上本届展会的宣传广告，向普通市民宣传，扩大受众面。

4. 其他部分

（1）与省内高校设计协会合作宣传。与省内各大高校设计相关协会进行联系，同他们协商向学校申请获得本次展会海报在高校宣传栏张贴的许可，方便高校学生更便捷地了解展会信息。同时也可派发一定数量的免费门票作为吸引手段。通过校内的宣传增加参加展会的普通观众的数量，给本届展会制造良好的口碑效应。

（2）通过比赛形式加以宣传。在本届设计交流展开展之前我们将会和各大设计公司、政府部门联手举办一次广东高校设计交流赛，以比赛的形式吸引更多不同年级、不同设计专业的学生参与，设置不同奖项并选取优秀作品在交流展上作为重点项目免费展出。比赛活动期间着重对本届交流展展会信息进行宣传，吸引高校设计专业学生踊跃提交优秀作品。

四、宣传工作时间安排

1. 宣传初期（2014年7~10月）

宣传初期进行显露型宣传推广——展会信息的披露与广度。致力于展会简易明了的主要信息（如主题、理念等）的初步披露，注重广大观众媒体对本次展会的认识与关注，促进展会筹办信息的广泛扩散与展会知名度的提升。此期间内宣传渠道主要有：邀请函、通信、专业网站。

2. 宣传中期（2014 年 11 月~2015 年 2 月）

宣传中期进行两种推广方式：①促销型宣传推广——展会的招展、招商与筹办。主要致力于展会展位的销售和对更多观众到会参观的招揽。此期间内宣传渠道有：邀请函、通信（电子版、实体版）、报纸追踪报道、各大媒体宣传、专业网站。②认知型宣传推广——展会信息的补充与深化。宣传中期为 2014 年 11 月~2015 年 2 月，与宣传中期同时进行的工作主要目标是提高目标观众与参展商对展会的认知度，加强对展会内容、特点、参展商规模、办展情况等详细信息的传达与报道。此期间内宣传渠道有：邀请函、通信、参展商手册、专业网站、比赛。

3. 宣传后期（2015 年 3~6 月）

宣传后期——展会信息的持续性工作。展会的招展、招商宣传计划已基本完成，此时主要致力于对广大观众的记忆性持续宣传，保证宣传力度的始终统一，另外补充对仍有意愿参展或到会参观的专业观众的登记与合作联系等。此期间内宣传渠道有：邀请函、通信、参展商手册、媒体宣传、专业网站、比赛。同时将开始展会志愿者的招募活动，主要面向大学城内各高校的高素质大学生进行面试招募，吸引大学生积极参与。

具体的媒体推广时间和方式计划分别见表 9-5、表 9-6、表 9-7、表 9-8 及表 9-9。

表 9-5　大会媒体宣传推广计划

类　型	更新期数	时　间	形　式
展会官网（www.CUDI.com）	随时更新 全年运营	2014 年 7 月开始	向网站用户介绍展会信息，提供咨询解答
展会内部报刊《设彩 CUDI》	四天一期 一共八期	2015 年 6~7 月	报道展会精彩瞬间，推荐展会优秀设计
展会手机 APPs《设彩》	每周一更 全年运营	2014 年 6 月开始	向客户端推送优秀设计、展会信息
展会小手册	一共两期	2015 年 6~7 月开始	介绍展会或周边小贴士

表 9-6　同类展会宣传推广计划

名　称	时　间	推广形式	费用预算
2014 第 33 届新一代设计展（中国台湾）	2014 年 5 月	展示介绍，邀请活动	6000
2014 第七届广州国际设计周	2014 年 12 月	展示介绍，邀请活动	8000
2015 第三届广佛设计交流展	2015 年 4~5 月	展示介绍，邀请活动	4000
总　计			18000

表9-7 大众媒体宣传推广计划

名称	次数	时间	形式	规格尺寸（厘米）
报纸广告				
《广州日报》	两次	2014年7月,2015年5月		随机版面8×8（版花广告）
《羊城晚报》——享时尚周刊	两次	2014年7月,2015年5月	彩色广告	底版8×24（1/4版面）
《南方都市报》	两次	2014年7月,2015年5月		A2版8.5×24（1/4版面）
杂志广告				
《青年视觉》	一次	2015年5月	彩色广告	A4版面
《艺术设计》	一次	2015年5月	彩色广告	A4版面
《包装与设计》	一次	2015年5月	彩色广告	A4版面
《IDN》	一次	2015年5月	彩色广告	A4版面
交通广告				
公交广告	半个月两次	2014年7月,2015年5月	候车站台	300×150×2
			车内椅背	70×40×10
地铁广告	半个月一次	2015年6月	会展专线	10个灯箱
移动电视	半个月一次	2015年5月	公交地铁	20秒不间断
网络广告				
公益类网站				
志愿者网站	两个月一次	2015年5~6月	头版图片	50×20
新闻类网站				
腾讯网	一周一次	2015年6月	首页浮动广告	100×50（dpi）
新闻网站	三条	2015年6月	评论新闻	140字内
专业类网站				
视觉中国	一个月一次	2015年5月	首页主版	4000×800（dpi）
站酷	一个月一次	2015年5月	首页主版	4000×800（dpi）

表9-8 大会专项宣传推广计划

名　称	次　数	时　间	形　式
2015年广东高校设计交流大赛	一次	2015年1~5月	高校组队比赛
人员一对一推广	多次	2014年12月~2015年5月	上门交流推广
展会宣传印刷品	多次	2014年7月~2015年7月	派发宣传印刷品

表9-9 宣传推广进度计划

宣传对象	宣传时间	宣传内容	宣传方式
参展商及专业媒体	2014年7~10月	展会信息特点	邀请函、通信、专业网站
	2014年11月~2015年2月	展会信息特点、已确定的参展商	邀请函、通信、参展商手册、专业网站、比赛
	2015年3~6月	展会信息特点、已确定的参展商、展会形象	邀请函、通信、参展商手册、媒体宣传、专业网站、比赛

单位：元

宣传对象	宣传时间	宣传内容	宣传方式
专业观众	2015 年 1~5 月	展会信息特点、已确定的参展商、展会形象	邀请函、通信、参展商手册、媒体宣传、专业网站、比赛
普通观众	2015 年 5~6 月	展会吸引点、已确定的参展商	邀请函（门票）、通信、户外广告、专业网站、微博、报纸等各大媒体
志愿者	2015 年 6 月	展会信息、服务内容	通信、专业网站、高校联系

资料来源：陈浩然，代璐，段青，沈聪.《2015 年首届广东（广州）高校设计交流展（CUDI）策划书》，（2012 级会展策划大赛优秀团队策划方案），2003.

思 考 与 展 望

　　本章主要介绍了会展营销的基本概念以及会展策划实践当中经常运用的几类营销方式。此外，本章还涉及会展宣传推广的相关知识。

　　特别地，在市场竞争愈发激烈的今天，为在竞争当中脱颖而出，组展方往往使出了浑身解数，展会营销特点与具体实施方式可谓日新月异。

　　因此作为会展策划人员，需要时刻把握行业的脉搏，以展会市场需求为出发点，综合运用多种营销方式，以提高招展及招商效率。在"互联网+"思维深入人心的今天，会展策划人员亦需要正视大数据时代背景下，互联网对展会行业的冲击，借助互联网的优势提升展会整体竞争力，同时准备好迎接会展行业下一个发展浪潮的到来。

第十章 现场服务和应急管理

会展服务贯穿于展会始终，其中展会现场是与会人员感受展会服务质量最直接的环节。因此，组展方在方案策划阶段就需要做好展会现场服务管理计划，做到"早预早谋"。

本章重点从参展商现场服务管理、观众现场服务管理及其他服务管理三大部分进行深入阐述，同时针对展会现场有可能出现的各类影响展会顺利举行的情况，讲述展会危机管理工作的相关知识，将展会危机带来的损失和伤害降至最低（见图 10-1）。

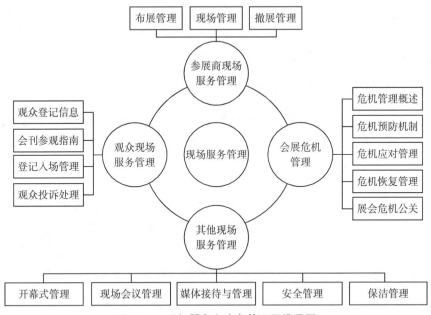

图 10-1 现场服务和应急管理思维导图

第一节　现场服务管理概述

会展现场服务是整个展览项目中至关重要的一环，现场服务的质量不仅关系到参展商和观众对展会的整体评价及满意度，还是一个展会成功与否的关键。现场服务管理是会展项目策划付诸行动的体现，它从多方面、多维度考量组展方对展览项目的现场把控及管理能力。本节将介绍展会现场服务管理的相关概念及具体内容。

一、现场服务管理的内涵

展会现场服务管理的内容十分丰富，贯穿于布展、展中及撤展的全过程。

广义上，展会现场服务是指组展方对于展览现场实施的总体管理，包括展位搭建、展具租赁、展品物流运输、展会安保秩序维护、保洁服务等；还包括参会人员参展期间吃、住、行、游、购、娱的服务管理。

狭义上，展会现场服务管理指从入场搭建到撤展离场期间，组展方对展会参展商、观众、服务方、协助方及媒体等各方行为按策划流程进行管理，并监督各方的现场行为，以提供交流和洽谈的良好环境与平台。

二、现场服务管理的分类

具体而言，展会现场服务管理内容繁多，为了使展会策划人员更加全面地了解展会现场服务管理的内容，可根据管理阶段、管理对象、管理内容对其进行划分。

1. 按照管理的阶段划分

随着展会进度的推进，不同阶段的现场管理服务有不同的内容，包括布展阶段的现场服务管理、展中阶段的现场服务管理以及撤展阶段的现场服务管理。

（1）布展阶段。布展阶段组展方主要服务管理对象为参展商及其展位搭建的施工人员。组展方需要做好参展商报到的程序控制；与主场搭建商共同做好场馆现场总体布置、展台搭建和材料运输的统筹工作。

（2）展中阶段。展中阶段的现场服务管理工作更为复杂，对象包括参展商、观众以及其他展会参与者。组展方需要做好开幕式管理工作；做好参展商及观众现场行为管理；面向媒体做好新闻中心管理；及时处理知识产权纠纷；做好各类展会活动管理工作；向各参展单位及个人提供综合服务。

（3）撤展阶段。撤展阶段组展方主要服务对象为参展商及相关撤展施工人员。组展方需要做好展品放行及相关物流运输服务，与安保人员合作，确保现场展位拆除及展品离场的人员及财物安全。

2. 按照管理的对象划分

根据展会相关利益方的构成，展会现场服务管理对象可分为参展商、观众、服务方、协助方及媒体现场管理。

（1）参展商服务管理。参展商是与组展方联系最密切的群体之一。组展方对参展商的现场服务管理包括布展及撤展管理；展具租赁服务管理；展商接待服务管理；展会期间展商行为管理；参展商投诉处理；知识产权保护工作等。

（2）观众服务管理。观众服务管理主要集中在展会期间，包括开幕式管理；专业及普通观众的入场登记；观众投诉处理以及展会现场管理等。

（3）服务方管理。展会服务方管理主要是指组展方对服务方的现场服务过程进行的管理和监督，包括筹、撤展期间展品搬运、仓储及运输服务管理；筹、撤展施工管理；展会期间安保管理；保洁管理以及各参展人员相关餐饮、住宿、交通、通信管理等。

（4）媒体管理。媒体作为展会的"喉舌"，往往影响着行业以及社会公众对于展会的印象。因此，媒体的服务管理亦十分重要，包括媒体入场管理、现场采访管理以及展会相关新闻信息管理等。

（5）协助方服务管理。展会协助方作为展会的重要合作成员，一般在展会期间会对展会合作成果进行现场考察。组展方需要做好相关人员入场及接待管理，及时向其提供所需的服务。

3. 按照管理的内容划分

按照具体管理项目，展会现场服务管理可以分为：登记接待服务管理、展示服务管理、场馆秩序及安全管理、展会后勤保障管理等。

（1）登记接待服务管理。登记接待服务管理主要指参展商、观众以及其他利益相关方的入场管理、接待管理。

（2）展示服务管理。展示服务管理主要指面向参展商的展位设计与搭建管理、展具及展品管理、解说咨询服务管理以及展会现场活动管理等。

（3）场馆秩序及安全管理。场馆秩序及安全管理主要指展会期间人流控制及管理、场馆引导服务、场馆公共安全及消防设备、设施管理等。

（4）展会后勤保障管理。展会后勤保障管理主要包括物流运输管理、场馆保洁管理、场馆周边交通管理以及相关餐饮及住宿服务管理等。

三、现场服务管理的原则

展会现场服务管理涉及面广，内容繁多，展会策划人员需要确定明确的目标及完善管理过程中的指引，才能使展会现场服务有条不紊地开展。在展会举办的过程当中，还存在一些不确定及不可控因素将影响展会的顺利举行，因此组展方需要对各类危机做好预测和处理预案，防患于未然。

1. 合作共赢原则

由于展会服务覆盖面极广，组展方难以承担所有的展会现场服务。因此，服务方在展会现场扮演着重要角色，其服务质量往往影响着与会者对展会服务的整体评价。为确保展会服务质量，组展方在开展前应对各类服务供应商进行有效的组合与协调，使其各司其职，并制定相关的管理与监督机制，形成组展方、服务供应商及现场参会人员多方共赢的良好局面。

2. 责任人制度原则

展会活动现场性极强，特别是展会服务生产及使用的同时性要求展会现场的每一个环节都不容有失。因此，组展方在开展前需要对展会各细分项目都要落实专门的负责人进行管理与跟进。通过详尽的工作安排明确各自职责，避免现场出现相互推诿导致服务效率低下的情况。

3. 多方核实原则

尽管组展方在展前制定了分工安排，但由于展会工作的复杂性与综合性，某些细节工作仍需要组展方工作人员经过多方核实及确认以避免发生错误，如财务之间的交接工作，一般需要由经办人和会计一同进行核对，实现工作的核查与监督。

4. 信息通畅原则

每一项工作负责人还需要及时跟进、更新工作信息，及时了解客户最新情况，并与相关部门保持畅通的信息交流，针对有可能出现的展会危机，进行及时反馈，集多个部门的力量，将各类展会潜藏的危机化解于萌芽初期。

5. 以人为本原则

在现场服务中最不可缺少的工作活动主要是服务人员或展会主办方的工作人员和客户之间、工作人员之间、不同客户之间（参展商、采购商或观众）的沟通交流和接触，而为了提供高质量的展会活动，需要对工作人员进行基础的沟通交流技能和应急技能的培训，以提升参展人员对展会的满意度。

6. 应急预案原则

根据展会举办经验、展会特点等，某些展会危机是可预测、可把控的。因此，组展方应该做好相关危机预案，有效控制各类不良因素，保障展会的顺利举行。

7. 时间掌控原则

一般展会的持续时间较短，馆内人员、物资流动性大，且现场活动时间安排紧凑。因此，组展方在处理各类服务工作时，还需要注意时间的有效性。时间掌控原则一直是公共关系营销的第一要点，在展会现场活动管理环节中更是重中之重，需要严格把控。

第二节　参展商现场服务管理

一、布展管理

布展工作的重要性不可忽略，它是展会迈向实际操作运行的重要一环。

布展时间根据展会规模和展品特点有所差异，一般为 2~4 天，筹备时间相对紧凑。

在正式入场布展前，组展方需要向举办地公安、消防等部门提交报批资料，获批准后才能够入场布置。在参展商正式入场布展前，组展方还需要与主场承建商、场馆现场统筹人员、安保负责人进行全面的工作协调，包括筹展、撤展及展会时间、展位搭建规范、展品运输及装卸管理、展馆现场车辆秩序维护等细节，以保证展会布展现场工作秩序井然，有条不紊。

1. 展位画线

在参展商入场前，组展方需要严格按照参展商租用面积划定每一个展位范围，以便参展商根据画线区域进行展位搭建及展品陈列。值得注意的是，展位画线是布展工作的首要环节，需要精准、及时，以便搭建工作能够顺利完成。

2. 参展商报到

参展商凭参展合同或相关身份证明在展会现场进行报到，交清所有参会款项，领取参展证件，办理入场手续。

3. 展位搭建

展位搭建是布展工作的重要环节。一般特装展位由参展商自行搭建，标准展位由主场承建商负责搭建。因此，组展方应联合主场承建商对施工现场用电、噪音、展位高度控制以及电线、电缆的安装与走向、重型机械的地面承重以及标准展位的基本配备等做好现场监督及查验工作。

4. 标准展位楣板核对及基本设施检查

每个标准展位的楣板上都印有参展商名称及其展位号。由于楣板是参展商的门面，是参展商最关心的服务之一，因此组展方需要在开展前进行认真核查，同时及时检查标准展位基本设施、设备是否完整。

5. 地毯铺设

地毯供应商需要按照展区计划进行地毯铺设，包括标准展位、通道以及各类展会功能区等。其中，标准展位地毯铺设一般在标准展位搭建前进行，考虑到现场特装展位对地毯的损坏，通道及其他功能区地毯一般在特装展位搭建基本完成后方可进行。为防止地毯被损坏、污染，一般铺设地毯后需要覆盖薄膜保护，待完成布展清洁工作后，再将薄膜移除。

6. 现场安保工作

布展期间，现场人员密集，各类机电设备繁多，部分涉及高空作业和大型部件安装的工作，具有一定危险性。因此组展方应协同主场承建商、展馆安保人员做好现场安全保卫工作，及时阻止违规操作，做好人员、展品及财物保护工作，对于搭建中出现的各类问题，需要及时协调处理。

7. 消防及安全排查

在展位布置完成后，组展方还需要陪同消防及公安部门对展位进行全面、系统的消防及安全隐患排查，督促参展商严格遵守场馆及组展方参展指引，安全、文明参展。

8. 保洁工作

在布展完成后，场馆保洁人员需要及时清除布展垃圾，包括移除地毯保护薄膜，为展会开幕做准备。

二、现场管理

展会现场是组展方维护客户关系，加强客户沟通的重要机会。因此，组展方需要做好参展商的接待服务工作，主动了解参展商需求，征求其对于展会的意见和建议，及时为其提供各类服务。

1. 参展商接待服务管理

展会报到是组展方与参展商接触的首要环节，往往影响参展商对展会的第一印象。因此报到地点、报到时间、报到工作内容及流程以及工作人员服务规范都是组展方需要考虑的问题。

（1）报到地点的选择。参展商报到地点一般包括展馆、合作接待酒店和展会组展方办公场所等。大部分展会报到地点为展会现场，但亦有部分大型展会为缓解展会现场签到压力，将报到地点设于合作接待酒店或组展方办公场所等。

报到地点应当便于寻找，一般设置在展馆出入口或主通道附近。主办方签到台以及主场承建商服务台应注明"参展客商接待处"或"主场承建商服务处"等字样，以便参展商寻找。

（2）接待报到的工作内容及流程。在展商入场布置前，组展方应将报到时间和地点提前清晰地告知参展商。在报到现场，组展方需要核查参展商身份，发放参展商证件，并指引参展商找到相应展位。组展方负责展位销售、财务以及现场统筹的人员应该共同参与参展商报到接待工作，以避免因沟通不畅、信息不对称而影响参展商正常报到。

（3）接待报到的工作时间。确定好接待时间是为了布展工作的顺利展开，但是在布展的前后为了避免交通堵塞等原因造成的时间紧张，参展商会发生提前或者延迟报到的情况。所以针对不同时间报到的参展商应做好接待和处理的程序准备。

2. 租赁服务管理

为了向参展商提供更加贴心、细致的展会服务，方便来自全国乃至世界各地的企业参展，帮助参展商提升展位整体展示效果，组展方还将在展会现场提供包括展具、花卉绿植、音频会议、投影仪、电器等的租赁安装调试服务。此类服务大大减少了外地参展企业的展具运输成本，为其参展提供了便利。

本身没有相关设施、设备积累的组展方，可与主场承建商合作，共同提供服务。为了提高物料准备效率，确保展会现场的有序性，一般对提前预定租赁展具的参展商给予一定的价格优惠。组展方可根据展会实际进行定价。

【案例分析】 ××展会展具租赁服务细则

××展会展具租赁申请表

序号	项目	规格	单价	数量	金额	备注
1	平放式木层板	1000mmL×300mmW				
2	斜放式木层板	1000mmL×300mmW				
3	挂衣钩	950mmW×2000mmH				
4	挂衣杆					
5	白折椅					
6	黑皮椅					
7	木掩门	950mmW×1910mmH				
8	散尾葵	约1000mmH				
9	围身板	1000mmW×2500mmH				
10	正方台					
11	长方台					
12	洞洞板连挂钩					
13	玻璃圆台					

续表

序号	项目	规格	单价	数量	金额	备注
14	咨询台					
15	带锁地柜					
16	铝合金洽谈桌					
17	玻璃饰柜（台）					
18	高身饰柜					
	合计：					

以下资料请详细填写

公司名称：_____　　　联 系 人：_____　　　展位号码：_____

联系电话：_____　　　传真号码：_____　　　签字盖章：_____

备注：

（1）以上展具报价均为出租价格，时间为一个展期。超过时间出租价格加倍；以上含运输、安装、拆卸、清洁、材料费、施工费。

（2）以上租赁项目如有特别位置要求，请另附纸图示或说明，否则将按一般标准安装或摆放，如现场位置需要更改，产生的费用将由参展企业承担。

（3）预订或已送到展位的展具，如需退换，要扣除租赁展具费用的30%作为人工费、材料费及施工费。

（4）订单费用请汇款至以下银行账户（开户名称：××××，开户行：××××，银行账户：××××）。

（5）收到订单和全额汇款后视为有效订单，汇款后请把汇款底单传至（传真电话），并注明"××展会"。上述物品提前15天预订，享受九折优惠。

3. 现场广告管理

展会现场是组展方履行参展商宣传展示承诺的重要场所。展会现场的参展商广告宣传是参展商吸引观众眼球，提升自身品牌影响力的重要渠道，广告位销售也是组展方重要的收入来源。

因此，在展会正式开幕前，组展方需要落实各广告宣传位的情况，包括入场券、会刊、馆外空飘广告、幕墙广告、灯旗广告、桁架广告、馆内吊挂广告、地标广告等，对于错误的参展商信息，需要及时排查更正，以免影响参展商的广告效果。

4. 信息服务管理

组展方在展前还应该向参展商提供包括展会介绍、展馆地址、展馆及其周边交通平面图、周边餐饮、住宿设施指引等资料，为参展商提供便利的信息服务。组展方现场服务人员还应该提前熟悉展馆周边各类配套服务设施情况，以便现场解决参展商各类困难及问题。

5. 参展商投诉处理

由于展会现场涉及服务环节繁多，且展会服务质量具有不确定性，因此难免存在参展商不满意的因素。对于参展商的投诉，组展方需要及时予以回应，并迅速进行协调，提供解决方案。

以"客户为中心"的原则，组展方对于参展商的各类投诉，需要以积极的态度回应，不可逃避或推诿，以确保展会正常、顺利举行为前提，避免因投诉处理不当而影响展会品牌信誉，如在第二届中国（深圳）消费商品采购大会上，组展方在总服务台设立了问询投诉处，负责回答参展商和观众的问询，并处理各种投诉。独立、安静的环境能够帮助参展商迅速平复心情，使参展商和组展方能够更积极、理性地进行沟通，解决问题。同时能够有效避免个别参展商的投诉影响其他参展商及观众的参展情绪。

6. 知识产权保护工作

展览会既是企业进行最新产品及技术展示、行业信息分享与交流的平台，同时也是侵犯知识产权行为的滋生地。因此，组展方需要帮助参展商做好知识产权保护工作，包括在展会现场显眼处张贴知识产权保护公告；设立专门的律师咨询点和办公室为参展商及观众提供知识产权保护咨询；对于展会出现的各类知识产权纠纷，及时联络展会举办地知识产权管理部门进行协调解决等。

【案例分析】励展中国关于维护展会知识产权的声明

励展博览集团在世界各地拥有 3700 多位员工，在 43 个国家运营 500 多个展会项目，其展览及会议组合为美洲、欧洲、中东、亚太和非洲地区 43 个行业部门提供服务。作为专业的展览机构，励展博览集团为保护展会知识产权，制定了一系列措施：

（1）在公司网站和展会网站的显著位置发布展会知识产权保护提示信息，包括公布《展会知识产权保护办法》、展会知识产权保护的专业建议、展会知识产权保护管理机构及相关法律服务机构的联络方式。

（2）在展会现场的显著位置张贴展会知识产权保护的宣传海报，公布知识产权咨询电话以及侵权举报热线。

（3）当励展主办的展会上出现知识产权纠纷时，及时联络当地展会知识产权管理部门予以解决。

（4）邀请知识产权法律服务机构进驻有需求的励展展会，为展商和观众提供现场知识产权保护咨询。

（5）邀请知识产权法律服务机构在某些励展展会举办期间为参展商提供与展会知识产权保护相关的讲座。

（6）与展会知识产权保护管理机构保持密切联系，积极配合政府知识产权工作部门开展展会知识产权保护的相关活动。

（7）建议参展商在设计搭建展位时，注意考虑各类新设计和新技术的展示场所。可通过搭建能够区分有效观众，而不致其他无关人员轻易窥探展位内部情况的、相对封闭的展位，以便对不同类型的观众提供具有区分性的展示内容。

资料来源：励展博览集团官网.励展中国关于维护展会知识产权的声明［DB/OL］. http://www.reedexpo.com.cn/Corporate-Responsibility/IPR-Protection-at-Exhibitions.

三、撤展管理

撤展期间，由于时间相对紧凑，部分外地客商需要筹备返程事宜，展会现场极容易出现秩序混乱的状况。因此，组展方和场馆现场安保人员需要提前对撤展程序进行合理、科学的规划及管理。

1. 展具归还

展会结束后，首先参展商需要将租用的展具予以归还，办理相关的费用交纳、发票开具、押金退还等一系列手续。

2. 展品处理及回运

对于展会展品，参展商一般有以下处理方式：现场销售、赠送、销毁及回运。参展商会在展会闭幕前进行展品促销或赠送活动，但是为确保撤展秩序，组展方在撤展期间应严禁各类展品促销活动。对于需要回运的展品，组展方应协助参展商办理各类物流运输及海关手续，以便展品尽快运离现场。

在馆外及周边区域，需要做好相关撤展车辆、展品车辆的交通指引，引导各类车辆按秩序进入场馆范围内进行货物装载，并及时驶离现场，避免造成交通拥堵。

3. 展品出馆控制

为确保参展商展品及财物安全，撤展期间组展方需要做好各类物品出馆控制工作。参展商需要凭有效证件，向组展方申请"放行条"，所有出馆展品需要查验，并与放行条内容一致后方可放行。

4. 展位拆除

待展品基本撤离现场后，就进入展位拆除阶段。由于拆除过程涉及高空作业以及特装展位的部分大型部件拆卸工作，具有一定危险性，所以组展方及现场安保人员应做好人流秩序维护，严禁除参展商及施工人员以外的其他人员进入展馆。

5. 展场清洁

对于撤展时产生的废弃物料，组展方及主场承建商需要及时予以清除，保持展馆现场清洁。

第三节 观众现场服务管理

除了参展商，观众也是展会的重要参与群体。需要指出的是，展会作为行业交流的大平台，现场参会观众除专业采购商及一般消费者外，还包括展会服务方、协助方以及媒体等展会利益相关方。组展方在进行展会策划时，也应制定相关现场管理方案，为其提供贴心、细致的参展体验。

一、观众登记信息

观众信息是组展方进行展会分析，积累客户资源，开展客户关系管理的重要依据，因此组展方需要做好观众登记工作。获取观众信息的重要渠道是编印"观众登记表"，采用问卷的形式收集到场观众的信息。

观众登记表一般包括两方面内容：一是观众基本信息，如观众单位性质、参观人员职位以及联系方式等；二是关于展会情况的相关调查，包括参观目的、感兴趣的产品及技术、获取展会信息的渠道等。观众登记表既发挥了收集观众信息的作用，又能够作为参展调查表，为组展方日后展会招商及宣传推广决策提供参考依据。

二、会刊参观指南

对于专业性展会，组展方一般编印大会会刊。它作为组展方为参展商提供的一项服务，是参展商进行企业及产品、技术宣传展示的重要方式，能够有效弥补展会现场参展商及目标观众信息不对称的缺陷。

会刊的主要内容包括参展商单位名称、地址、联系方式、产品及技术介绍等。编印合理的会刊能够向观众更加全面地展示参展商的情况，将参展商及观众的对接从展会现场延伸至展后，提高商务对接效率。

作为回报，组展方一般会赠送部分会刊给参展商、展会相关服务方和协助方。同时在专业观众登记处设置会刊出售（赠送）点。

为了方便观众参观展会，组展方还将编印展会参观指南。参观指南的内容包括展会简介、展会组织架构、展品范围等。为了使观众快速寻找目标展位，一般参观指南还将印制展会平面图以及展会举办地概况介绍及展馆周边交通指南等。参观指南犹如展会的指南针，指引观众更便捷地参加展会，同时也大大减轻了组展方现场咨询服务工作的压力。

三、登记入场管理

对于一般的展会，观众需要凭证件或门票入场。组展方可在展馆门口设置专门的接待柜台进行展会观众及其他与会人士的登记工作。为提高展会登记效率，组展方一般将登记通道分为"持邀请函观众"以及"无邀请函观众"。

持有邀请函的观众一般已经在展前进行资料预登记，现场可快速领取参观证件，这极大地减轻了现场观众登记工作的压力。随着展会技术的发展，部分大型展会将开通观众网上预约登记服务，登记信息将录入组展方后台数据库，观众在展会现场只需凭预登记编号即可领取参观证件。组展方还能够通过观众证件上的条形码了解观众的参观情况，为展后的观众参展情况分析提供数据支撑。

对于没有邀请函的参会者，组展方还可以在展馆外设置观众登记表填写区域，安排相应的工作人员现场指引观众填写观众登记表，以提高观众资料的有效性，待观众填妥登记表后再排队等候办证，缩短观众等候时间。由于观众登记处一般为展会的"门面"，因此组展方应该根据现场观众数量及时调派工作人员进行现场秩序维护，解答展会相关问题，确保现场秩序井然。

四、观众投诉处理

展会期间人流量大、现场服务工作繁杂，难免会出现管理和服务不到位的情况，因此组展方可在接待处设置投诉咨询处，及时解决观众的各类投诉与咨询。接待人员需要拥有良好的专业素质，做到礼貌接待、态度良好，在最短时间内解决观众所遇到的问题和困难，将观众投诉所造成的对展会品牌的不良影响降至最低。

第四节　其他现场服务管理

一、开幕式管理

开幕式是组展方向社会公众宣布展会正式开幕的仪式。开幕式作为展会活动的重中之重，现场聚集了大量领导、贵宾、参展商以及公众媒体，涉及范围广，接待规格高，需要组展方事先进行周密的计划与安排。由于开幕式策划的相关内容在前面章节已有介绍，本节主要对开幕式的现场管理工作进行阐述。

1. 开幕式准备工作

在开幕式开始前，开幕式负责人应与舞台搭建方协调，做好以下准备工作：①做好开幕式现场灯光、音响、礼花等设施、设备的准备。②与主持人、礼仪人员以及设备控制人员协调，做好开幕式各个环节时间点的把控。③核实实际到场嘉宾信息与座次，及时与主持人更新嘉宾信息。④核实致辞嘉宾、剪彩嘉宾的次序及站位，并与礼仪人员进行协调。

2. 开幕式现场组织管理

开幕式期间，随着仪式的推进，组展方还应该重点关注以下事项：

（1）领导和嘉宾的接待与引导。展会一般邀请相关政府部门领导、行业协会代表、展会协助方代表、参展企业以及专业观众代表出席开幕式。对于重点嘉宾，组展方需要安排专门的外联人员在展会接待处进行嘉宾签到及引导工作。

（2）引导参展商与观众。邀请参展商及观众参与开幕式。

（3）做好现场秩序维护。由于开幕式现场人流密集，同时聚集大量重要嘉宾，因此组展方需要联合展馆安保人员做好现场秩序维护及重点嘉宾安保工作。

（4）控制突发事件。开幕式负责人还应该根据活动进度，把握各环节时间点，对于现场各类突发情况，需要及时与现场工作人员进行协调解决。

3. 开幕式信息发布通稿

开幕式信息发布通稿是组展方对展会嘉宾以及社会公众介绍展会、展示展会亮点的重要渠道，它奠定了展会在各与会嘉宾以及媒体记者心中的第一印象，也是媒体报道的基本素材。因此，开幕式新闻通稿需要定位得当，通过醒目的方式将展会亮点和特点展现在与会嘉宾面前，同时对展会各方面作全面、系统的介绍。为提高展会新闻报道的准确性，组展方还可以为新闻通稿附上展会背景资料、与会嘉宾介绍、相关活动日程以及展会相关图片等，以提高展会新闻的全面性和吸引力。

二、现场会议管理

展会期间还会举办各类配套活动，包括会议、比赛、表演等。组展方需要在活动前对活动时间、场地布置、活动流程等做详细的策划与安排。

活动现场需要安排专门的负责人对活动流程进行把控，对于部分参与人数较多的活动，需要及时做好人员疏导、秩序维护等工作。

三、媒体接待与管理

媒体是展会的重要参与方，媒体对展会的态度和看法往往影响社会舆论对展会的评价，从而影响公众对展会的印象。因此，组展方应当做好媒体接待与管理工作，协助媒体更加全面、真实地反映展会情况。

1. 媒体办公室及采访区

对于部分大型展会，组展方在展会现场开辟媒体办公室及媒体采访区。媒体办公室中，一般配备电脑、传真机、打印机、纸笔等基本配置，供记者写稿、发稿，同时还供应茶水及提供休息区域。在新闻中心，组展方可放置展会相关资料，包括展会概况、展会特点、参展商介绍以及展会相关活动日程等，供记者写稿时参考。

展会现场还可开辟相对独立、安静的区域作为媒体采访区，对重点嘉宾、参展商安排媒体采访时间，各媒体可根据实际需要对嘉宾进行采访，以便媒体记者挖掘更多新闻亮点，丰富新闻报道内容。

2. 媒体联系与资料发放

组展方需要安排熟悉展会情况的外联工作人员对接媒体记者，随时回答记者提出的各类问题。组展方一般可以为媒体记者准备"新闻资料袋"，在内放置展会开幕式新闻通稿、展会背景介绍、展会亮点、展会相关活动日程、参展商基本情况、展会会刊及参观指南等，以方便媒体编写新闻报道。

3. 媒体报道汇编

对于各媒体记者的采访报道，组展方需要在展会期间及展后及时进行收集和整理，分析媒体宣传推广效果。对于有失偏颇的报道，需要及时采取补救措施，维护展会品牌形象。

四、安全管理

展会在短时间内聚集大量人流，如车展、动漫展等人流特别密集的展会，以及孕婴童产品展、老年产品展等参观人群为特殊群体的展会，需要组展方做好周密、严谨的安全管理规划。展会需要注意的安全管理内容包括：人员安全、消防安全、展品安全、不法分子滋扰等。

1. 以防为主

组展方应该以"防"为主，需要明确安全责任人，负责各项安保工作的统筹和协调，与公安部门及消防部门及时对接，制定展会安保人员的分布方案和巡逻制度，针对可能发生的安全隐患做好紧急预案。

2. 安检

在展馆门口设置安检设备，对布展、展会期间以及撤展期各类人员、展品以及搭建物料实行出入管理。

3. 随时巡查

认真做好展馆巡查工作，对于违反展会规定的参展行为，需要及时予以制止，对于潜在的安全隐患，需要及时排查整改。

4. 随处提醒

当馆内人员较为集中时，组展方及安保人员应当主动提醒参展商及特殊观众群体注意人身、展品及财物安全，展馆广播亦应播放相关提醒通知，维持展会现场秩序。

五、保洁管理

为保证良好的展会环境，展会应做好现场保洁工作。展会实际过程当中，现场保洁工作根据展会不同阶段有不同的侧重点：

1. 布展阶段

在布展阶段主要对搭建的剩余物料和废弃物进行清洁，并对展会活动现场的基本设施进行打扫、清洁。

2. 展会期间

展会期间保洁人员需要及时清理展馆内产生的各类生活垃圾，清洁卫生间及电梯等，确保展馆内部的正常通风和空气清洁，及时清理用餐区域的残羹剩饭，并及时运离展馆。

3. 撤展期间

撤展期间主要对展位拆除后的废弃物进行分类和处理，清洗和消毒展馆内部的地面，以达到展馆归还交接的要求。

第五节　会展危机管理

由于展会的筹备时间跨度长、涉及面广，较容易受到举办地环境变化以及宏观环境突发事件的影响。而展会的筹备过程投入大，因此组展方在进行展会策划时，应该充分考虑展会筹备和举办过程中可能出现的各类危机，并制定相应的应对方案，对其进行有效的管理，使各类负面因素的影响降至最低。

一、危机管理概述

展会筹备工作相对繁杂，因此可能出现的危机种类亦相对较多。本节将阐述展会危机管理的必要性，同时介绍主要的危机来源及其表现类型，为策划人员制定相应的管理方案提供基础知识支撑。

1. 展会危机管理意义

展会危机事件是指影响展会举办地正常生活秩序，危及当地公众、参展商、观众及其他参展人员人身安全或者是引起精神恐慌的、紧急而扩散面广的、导致展会不能如期举行的事件。展会危机管理则是对这类可能出现的、影响展会顺利举行的事件和不稳定因素进行评估、预防和有效处理的过程。

展会危机管理对展会的顺利举行具有重要的意义：

（1）它是确保展会如期举行的有效措施。对展会进行危机管理，可对部分可防、可控的危机进行有效预防，通过各类评估和检测制度，将危机消除在萌芽之际，确保展会各类筹备工作正常进行，保障展会如期举行。

（2）它是保障展会安全的重要手段。由于展会现场汇集大量的人流、物流、资金流，如果展会现场发生重大安全事故，其后果将不堪设想。通过危机管理，组展方能够有效防止或及时应对展会现场的各类危机事件，将危害降至最低。

（3）它能够有效减轻展会危机带来的经济损失。展会的举办涉及大量的资金投入，一旦发生危机事件将导致展会无法如期举行，各类沉没成本将无法收回，导致组展方蒙受巨大的经济损失。对危机进行预防与管理，则能够有效地减轻相关经济损失。

（4）它是保护客户安全、维护展会品牌的具体体现。人身安全是组展方对各参展方最基本的承诺。通过危机管理，组展方能够为参展人员营造一个安全的展会环境，这是对参展人员负责任的表现，也是维护展会品牌的重要途径。

2. 展会危机表现类型

在制定具体的危机管理方案前，展会策划人员需要对展会危机的来源及其表现类型有一定的了解。一般而言，展会危机主要来自自然因素、经济因素、社会因素、运营因素以及展会现场因素。

（1）自然因素。自然因素主要指：①自然灾害，如地震、海啸、火山喷发、泥石流等。②瘟疫、传染病，如 2003 年 SARS 爆发。③极端恶劣天气，如龙卷风、台风等。此类危机具有不可控性，仅依靠组展方的力量难以克服其不良影响，但组展方可通过与客户沟通解释，协商以延期或停办展会的方式予以解决，如 2011 年"东京国际动漫展"受到日本大地震的影响，出于对参观者安全、电力供应及交通无法得到保障等因素的考虑，被迫取消；2014 年 2 月 13~16 日在日本横滨会展中心召开的"日本国际摄影器材与影像展览会"由于当地突降大雪，交通限制，只好发布展会停办公告。

（2）经济因素。经济性危机主要指受市场整体经济环境的影响，导致招展、招商不顺，或大量参展商退展，使展会无法如期举行，如 2008 年经济危机下，大量中小型企业面临关闭命运，部分展会也因此受到影响而无法如期举行。

（3）社会因素。社会因素往往是突发性较强的影响因素，如政坛动荡、战争、社会游行等突发事件。一旦此类政治事件发生，将严重影响展会举办地的社会公共安全以及参展商参展信心。对于此类情况，组展方需要与举办地政府部门紧密联系，及时与参展商沟通，做好展会延期或停办准备，尽可能将展会的损失降到最低。

（4）运营因素。运营因素主要指由于组展方运营不善而影响展会顺利举行的因素，包括由于招展不力、招商不顺、宣传效果不佳而导致展会未成规模；组展方资金链断裂、举债；与其他协作方合作破裂等因素，导致展会无法如期举行。

（5）展会现场因素。展会现场因素有以下几类：

1）食品及环境安全类。食品及环境安全类因素主要指展会期间食物、饮用水、空气等所引起的过敏、中毒等状况，如在2013年加拿大国家展览会（CNE）上，34名参会人员因食物中毒，出现了上吐下泻甚至昏厥的病状，导致了严重的展会信任危机。

2）治安安全类。治安安全类因素指展馆内恐怖袭击、突发火灾、展位坍塌、抢劫盗窃、人群拥挤踩踏等安全事故，如2004年香港国际珠宝展展品被盗，至少四名珠宝商失窃，损失总值逾100万元；2005年2月3日迪拜购物节的"地球村"内突然起火，波及尼泊尔、中国及约旦展馆，并导致中国展馆内逾110个展位被烧毁；2010年3月14日贵阳市国际会议展览中心发生垮塌事故，造成九人死亡、七人受伤。此类安全事故对参展人员造成严重的人身及财物损害，对展会的品牌形象也造成致命打击。

3）医疗保护类。医疗保护类因素主要指参会人员在展会现场受伤、发生突发疾病甚至死亡。组展方可通过在展会现场设置医疗服务点、配备医疗人员以避免此类事故对展会的影响。

4）重大活动变更类。重大活动变更如展馆、展厅停电；展会设备出现故障；主持人、嘉宾、表演者临时缺席等。此类危机属于可防、可控因素，组展方可通过加强设备检查，制定后备方案等方式避免此类危机发生。

3. 展会应急管理原则

对于展会应急管理，组展方应遵守以下原则：

（1）预防为主。展会应急管理以预防为主，组展方应在展前建立健全科学严谨的应急预案，做好安全保卫工作策划。组展方还可以组织消防演，落实应急小组的协调与沟通工作。

（2）快速反应。危机紧急事件管理的一个重要原则是速度第一原则，组展方需要在事件发生后第一时间内做出反应并进行布局和安排，赶在时间前面，才能有效控制危机蔓延。

（3）统一指挥，协调联动。组展方安全责任人需要对展会整体进行协调与把控，对应急小组的不同部门进行统一指挥，从结构技术和人员方面进行集中调配，提升应对效率。

二、危机预防机制

根据展会危机的来源与类型分析不难发现，部分展会危机是可以通过组展方的监测、评估与预防来避免的。因此，预防是展会危机管理的第一步，主要包括强化危机意识、建立展会应急机构、建立应急预控系统等。

1. 强化危机意识

组展方需要强化自身危机意识，包括在展会策划时，培养防范危机的意识，避免举行存在明显风险的活动。同时，在方案实施过程中，保持应对危机的思维意识和忧患意识。可通过定性分析、定量分析等方法对危机事件进行评估，为制定危机预案做基础准备。

2. 建立应急处理小组

为了更好地应对展会中出现的问题，组展方可成立危机管理部门，其主要的任务是：①组织编制展会的应急预案。②承担展会的应急管理工作。③统筹安排展会现场的应急抢救措施。④组织展会安全救援演习。⑤与展会涉及的相关政府管理部门进行沟通交流。⑥对在现场发生的危机事件进行分析报告。

3. 建立展会应急预控系统

展会应急预控系统主要包括指标性危机预警系统以及电子危机预警系统两类。指标性危机预警系统主要指将危机判断标准转化为可识别的指标。这要求该指标能够准确反映引起危机的主要因素的变化趋势；同时该指标需要具有一定的稳定性和连贯性，便于观测；电子危机预警系统则通过各类电子装置对可能引起危机的信息进行收集、监控、分析并达到预警效果，如预防火灾的烟雾报警器、闭路电视监控系统等。

三、危机应对管理

对于即将或已经爆发的展会危机，组展方需要及时应对和处理，以控制该危机对展会造成的不良影响。展会危机处理的一般步骤包括：

1. 迅速启动应急处理小组

一旦展会危机爆发，组展方需要立即进入危机应对状态，迅速启动应急办公室或应急处理小组。应急小组应责任明确、分工清晰、人员到位。应急小组成员需要对展会充分熟悉，小组内部具有合理而富有弹性的决策程序。扁平的组织结构还能够提高应急处理小组的沟通与反应效率。

2. 识别危机源

应急处理小组需要在短时间内完成展会危机的识别与诱发因素调查。充分了解危机形成原因，可以帮助应急处理小组提出阻止或排除危机的方法；同时，需要避免危机源与其他环节交叉作用使危机蔓延。

3. 实施危机排除行动

当应急处理小组对危机源进行识别，并提出危机处理办法后，即进入危机排除工作。此时，应急处理小组应根据实际情况，对行动做轻重缓急之分。判断的主要依据为：危机对展会各个部分的损害程度；危机在各部分蔓延扩展的可能性；危机对组展方以及展会长远发展的影响程度。对于影响严重的环节，应急处理小组需要首先进行危机排除。

四、危机恢复管理

当危机被控制或解除后，危机管理人员的工作并未结束，应急处理小组需要立即进入危机恢复管理环节，以减轻危机对展会带来的影响和损失。

1. 保持展会的持续性

若危机导致展会无法继续举行，将对展会品牌形象带来严重的打击，造成组展方惨重的经济损失，甚至使组展方面临诉讼的风险。因此，在危机排除后，组展方需要尽力恢复展会的正常举行，保持展会的连续性。

2. 恢复展会品牌形象和组展方声誉

危机一般对展会的品牌形象以及组展方的声誉带来不良影响。因此，危机恢复的重要任务之一是通过媒体传递、主动公开等方式，维护展会以及组展方的声誉与品牌形象。

3. 及时沟通，维护客户关系

在危机恢复时，组展方需要及时与客户保持畅通的沟通，使参展商及其他展会参与者了解展会最新情况，公开、透明地交代危机处理结果，恢复参展商等展会利益相关方的参展信心。

4. 维持展会生存，寻求新发展

危机的出现往往对展会以及组展方带来致命的打击。因此，危机恢复工作的重要内容是通过整改不合理的业务流程，对展会进行重新定位与策划，同时整合资源，寻求新的发展，使展会能够度过危机，甚至超过危机发生前的发展水平。

五、展会危机公关

在处理展会危机时，组展方往往仅关注危机源的识别以及危机本身的排除上，而忽略了危机公关及相关媒体管理的重要性。事实上，良好的危机公关能够为危机化解提供较好的舆论环境，使危机处理事半功倍。

1. 危机公关的作用

良好的危机公关管理，能够为危机管理带来积极作用：

（1）有效传递信息。组展方可通过各种媒体渠道和公共关系，将危机处理的最新消息向参展商及其他利益相关方公布，避免各界对展会不利谣言的传播，为展会提供一个相对稳定的舆论环境。

（2）维护展会及组展方形象。媒体和其他公共关系渠道可在危机管理中发挥积极作用，传递展会及组展方的积极形象，减少谣言以及不实报道对于展会及组展方形象的二次伤害。

（3）为组展方争取社会支持。组展方可通过媒体向社会公众传递危机发生原因、最新处理进展以及后续跟进方案等，组展方积极、负责的处理危机的态度将帮助社会公众更好地理解危机现状，争取社会公众、参展商以及其他利益相关方对展会的支持。

（4）帮助加强组展方与利益相关方的沟通。由于危机处理过程变化迅速、涉及面广，所以往往发生信息滞后的情况。通过媒体宣传和公共关系管理，能够帮助组展方与各利益相关方保持及时沟通，这对于恢复其参展信心、维护展会品牌忠诚度具有重要意义。

2. 危机公关的管理办法

（1）制订危机公关管理计划。由于危机一般爆发得突然，反应时间短，为做好危机公关管理工作，组展方可在危机管理方案策划阶段，就将公共关系纳入管理的主要对象，并制订公关管理计划。

通过建立危机公关管理小组，实施新闻发言人制度，避免因组展方多头对外发布信息，导致社会公众恐慌以及对展会危机的误解。

（2）多渠道保持媒体联系与沟通。组展方可通过多渠道与媒体保持密切的沟通与联系，包括举行新闻发布会、媒体会议、现场采访等形式，与媒体进行面对面的直接沟通，减少因信息不对称而导致的信息误解与谣传。

（3）适当控制媒体活动范围。组展方通过适当控制媒体活动范围，可确保与媒体保持相对紧密的即时沟通，提高沟通效率。同时能够减少媒体无限制的活动对危机管理者决策的影响，亦能避免由于媒体片面的报道导致社会公众的误解。

特别地，对媒体适当的控制并不意味着对媒体实施消息封锁。组展方应该向媒体说明活动范围控制的原因，取得媒体的理解与配合，同时积极、主动地向媒体公开危机处理最新情况及其他相关信息，提高媒体传播效率。

实务分析

广州（国际）孕婴童用品·服务博览会
现场服务及危机管理计划

一、专业观众登记方案

1. 观众登记

观众登记见表 10-1 与表 10-2。

表 10-1　展会观众登记安排

项　目	具体安排	备　注
登记时间	9：00 a.m.~5：00p.m.	
登记地点	展会现场	
登记途径	网上预登记、现场人工注册、现场自主注册	参展观众应凭邀请函、个人有效证件进行登记注册，无邀请函者应先填写个人信息登记表再进行登记注册
登记负责人员	综合运营部责任人员	预计需 60 名登记人员

表 10-2　专业观众信息登记

(1) 申请人个人信息（注：打●为必填项）
● 公司名称：
● 项目负责人：
● 职务：
● 公司地址：
● 邮编：
● 电子信箱：
国家：
● 电话：
● 手机：
● 传真：
(2) 您从何种渠道听说或了解到我们展会的信息（此为必填项，请打 √，可以多选）

展会官方网站□	其他网络媒体□	视频媒体□
专业杂志或报纸□	大众报纸或杂志□	地铁广告□
展会的印刷海报/广告□	展会宣传材料□	其他□

(3) 经营范围（请打 √）
1) 零售业：

消费电子商□	电脑硬件/软件商□	音像制品销售商□
在线零售商□	购物中心□	书店经销商□
连锁店经销商□	邮购经销商□	进口/出口贸易商□
采购商□		

2) 生产商：

发行商/批发商□	光盘复制厂商□	游戏开发商□
出版商□	电信运营商□	

3) 金融业：

投资商/银行家□	经纪人/风险投资商□

4) 其他：

教育部门/单位□	其他□

2. 展会指南

展会将对与会观众发放展会参观指南，用于引导观众参观展会。

3. 会刊的编印与发放

展会将所有参展商的有关信息汇编成册，然后通过多种渠道分发到展会所有参展商、专业观众、行业协会和商会等的手中。

二、展会开幕方案

1. 展会现场布置

在展会的各展馆里，除了参展商企业的展位以外，此次展会还需要布置以下内容：①在展会人流较多、显眼及路线较为复杂的地方放置各展位（展区）的分布图、主要展览内容提示牌、参观路线指示牌、展馆服务网点提示牌、本展会参展企业及其展位号一览表、其他展馆（展区）的路线提示牌。②在展会适当的区域内开辟一定的空间作为展会嘉宾的休息室，除了配备必要的水、咖啡、小点心外，还要放置一些有关展会的介绍资料。③在展馆适当的地方设立展会布展"一条龙"服务点，集中处理参展商布展及展览期间租赁展具和申请额外的用水、用电的需求。④为了方便参展商和观众，展会还可以在展馆序幕大厅、展馆主通道或其他便利的地方设立"联络资讯服务中心"安排专门人员在该中心负责接待和联系客户，现场处理和回答客户的有关问题。⑤由于考虑到普通观众开放日当天将有大量家长带孩子进入展会现场，不可避免会出现儿童走失的情况，特于5月19日、20日将"联络资讯服务中心"改造成为"儿童关爱中心"。展会工作人员将不断在展会现场进行巡查，一旦发现走失的儿童，将会立即送到该中心，并由专人进行照管并寻找其父母。

2. 媒体接待与管理

媒体接待与管理主要注意以下方面：①展会开幕前，组展方与有关媒体取得联系，为召开新闻发布会或邀请媒体记者对展会开幕现场和展览现场进行采访和新闻报道做好准备。②在开幕前举办一次新闻发布会，向媒体通报展会筹备情况，并告诉社会各界展会将按计划如期举办。③在展会现场开辟一定的区域作为展会的"新闻中心"供各媒体和记者使用。除了配备茶水、点心之外，还要配备电脑、传真机、写字台、纸笔等供各媒体和记者使用。另外，在里面放置一些有关展会的介绍资料以便记者在写新闻报道时参考。④对于媒体记者，发放一个装有展会开幕新闻通讯稿、展会背景介绍、展会特点介绍、展会有关数据、展会相关活动安排计划、展会会刊、展会参观指南以及一些小礼品的资料袋，以利于他们编写展会新闻报道。⑤展会安排专人负责新闻记者的接待和联络工作，有意识地引导和安排各新闻媒体对展会进行新闻报道。

3. 展会开幕

5月17日，早上九点半开始，有一个小时左右的开幕式，届时出席开幕式的嘉宾主要为：广东省孕婴童用品协会会长、广州市世纪宝贝孕婴用品有限公司总经理戴志坚先生；广东省孕婴童用品协会副会长陈新华女士；广东省玩具协会会长、广东玩具文化经济发展协会会长共同为此次展会剪彩，并发表简短讲话，同时宣布本展会正式开幕。

三、展会现场工作方案

展会现场工作方案见表10-3。

表10-3 展会现场工作方案

日期	时间	题目及简介
5月17日（媒体及专业观众开放日）	8:30~9:00	登记进入场馆
	9:30~10:30	展览开幕式
	10:30	贵宾团入场参观
	10:30~11:00（广州琶洲国际会议展览中心C区16号馆一层活动区）	2012年孕婴童行业新品推介会
	11:30~12:30（广州琶洲国际会议展览中心C区16号馆一层活动区）	展开主题活动：无限商机应"孕"而生产业分析研讨会
	13:30~16:00（广州琶洲国际会议展览中心C区16号馆一层活动区）	婴童企业投融资论坛
	13:30~17:30（广州琶洲国际会议展览中心C区16号馆二层活动区）	低碳环保概念孕婴童用品设计大赛决赛
5月18日（专业观众开放日）	9:30~11:00（广州琶洲国际会议展览中心C区16号馆一层活动区）	婴童店运营管理交流会
	13:00~14:00（广州琶洲国际会议展览中心C区16号馆一层活动区）	母婴行业电子商务发展趋势与机遇专题讲座
	11:00~12:30（广州琶洲国际会议展览中心C区16号馆二层活动区）	促销的艺术——店铺促销与货品陈列、定价、宣传的有机结合专题讲座
	15:00~17:00（广州琶洲国际会议展览中心C区16号馆二层活动区）	"培训产业一条链"战略指导下早教市场的发展趋势与机遇专题讲座
5月19日（普通观众开放日）	10:30~11:30（广州琶洲国际会议展览中心C区16号馆二层活动区）	助你的宝宝快乐成长——婴幼儿早教讲座

续表

日期	时间	题目及简介
5月19日 (普通观众开放日)	13:30~17:30 (广州琶洲国际会议展览中心 C 区 16 号馆一层活动区)	漂亮妈咪大赛
5月20日 (普通观众开放日)	11:00~11:30 (广州琶洲国际会议展览中心 C 区 16 号馆二层活动区)	天生宝贝时尚孕童装 catwalk show
	12:30~16:30 (广州琶洲国际会议展览中心 C 区 16 号馆一层活动区)	微笑的天使——幸福家庭大比拼暨 2012 年广州（国际）孕婴童用品·服务博览会闭幕式

注：5 月 19~20 日为普通观众开放日，在广州琶洲国际会议展览中心 C 区 16 号馆一层活动区设有婴儿专家问答专场，二层活动区设有"亲亲我的宝贝"——早教体验区。

四、撤展工作方案

1. 展位的拆除

展位的拆除需要注意以下事项：①展览完毕，各参展商的展位需拆除，使展览场地恢复原貌。②若参展商使用标准展位或者委托施工的展位，拆除工作由承建商负责。③若参展商使用的展位是自己搭建的，拆除工作由参展商自行完成。④整个展位的移除工作比布展工作更为复杂，也更为危险，因此整个过程将由主场承建商监督各商家或承建商按照规定的程序完成展位的拆移工作。

2. 参展商租用展具的退还及展品出馆控制

展览完毕，各参展商要将展具及时退还给展馆服务部门或者各承建商。展会对所有出馆展品、展具实行"放行条"控制，以避免展具、展品丢失的现象出现。

3. 展场的清洁

组展方需制定相应的服务方针，对展会撤展时留下的垃圾进行及时的处理，同时对展馆内其他设施、设备也需加以必要的维护和修整。

4. 撤展安全保卫

由于撤展时期，展馆现场往往比较杂乱，组展方要安排指定的保卫单位或部门进行现场的安全与消防等方面的监管、监控工作。

五、展会危机管理计划

展会危机管理计划见表 10-4。

表 10-4 危机管理方案

危机种类	具体情况	解决措施
自然灾害	火灾	展览举办前对消防设施进行检验并对现场进行巡视，杜绝火灾安全隐患。若出现火灾，由应急小组进行现场调度并请求消防支援
	恶劣天气	提前对展会当天天气情况进行了解，如天气欠佳，应做好备用雨具的准备工作并将室外展品撤入馆内
	其他非常见自然突发灾害	由应急小组根据危机处理机制、经验与具体情况相结合的方式，保证展会顺利举行
人为事故	展品损坏	在展会举办前应对负有保管责任的展品进行检查，确认无误。当展品在展览过程中遭受损坏时，由法律咨询小组进行记录，事后根据有关规定进行赔偿或跟进处理
	假冒产品	由法律咨询小组进行协调，记录情况，跟进处理
	打架、斗殴	由保安组进行协调、制止，保证展场观众、展商及展品的安全
	盗窃事件	由法律咨询小组及保安小组进行处理并征求受害人的意见决定是否报警处理
	紧急医疗	由医疗小队进行及时处理并联络附近医院

注：由于本展会的目标观众之一是孕妇及婴幼儿（尤其是对普通观众开放的时间），其均属于展会的高危人群，需要特别的关注和保护，故展会对于危机处理要特别重视，如我们将会安排保安在门口、电梯口等人流密集的地方加强巡逻和提醒，以保护孕妇、婴儿的安全；同时加强紧急医疗预案，加强相关医疗事故的应急管理。

资料来源：黄诗卉，刘天赐，王美萍，李尚金．《2012 年广州（国际）孕婴童用品·服务博览会立项策划书》（2009 级会展策划大赛优秀团队策划方案），2010.

思 考 与 展 望

良好的展会服务质量和服务水平是展会实现差异化发展的重要资本。而展会现场服务则是强化客户对展会的品牌认知，巩固展会品牌形象最直接、有效的环节。

经过本章的学习，会展策划人员需要了解展会现场服务管理工作，包括参展商、观众以及其他相关参与方的服务管理的相关细节要求，同时对会期间有可能出现的各类危机做好管理预案。

组展方需要结合行业的发展大背景，根据展会筹备具体情况以及客户需求特点，不断细化现场服务内容，从而增强展会客户黏性；同时做好展会危机管理规划，防微杜渐，确保展会的顺利举行。

第十一章　会展客户关系管理

一个展会的成功举办涉及众多的利益相关方，如展会组展方、参展商、观众、媒体、政府、中介服务商等的相互协调、配合与支持。因此，展会关系管理成为组展方维护品牌形象、保障展会可持续发展的一项重要的工作。

本章将从展会客户关系管理基本概述、参展商及观众管理、主场承建商管理、物流代理商管理和其他方管理五个方面分别论述展会关系管理的意义、内容和具体实施方法（见图 11-1）。

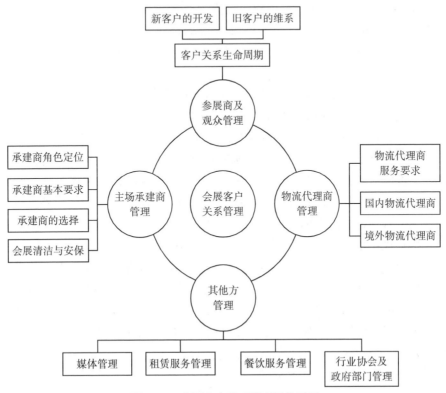

图 11-1　会展客户关系管理思维导图

第一节　会展客户关系管理概述

客户关系管理（Customer Relationship Management，CRM）的首创者喀特勒（Gartner）集团（Gartner Group）公司将其定义为企业的一项商业策略，即根据市场细分有效地组织企业资源，以客户为中心开展各类经营活动和实施业务流程，从而提高企业的获利能力，提升客户满意度。这不仅将客户关系管理上升到了企业战略管理的高度，更将其作为公司的一种管理理念与管理方式去运营和实施。

目前，越来越多的组展方意识到客户关系管理对展会品牌塑造以及长远发展的重要性。对展会客户进行有效管理，建立稳定、良好的合作关系，将潜在客户转化为真实客户，将新客户转化为忠诚客户，都将促进展会的健康发展。

一、会展客户关系管理概念

会展客户关系管理（CRM）指组展方通过各种渠道收集客户信息，借助客户关系管理应用软件系统，向不同细分市场提供具有针对性的个性化服务，快速而妥善地处理客户需求，从而提升客户的参展满意度，培养客户忠诚度的管理。

随着网络信息技术、电子商务、"大数据"的风潮席卷，客户关系管理在不同的视角、维度上有了更加深刻的含义：它运用先进的信息技术获取客户数据，并进行科学、有效的数据分析，挖掘客户的需求特征、偏好变化和行为模式，从而有针对性地提供定制化产品或服务，通过有效的客户互动，强化客户忠诚，最终实现客户价值最大化和企业价值最大化之间的合理平衡的动态过程。

客户关系管理除强调先进的数据管理技术对客户关系管理的效用外，更重要的是将其上升到组织品牌理念、文化及营销策略的高度。本书认为会展客户关系管理是指在展会前、中、后期运用高新技术和软件设备对展会的各利益相关方，如场馆、参展商、观众、媒体、协助方与服务方等的信息进行收集、整理、分类，实现信息效用最大化、后续影响持久化、合作关系渗透化的展会运营理念。它不再是仅侧重于如何使用更高端的客户关系管理软件，而是本着展会发展的初衷，为客户提供更好、更独特的个性化平台，以客户为本，进而提高展会的质量和吸引力。

二、会展客户关系管理意义

实施客户关系管理，能够促进组展方更好地实现与各个利益相关方之间的合作与共赢。

1. 提高销售及服务质量

展会客户关系管理始终以客户需求为导向，在信息技术系统的支撑下，组展方可对客户信息进行大规模的收集，并对其进行科学化的整理与分析，根据客户需求有针对性地实施不同的营销策略，提供个性化的展会服务，这将极大地提高展会销售能力，提升展会综合服务质量和水平。

2. 降低展会营销成本

相关营销研究结果表明，展会开发新客户的成本远远高于留住既有客户的成本。展会客户关系管理可以帮助组展方了解展会客户需求和参展行为，监测客户流向，与客户发展长期合作关系，从而起到维系老客户、赢返流失客户的作用，为展会赢得更多长期而稳定的客户，降低组展方获取客户的成本。

此外，客户关系管理还可以帮助组展方了解客户的参展关注点与兴奋点，并对客户群体进行细分，指导展会策划人员选择更加高效、具有针对性的营销策略与宣传渠道，从而降低展会营销成本。

3. 提高客户满意度

良好的客户关系管理能够帮助组展方向展会客户提供个性化的展会服务，改善客户参展效果，以实现产品发布、市场开发、贸易成交、信息交流等参展目标，帮助客户利用展会平台形成一定的关系网络，从而增强客户黏性，使参展客户认同展会价值，提高客户满意度。

三、会展客户关系管理内容

一个展会的成功举办需要展会各个相关利益方共同参与平台搭建，才能充分发挥其作用，品牌展会更是如此。展会客户关系管理的主要目的在于提升展会知名度，进一步增加客户互动，提高客户信任度，在大数据中找寻客户的个性需求，并根据客户需求创造差异性的展会产品以赢得更多客户的青睐。

展览会的利益相关方主要包括参展商、观众、服务方、协助方、媒体等（见图11-2），参展商及观众的参与和互动，为展会组展方、协助方带来了直接的经济和社会效益，为展会服务方提供了发展机会，为媒体带来了新闻价值和行业动态。这些利益相关方相互交错，彼此联系，但同时相对独立，具有各自的特点。因此，组展方在进行客户关系管理时，需要根据客户的不同特点，有针对性地进行策略与渠道选择，提高管理效率。

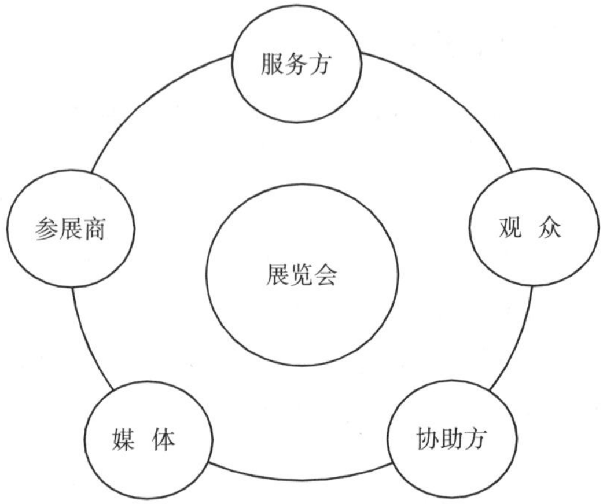

图 11-2　展会客户关系管理相关利益方

具体而言，展会客户关系管理主要包括以下内容：

1. 以客户为中心的组展理念

展会客户关系管理应该首先从组展方的经营管理出发，将"以客户为中心"的理念内化为展会经营活动的每一个环节，包括以客户需求为导向，进行主题选定、展会定位、展会项目框架搭建等；制定相应的管理规范及流程，使客户关系管理与展会筹备过程相融合；注意工作人员服务理念的培养，在实际服务过程中渗透客户关系管理理念，提高展会整体管理水平。

2. 以客户互动为重点的营销策略

组展方根据展会利益相关方不同的性质，对庞大的客户数据进行分析，找出有效信息，根据客户的合作力度、参与程度、实力、行业地位、目标市场等进行种类细分，制定具有针对性的营销策略。

此外，"以客户为中心"的管理理念促使组展方加强与客户的互动。组展方利用不同的营销手段和策略与客户进行互动，如参与后期合作项目以增加参展优惠等，从而发展与特定客户之间长期、稳定的良性合作关系。

3. 科学完善的客户关系管理系统

组展方必须开发和维护客户关系管理的软件应用系统。商场如战场，良好的武器装备是获胜的必要条件。由于展会筹备时间紧张，一般开展时间较短，科学、高效的客户关系管理系统必不可少。客户关系管理系统能够承载大量的客户信息数据；展会策划人员可根据展会需要及行业特点，对信息进行分组聚类分析；客户关系管理系统还具有较强的数据挖掘能力，能够从繁杂的数据中挖掘出有用的客户信息；科学的客户关系管理系统还应该符合展会筹备、服务及现场管理的一般流程，促进组展流程的规范化和合理化。

但是在实际操作中，全面实施客户关系管理系统所需要的资金、人力、时间成本却不是每一个组展方都可以承担的。因此，组展方需要平衡较高的软件维护成本与客户关系管理效益，根据展会发展阶段选择相应的管理方式对系统进行优化。

值得一提的是，客户关系管理不仅是客户关系管理软件系统的开发与运用，而且是组展方的一种办展经营策略和营销策略，它应该内化为展会的理念与文化，渗透到展会筹备的各个阶段，并通过展会工作人员进行传递。

第二节　参展商及观众管理

参展商及观众是展会中极为重要的参与群体，组展方处理好与这两者的关系，形成较为稳定的客户群体，将能够更加广泛地吸引有实力的展会服务方、协助方共同聚集在这一展会平台上，参与各类合作与交流。

一、客户关系生命周期

客户关系的产生、发展到衰退具有一定的阶段性和周期性。组展方对客户关系生命周期的把握能够帮助自身更好地识别客户的类型与重要性，以提高客户关系管理效率。对于客户关系生命周期，不同行业有其不同的特点。

诸强华将客户关系生命周期划分为五个阶段：①陌生期。组展方需要对展会目标客户进行辨识并邀约。②建立期。组展方与客户将进行互相交流、试探和调研。③考察期。组展方需要对客户进行支付能力、信誉度和服务产品等方面的评估。④成长期。把客户信任付诸展会，组展方与客户针对展会参与进行进一步的合作洽谈，对细节进行商讨。⑤成熟期。组展方与客户对后续多方面的合作进行合同签约。

华谦生（2004）将展会客户关系生命周期归纳为"关系培育—关系确认—关系信任—关系弱化—关系消失"五个更为完整的发展阶段，客户关系的培育、确认与信任与前文所述相似，但当参展成本大于参展效益，或同质化展会对该展会造成冲击时，展会客户信任度和合作意愿都将下降，最终导致客户流失。

本书认为，客户关系往往伴随着客户对展会价值的评价与态度的变化而变化，一般经历"关系培育—价值认同—关系确认—价值忠诚—关系信任—价值怀疑—关系弱化—价值否定—关系消失"等阶段（见图11-3）。尽管前五个阶段属于展会客户关系的上升期，客户关系相对稳定，但由于客户关系的培育与建立过程受到诸多因素的影响，客户的主观评价以及组展方的展会服务水平具有不确定性，因此，不同的客户关系发展具有一定的特殊性。

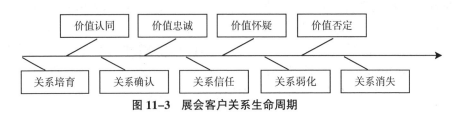

图 11-3 展会客户关系生命周期

首先，组展方应通过内部服务规范、人员培训等方式，提高工作人员对于"以客户为核心"的办展理念的认同感并内化为日常服务工作规范，增强客户对于展会的价值认同和价值忠诚，以延长关系培育、确认和信任期。

其次，在客户关系的不同发展阶段，客户关系管理工作的重点也应有所侧重。当客户对展会产生不满意以及价值怀疑时，需要做好客户跟踪反馈和危机应对工作，以消除客户疑虑，防止客户关系弱化。

最后，组展方还应该通过展会创新，为展会注入新的动力，为客户持续提供高于客户期望的展会产品及服务，保持展会的吸引力和竞争力，从而延长客户"关系信任"阶段。

二、新客户的开发

展会客户关系管理初期阶段是客户的产生，即对新客户的开发。某些新客户进入展会市场的壁垒高于老客户，因此在进行新客户挖掘时，组展方需要针对客户的独特需求，找到最有效的吸引点。

首先，组展方根据展会主题及定位，通过市场细分选择目标市场，并根据目标市场的行业特点，有针对性地进行潜在客户的信息收集，并运用客户关系管理系统对数据进行聚类分组及数据挖掘，以辨认潜在客户。

其次，在进行潜在客户辨认后，组展方需要根据目标客户特点，有针对性地选择不同的载体及渠道向其持续、有效地传递展会信息，使目标客户对展会有所认知。

最后，组展方需要从目标客户的需求出发，找到客户需求与展会特点的契合点，同时完整地传递展会信息。另外，组展方在与客户接触的过程中，要了解客户的参展阻力，尽量消除客户的参展疑虑，降低其参展成本，使目标客户认同展会价值，从潜在客户转化为真实客户。

在营销过程中，组展方除依靠自身力量进行新客户开发外，还应该重视老客户的行业影响力，通过口碑营销带动新客户的开发。

三、旧客户的维系

对于展会品牌塑造而言，客户忠诚是展会最有价值的无形资产之一，开发一个新客户的成本比维持一个既有客户的成本要高出几倍。而既有客户除了为展会提供稳定的收入外，还巩固了展会平台的关系网络，并不断为展会带来潜在新客户，因此，组展方维护与旧客户的关系至关重要。

具体而言，对旧客户的关系管理主要通过提升客户价值来实现，包括以下几个方面：

1. 提升客户的自我认同

每一个利益相关方的参与程度都将影响展会最终的举办效果。在众多的利益相关方当中，参展商及观众的重要性受到了组展方的普遍关注，然而展会服务方、协助方以及媒体在展会发展过程中的重要性却往往被忽略。

组展方除了向参展商及观众提供"定制化"服务以提高其认同感外，还需要给予展会服务方、协助方和媒体充分的尊重和肯定，以加强各方的参与度，使展会关系网络更加紧密和稳固。

2. 提升客户的展会价值感知

组展方需要健全展会功能，扩大和提升展会整体规模和水平，凸显展会的特点与优势，以增加客户的参展效益。同时，既有客户对于展会的价值认同往往也是展会区别于其他竞争对手的优势所在，因此，组展方应该重点关注既有客户的参展偏好及展会评价，以便进一步凸显自身优势，提升客户对展会价值的感知。

3. 降低客户的参展成本

降低客户的参展成本主要指组展方可协助客户降低参与展会的成本支出，包括优化物流运输、展位搭建及宣传推广服务，使客户能够以较低的成本获得良好的参展效果。同时，进一步优化展会日程安排，提升展会期间客户的交通、住宿、餐饮服务水平，降低参展商参加展会的时间成本。

第三节　主场承建商管理

主场承建商是指由展会主办方指定的为展会提供展区规划、主场搭建、现场管理等服务的机构。主场承建商主要负责制定展会现场氛围营造方案、设计现场标志系统，设计和搭建标准展位，审核特装展位设计和施工方案，负责展具租赁、水电安装、施工咨询、铺设地毯、标准展位升级搭建以及展会现场的施工和消防安全检查等工作。

一、主场承建商的角色定位

从主场规划、搭建到现场服务，各项细节都对展会现场展示效果起到重要影响，因此主场承建商是展会的重要参与方，也是组展方客户关系管理的重点之一。一个具有实力的主场承建商对展会的成功举办具有很大的作用。

1. 使展位布局更加合理

主场承建商在了解展会目标和展会定位的基础上，对现场功能区进行划分。主场承建商在设计和搭建标准展位、审核特装展位时，运用专业的知识和技术，整体考虑展会组展方和客户的需求，让展位设计符合展会的定位和形象，协调展位布局，使其更能反映市场焦点和需求变化趋势。

2. 提升展会形象

展会的外观设计效果和现场氛围会直接影响参展商及其他与会人员对展会实力与形象的主观判断。组展方选择实力较强的主场承建商正是因为其对展会外观形象设计和展会现场管理拥有丰富的经验，对组展方的办展目的和展会定位具有更加深刻的理解，能够在满足参展商展位设计和搭建需求的同时，巩固和优化展会整体形象。

同时，主场承建商的服务工作是展会服务的有机组成部分，包括展会搭建、特装展位审核等工作，参展商和观众往往将主场承建商的服务水平等同于组展方的服务水平。优质的主场承建商将为参展企业提供专业、高效的展会服务，优化参展商的参展体验，提升展会整体形象。

3. 保障展位的搭建安全

主场承建商拥有丰富的展会搭建经验，了解展会搭建的细节，如特殊展具及展架的使用、展会人流的引导等。主场承建商在审核特装展位图纸时，考虑展馆的承重、高度限制等，保障展位的安全，避免出现展位倒塌、踩踏等事故。

另外，优秀的主场承建商一般更为熟悉场馆情况，并与场馆方建立了稳定而紧密的关系，能够协助组展方与场馆方保持良好的沟通，并对展会现场的突发事件进行迅速处理，保证展会的顺利进行。

二、主场承建商的基本要求

主场承建商的工作水平将直接影响客户对展会品牌形象的评价以及组展工作的专业性，因此展会组展方在选择主场承建商前需要非常慎重、全面地了解主场承建商实力。组展方可以从以下几个方面对主场承建商进行考察：

1. 全面的展会搭建知识和综合管理水平

为了保证展会的搭建工作顺利进行，达到良好的展出效果，主场承建商必须具备全面的展会搭建知识和技术能力。这些知识和技术包括：

（1）室内设计和装潢技术。主场承建商要能够正确处理展位设计、装潢、展品展示、工作人员和观众之间的关系。由于场馆方往往对展会消防安全保障要求较为严格，因此承建商也需要对相关消防要求及消防知识具有深入的了解。

（2）工程结构知识。主场承建商在进行复杂的展位设计和搭建工作时，往往涉及展馆的地面承重、立面处理、顶棚架构等问题，为确保搭建安全，主场承建商需要具有完备的工程结构知识。

（3）绘图和模型知识。在实施具体搭建工作前，主场承建商需要具备一定的绘图及模型知识，才能够更好地向参展商及现场施工人员展现与诠释展会品牌理念和展示理念。同时主场承建商还要对常见的展具、展架、模型和模具有深入的了解，根据参展商的要求设计和搭建展位。

（4）照明知识。优秀的主场承建商还能够运用多样的灯光照明技术对展位进行装饰，凸显产品的特点，达到预期的展示效果。

（5）施工材料的知识。主场承建商要了解各种施工材料的性质，在展位施工过程中熟练地使用各种材料。

（6）专业展会行业知识。对于部分专业性较高的行业展会，其展位搭建、展品运输及安装摆放具有较高的专业性，这就要求主场承建商具备一定的行业知识，如部分展品需要用喷泉、水帘进行装饰；部分电子和机械展览对于展品安装要求较高，这都需要拥有一定的专业知识才可胜任搭建工作。

（7）项目管理知识。主场承建商不同于一般的展位搭建商，它不但负责某些展位的搭建工作，更重要的是需要统筹管理展会整体搭建工作。主场承建商既需要完成组展方委托的各类展会布置、搭建工作，维持展会形象与理念的一致性；还需要统筹协调不同展位承建商的搭建工作，这就需要主场承建商具有较高的项目管理水平。

2. 丰富的主场承建经验

展会展位的布局与搭建对主场承建商的经验要求较高，丰富的主场经验能够协助承建商更好地处理展会品牌特质与展区规划、展位设计之间的关系，统筹好不同展位搭建商及施工人员的工作，并协助组展方处理筹展、展中及撤展期间的各类突发事件。经验丰富的承建商能够在工作过程中起到事半功倍的作用。因此组展方对主场承建商的经验考察非常重要，可以从以下几个方面考虑：

（1）展位设计的目的性。主场承建商的展位设计和搭建既要符合参展商的展示目标，展示企业品牌形象、促进产品销售；又要与组展方的展会定位相符，因此展位的设计要具有一定的目的性和主题性。这就要求主场承建商具有良好的客户沟通能力，能够准确把握参展商和组展方两者的内在期望，并通过展位设计与搭建得以表达。

（2）展位设计的艺术性。展览设计是现代设计的一种，主场承建商应该熟练运用各类艺术手法展示展会品牌形象，传达组展方的办展理念，吸引观众的注意力，同时还能很好地处理展示与贸易之间的关系。

（3）展场设计的功能性。展位设计在满足艺术性的同时还要满足功能性。展位能够为参展商提供良好的展示和洽谈环境，实现美观与实用的统一。

（4）对展会危机的控制程度。展会在搭建过程中及展会现场常出现各类突发状况，这将影响展会的顺利进行，更有甚者可能会危及参会人员安全并为展会带来巨大的经济损失。选择经验丰富的主场承建商，往往能够对展会危机进行更有力的把控，包括制定更加完善、科学的应急预案，并能够在关键时刻投入实施，将展会的危机减至最小。

（5）对展览场地和规定的熟悉程度。每一个展馆的场地布局和设施都有所不同，主场经验丰富的承建商往往对举办地主要场馆的基本情况及相关规定更为熟悉，能够综合考虑展位的空间设计和布局，更好地引导人流走向。同时，经验丰富的主场承建商能够充当场馆方与组展方之间沟通的桥梁，有效承担标准展位搭建、特装展位申报、展会现场布置等工作，确保展会如期举行。

3. 承建价格合理性

因为主场承建商不仅为展会组展方提供服务，还为参展商提供服务，因此主场承建商的价格直接关系到参展商和组展方的成本。对于参展商来说，如果展位搭建的成本过高，则意味着参展成本提高，这将影响他们的参展意愿。主场承建商除了提供搭建服务之外，还提供展具租赁服务。展具租赁的价格也会影响参展商的参展成本。因此展会组展方要关注承建商的各项服务价格，防止出现价格过高的情况，影响参展商的参展积极性。

虽然承建价格是组展方选择承建商的考虑因素之一，但是展会搭建的安全和质量是选择主场承建商的基本要求。组展方应该在保证展会质量和安全的基础上，考虑承建价格。

4. 展位维护和保养服务水平

在参展商参展过程中，主场承建商要按照参展商和组展方的需要，对展位承担维护和保养的工作。只要参展商和组展方提出的要求是合理可行的，承建商都需要及时提供服务，对展位进行改进。

三、主场承建商的选择

标准展位一般由主场承建商进行统一搭建，特装展位一般由参展商自行选择承建商进行搭建。为了加强展会搭建管理，提高展位搭建的安全性与规范性，也有组展方向参展商推荐承建商，由参展商根据自身参展需求，与承建商进行接洽。对于规模较大的展会，一个承建商难以承担庞大的搭建需求，组展方有可能会选择多家承建商同时承担搭建工作。

一般而言，主场承建商的选择方法有两种，即招标和专家推荐。招标是指组展方发出招标公告或投标邀请书，说明展会的基本情况和要求，邀请特定或非特定的承建商在规定的时间、地点按照一定程序进行投标的行为。

在实际操作中，招标主要有以下三种方法：

1. 公开招标

展会组展方在相关的报纸、杂志、网站等媒体上公开刊登招标文件，吸引有意向的承建商参与投标，组展方再按照展会需要择优录取。

2. 选择招标

展会组展方根据展会情况和对承建商的了解，只对有限的几个承建商发出投标邀请，然后根据承建商的方案进行择优录取。

3. 两阶段招标

两阶段招标是将公开招标和选择招标相结合的招标方式。展会组展方首先公开招标，开标后再从中选择几个入围承建商进行第二次投标，最后组展方在第二次投标方案中择优录取。

亦有部分组展方拥有自己的搭建部门或公司，自行承担搭建工作。也有一些展馆拥有自己的搭建公司或部门，在与组展方签订合同时，往往要求承担展会的搭建工作。

四、会展清洁与安保

根据展会组展方的要求，主场承建商还需要承担部分清洁和安保工作。

布展期间，主场承建商要严格按照展馆的消防规定监督各展位的搭建工作，包括使用符合消防要求的施工材料；遵守用电、用火规定；加强对展位搭建安全的监督，防止展位违规搭建和操作。同时，展位和展区的划分要考虑到消防安全的因素，准备足够的消防设施，预留足够的消防通道。

在布展和撤展期间，展馆产生大量垃圾，如废弃的包装物、剩余的搭建材料等。主场承建商需要及时清理垃圾，以免造成堆积和堵塞，影响布展和撤展工作的进行。在展会举办期间，承建商必须派出专门的工作人员协助场馆清洁人员定时处理展馆通道和公共区域的垃圾，并且在每天展览结束后对展馆内的垃圾彻底清理。

第四节　物流代理商管理

展会物流是指为满足参展商展示需要，将展品等特殊商品从参展商所在地（国）转移到展会举办地，并在展览结束后将展品从举办地运回的过程，包括展会前后的展品储存、包装、国内运输、进出口报关和清关、国际运输、布展期间的装卸、搬运以及在此过程中所需要的信息流动。

一、物流代理商的服务要求

国际展览运输协会（IELA）认为，展览会物流代理商的工作对联络、海关手续和搬运操作三方面的有效管理依赖性很大。

1. 联络

联络是指物流代理商与组展方、物流代理商与参展商之间的联络，联络是展会物流工作开展的基础。对联络的要求包括四个方面：①物流代理商必须拥有掌握多种语言的员工。②办公场所要配备国际电话、传真等通信设施，以便工作人员与参展商或组展方保持联系。③物流代理商要在展会现场或在展会附近设立办公场所，使参展商能够及时联系到物流代理商。④物流代理商要向参展商和组展方提供详细有效的联系地址，以便客户邮寄运输单据。

2. 海关手续

首先，物流代理商要与组展方共同为展会办理临时免税进口手续。某些情况下，物流代理商还需要承担提供担保和交纳保证金的责任。其次，物流代理商要与海关人员确认展会现场工作的时间和期限，包括正常工作日之外的工作时间，使海外参展商有足够的时间办理海关手续。

3. 搬运操作

物流代理商要熟悉展馆现场布局，在展位搭建和拆除时，拥有相应的搬运设备和熟练的搬运工可以使用；将展品的仓储地安排在展会现场或距离展会尽可能近的地方；空箱应存放在展会现场或距离展会尽可能近的地方，并规定空箱回运的具体时间；卸车和装车必须按照事先商定的时间进行，尽量在一天内完成，以降低储存成本；协调好所有参展商的搬运要求，并提前将相应的安排告知参展商和组展方。

二、国内物流代理商

国内物流代理商主要负责国内参展商的展品和相关物品的运输工作。国内物流代理商的工作主要包括来程运输和返程运输。

1. 来程运输

来程运输是指物流代理商将展品和相关物品从参展商所在地运输到展会举办地的过程。展品来程运输过程包括：展品集中装载，将展品及相关物资按照规定的日期统一集中到指定的地点，并将展品和相关物资装载到运输工具；长途运输，不同展品和相关物资选择的运输方式和路线不同，可选择的运输方式包括水运、空运、铁路运输、公路运输；接运和交接，对于水运、空运、铁路运输，都存在中途转接的环节，即将展品从卸下的地方运送到展馆所在地，接运需要提前进行时间和人员的安排，尽量减少转运次数，交接时要注意清点展品数量；掏箱，将展品从集装箱或其他运输箱卸下并运至指定展位的过程；开箱，参展商打开展品及相关物资箱，并清点物品。

2. 返程运输

返程运输是指物流代理商将参展商的展品和相关物品从展馆所在地运输到参展商指定地点的过程。返程运输的目的地可能是参展商企业所在地，也可能是经销商所在地或另一展会现场。

返程运输的基本环节与来程运输相似，只是方向相反。对于展会组展方和参展商而言，要在来程运输时就与物流代理商进行统筹和协商返程运输的事宜，防止在撤展时出现混乱。

三、境外物流代理商

对于国际性展会，境外物流代理商必不可少。这项工作涉及跨国货物运输，运输环节和手续比国内运输复杂得多。境外运输与国内运输相比存在三个方面的差异：

1. 运输方式

境外运输一般采用国际联运。除了与我国接壤的国家和港澳地区的货物采用陆运外，其他运输过程基本采用"陆运—海运—陆运"或者"陆运—空运—陆运"的方式。由于跨国运输一般是几种运输方式的组合，因此境外物流代理商必须具备较强的运输能力，能够妥善安排和协调不同运输方式的使用。

2. 有关文件

境外物流需要从一个国家运到另一个国家才能完成，因此运输中涉及的文件种类比国内运输多，程序也更加复杂。一般而言，海外物流需要四种文件：①展览文件,即有关展品和相关物品的证明,如物品清单、展品安排指示书、物品发票等。②运输单证,即办理货物运输所需的证明文件,主要包括装运委托书、装箱单等。③海关单证,即办理货物报关时需要的证明文件,如报关函、报关单、进口许可证等。④保险单证,主要指保险单,如果货物受损,需要受损报告书。对于以上文件,物流代理商要明确告知参展商提供文件的具体时间和期限,以便及时办理手续。

3. 海关报关

如果境外参展商需要返程运输,那么海关报关手续有两次,一次是来程运输的货物进口报关,另一次是返程时的货物出口报关。对参展商来说,来程运输时的货物进口报关比返程更重要,若货物不能及时清关,将严重影响参展商的展出计划。展品的进口报关有 ATA、保税、再出口、进口四种形式。

第五节 其他方管理

一个展会的举办还需要其他利益相关方更加广泛的参与和支持。除前文所阐述的主场承建商、物流代理商外,组展方还需要处理好与媒体、展会租赁、餐饮等服务方以及行业协会、相关政府部门等协助方的关系,确保展会的顺利进行。

一、媒体管理

媒体报道和宣传对展会具有重要意义。在展会的公共关系客群中,新闻媒体的地位非常特殊,扮演双重角色。一方面它是展会观众的重要组成部分,对展会有着客观需求;另一方面它也是组展方向社会公众广泛传播展会信息、影响公众对展会活动态度的重要媒介。良好的媒体关系不仅可以帮助展会扩大影响力,也可以成为组展方进行危机管理的有力武器。

一般所有展会都会授权多家大型媒体进行报道,根据媒体的特点和关注点,提供有价值的信息,在媒体上争取较高的曝光率,从而提高公众关注度。

对于参展商而言,展会是一个展示成果、交流信息的平台。组展方可以通过媒体管理为展会和参展商提供更多样的宣传推广方式。首先,组展方可以向参展商收集信息,在相关媒体上进行统一宣传报道。其次,组展方也可以提供宣传媒介,向参展商提供收费服务,在展馆内或会刊、行业杂志等多种媒体上刊登相关报道和广告,例如,广交会展览期间的收费广告服务,帮助参展商提高显示排名,就是一种较为常用的方式。媒体与广告的服务种类可以多种多样,组展方可以根据展会规模和特点有选择性地开展。

值得一提的是，随着媒体的发展，特别是新媒体的兴起，媒体所掌握的资源越来越丰富，其手中大量的广告客户都是展会潜在参展商或观众。因此组展方可与媒体进行更为深入的合作，包括共同开展招展及招商、媒体宣传及广告服务工作等。

二、租赁服务管理

展览现场的物品租赁一般是由组展方委托主场承建商提供，但也有个别具有实力的组展方自行提供部分物品的租赁服务，如饮水机等。

除了实物租赁以外，有些展会也会提供人才临时聘用服务。在某些国际性展会上，组展方需要做好外语翻译人才储备，当一些中小企业由于准备不充分或实力有限，与会人员英语能力欠佳时，组展方需要及时向其提供外语翻译聘用服务。

三、餐饮服务管理

由于展会持续时间长，参展商和观众在展览期间一般不离开场馆，而选择在场馆内就餐，因此餐饮服务和休息设施对于参展商和观众的参展体验至关重要。组展方需要与场馆方沟通，确保餐饮和休息设施的供应。对于展馆内的休息洽谈区、自动售货机内的各类食品、饮品的供应，必须进行严格的质量把关，严禁各类流动小贩在展馆内进行食品或饮品销售，以确保展会的食品安全。

四、行业协会及政府部门管理

行业协会及相关政府部门是组展方进行展会协助方关系管理的主要对象。与行业协会及相关政府部门保持良好的关系，一方面，能够帮助组展方更好地了解行业发展现状及趋势；另一方面，行业协会的各类会员单位都有可能成为展会的潜在参展商或观众。

实务分析

广州（国际）孕婴童用品·服务博览会
客户关系管理计划

展会服务需要以顾客为核心，为提高利益相关方的满意度，使客户关系生命周期得以延长，广州（国际）孕婴童用品·服务博览会制订客户关系管理计划，使利益相关方的利益达到最大化，通过展会各类信息的收集、统计、分析，注重与客户的及时沟通与反馈，与客户建立更加稳定的关系。

一、媒体管理

为了扩大展会在行业内部以及社会当中的知名度和影响力，组展方联合行业内专业媒体以及大众媒体，建立展会媒体宣传联盟，其中专业媒体包括中国孕育网、国际儿童用品网、中国早教网、中国童装网、《妈咪宝贝》杂志社、《母婴世界》杂志社、搜狐网孕婴频道等，大众媒体包括《广州日报》、《羊城晚报》、《羊城地铁报》、广州电视台、广东电台等。

除了在展前对媒体进行专门的邀请，定期向其发布展会工作通讯、新闻通稿外，组展方还将在展会期间，在展会现场设置专门的记者站，以便媒体开展各类采访和稿件整理工作。

组展方还需要在展会期间以及展后向媒体即时反映展会信息、大会数据，及时检查展会信息的刊登情况，并将相应情况进行搜集、整理，向参展商反馈。

二、参展商管理

展会结束后，对参展商、参展观众、支持媒体等寄送感谢信。在一周内与客户进行沟通，并且每过两三个月联系一次。在每次新品发布会、招商会或订货会前夕，与这些客户进行联络，使其成为下一个客户。当前往这些客户所在地出差时，我们应与之联系、当面拜访一下，使其成为长久客户。

此外，在展会现场或展后组织拓展人员对意向客户进行跟进和访问，尽力促成合作；保存好到访但意向不强的客户资料，保持定期联系，不断维持和更新客户对品牌的了解，不断提高客户对品牌的信心。

三、服务方管理

展会结束后，根据参展商及观众满意度调查问卷结果，与服务方进行联系，反馈展会现场服务效果，提出改善意见和建议。并根据下一届展会需求，物色相关服务方，进行招标、洽谈等工作。

资料来源：黄诗卉，刘天赐，王美萍，李尚金.《2012年广州（国际）孕婴童用品·服务博览会展会立项策划书》（2009级会展策划大赛优秀团队策划方案），2010.

思考与展望

在展会品牌越来越受到各方重视的今天，客户关系管理是一个展会项目与其他竞争展会实现差异化发展的重要资本。

本章主要介绍了会展客户关系管理的基本知识，同时从参展商、观众、主场承建商、物流代理商以及其他重要的展会参与方的角度讲述客户关系管理的方法。

会展策划人员需要强化"利益一体化"的概念，客户关系管理的对象不仅局限于参展商和观众的关系管理，客户关系的建立和维护亦不单局限于展会现场面对面的客户服务，更应从筹展、布展、展会现场以及展后反馈等各个环节中得以表现。组展方在进行展会策划时，应该考虑客户关系管理的相关原则和措施，注意其周期性和循环性，进一步增强展会品牌影响力和提高客户满意度。

第十二章 会展评估及展后服务

展会评估是对一个展会价值的评定和反馈，既总结当前展会情况，又为下一届展会的举办提供信息积累和经验借鉴。客观科学的展会评估可促进展会不断进步，是培养品牌展会的必经之路。因此，展会评估是展会运营的重要环节，不可或缺。

本章首先对展会评估进行简要概述，介绍展会评估的内容、方法与过程，帮助会展策划人员制定科学、合理的展会评估策划。此外，组展方还应该对展会各个参与方进行跟踪回访，对于在展会上收集到的各类信息进行及时的整理，注重客户关系的建立，并进行不定期的客户回馈活动，巩固客户关系，为下一届展会做好客户积累（见图12-1）。

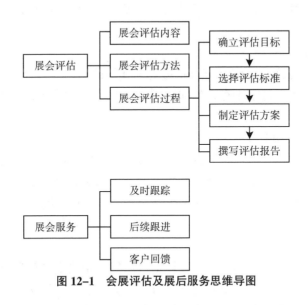

图 12-1　会展评估及展后服务思维导图

第一节 会展评估概述

陈泽炎（2007）认为，会展评估就是对一个展会项目的运营状态、实施效果和各利益相关方反馈等情况进行调查、取证、分析和评价，各展会项目之间或者同一题目的各届展会活动之间能够进行客观的比较和科学的评论。

本书认为，会展评估就是特定主体（展会组展方、主管部门或第三方认证机构）以特定目的为出发点，综合运用各种科学合理的技术方法，对展会活动的举办目的、办展环境、项目组织的工作效率与质量、经济效益、社会效益等方面进行系统科学、客观真实、深入有效的考核和评价，并评定其价值和效果，做出公正权威的说明和反馈的综合性过程。

一、会展评估的意义

会展评估是对主办单位、参展商和展会主管部门负责的执行性活动，是展会运营管理中的重要环节（许传宏，2008）。如今，会展评估在世界会展经济发达国家中已得到高度重视，发展得相对成熟。客观、科学的会展评估对展会的发展和提升具有重要意义：

1. 对展会组展方

对展会组展方而言，组展方可根据每次评估的结论和建议，发现展会策划、组织、管理、服务等环节中存在的问题或突出矛盾，及时调整项目发展方向，提升展会质量。

2. 对展会利益相关方

对于展会利益相关方而言，真实、可靠的评估数据可以反映展会规模、发展程度和品牌价值，能够引导展会利益相关方产生相应的价值期望。另外，展后评估报告还可以帮助参展商分析市场发育状况和自身参展情况，总结参展经验和教训，进一步提高参展效益。

3. 对会展行业主管部门

对会展行业主管部门而言，展会评估可以帮助相关主管部门评价展会项目的可持续性和品牌价值，以便更好地扶持重点展会，取缔劣质展会，进一步改善我国会展业粗放型发展现状，引导会展产业向品牌化发展。

4. 对展会主办地

展会对举办地具有很强的辐射带动作用，展会评估结果可以有效反映展会的政治、经济、文化价值，成为当地产业转型升级的重要参考指标。

二、会展评估的特点

1. 客观真实性

展会评估是以展会活动的真实情况和实际数据为基础进行的评定；评估过程需要大量的定性和定量分析，较好地规避主观影响，具有客观真实性。

2. 科学性

展会评估需要由特定的、专门从事会展评估的高层次人才或从事会展评估理论研究的专家使用一系列科学、合理的方法进行评估，评估方法包括调查法、分析法、数理统计等。

3. 系统全面性

展会评估是一个完整的数量体系，各项评估指标之间必须存在整体联系。展会评估结果必须涵盖展会举办目的、展会背景、项目实施效果与质量、经济效益和社会效益等各个方面，并反映这些方面之间的联系。

4. 公正权威性

为了保持评估数据的客观性和可信度，展会评估的主体必须是具有公信力和权威性的。在会展经济发达国家，会展评估一般由全国性统一、专门的第三方机构进行，如德国展会是由隶属于德国展览与博览会协会（AUMA）的展览会统计资料自愿审核协会（FKM）进行评估，其成员自觉遵守相关规定，接受展览会统计资料自愿审核协会的专门数据审计，保证数据能公开透明。

5. 针对性

一次展会评估是针对一个特定展会进行的，而且一次展会评估需要做出具有针对性的分类评估，即项目每一个方面要有一个专属于它的详细评估。

三、会展评估的对象

一个展会的成功举办，除了需要参展商和观众的积极参与外，还有赖于协助方、服务方和媒体等各个利益相关方对展会的支持和肯定。因此，展会评估对象不应只局限于参展商及观众，还需要包括众多利益相关方（见图12-2）。

1. 组展方

展会组展方与展会有直接利益关系，是展会经济收益的直接获得者。展会组展方作为展会的策划者、执行者和管理者，参与展会举办的每一个细节。组展方对展会的评估是一个自省的过程，组展方团队工作人员参与展会评估，一方面能够从微观层面了解展会在实际操作当中所遇到的问题与困难，及时提出改善意见或补救措施；另一方面还能够促进组展方团队成员对于展会品牌和办展理念的理

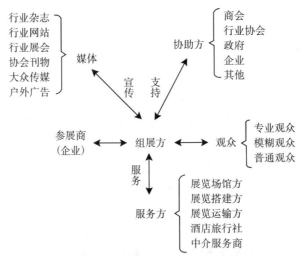

图12-2 展会客户关系管理相关利益方

解，提升整体办展水平。

2. 参展商

参展商是展会需求主体之一，是与组展方合作时间最长、关系最密切、也是最直接的参与者。参展商对展会的认知度和满意度往往直接影响展会的成功与否。组展方通过科学、深入的评估体系，可以了解参展商对展会策划、组织以及服务的满意程度。对于参展商反映的问题，组展方可及时提出改善方案，将该问题的不良影响降至最低。同时，通过参展商评估，组展方还能够及时挖掘市场新需求，发现新动向，为下一届展会的举办提供信息来源。

3. 观众

随着展会和市场格局的变化，展会观众的地位越来越重要。观众的参与度和现场氛围将直接影响参展商的参展效果，从而影响其对展会的评价。同时，观众群体在展会逗留时间相对较短，与组展方关系亦不如其他展会利益相关方密切。因此，组展方往往需要在展会现场对观众开展展会评估。如何在不影响观众的正常观展的前提下，在最短时间内物色有效的观众评估样本，获得真实、有效的评估数据，是组展方在进行观众评估时需要注意的问题。

4. 服务方

展会服务方包括展览场馆方、搭建方、运输方、旅行社、酒店、中介服务商等。参展商及观众往往将服务方的服务等同于组展方服务，从而影响其对组展方服务水平和质量的评价。因此，对服务方进行展会评估尤为重要。通过评估，可以从服务方角度了解展会服务过程中所存在的问题和缺陷，以进一步加强服务方与展会组展方之间的沟通与联系，填补由于两者沟通不足而造成的服务空白，进一步提升展会服务水平。

5. 协助方

对协助方进行展会评估，可帮助组展方"跳出"会展行业，站在更宽广的角度评估展会影响力。同时，向展会协助方开展评估工作，有利于巩固组展方与各个协助方之间的关系，优化展会宏观办展环境，为展会的成功举办奠定基础。

6. 媒体

媒体作为展会宣传的重要中介，对于及时报道展会进展和特别事件，提高展会的知名度有着举足轻重的作用。媒体是展会进行对外宣传的重要"喉舌"，媒体对于展会的态度和看法往往影响其报道展会的角度。因此，组展方需要在展前或展后进行媒体满意度评估，了解一线记者或采编人员对展会的真实看法，建立良好的媒体合作关系。

第二节 会展评估内容与方法

一、会展评估内容

会展评估的内容应紧密围绕展会利益相关方的利益和需求，尽量客观全面地反映展会的情况。展会评估一般包括以下内容：

1. 展会基本信息评估

展会基本信息包括展会发展历史和地位、主题、时间、地点、规模、办展频率等。

（1）展会发展历史和地位。展会发展历史和地位是指展览举办过的届数、历届参展商数量、在会展产业中的地位和声誉等。

（2）展会主题。展会主题是否明确、是否符合展览所处行业的特征、是否紧贴行业的脉搏或具有现实意义，能否为地方经济、社会文化服务。

（3）展会时间及办展频率。展会时间及办展频率包括展会日期、展会日程安排（筹、撤展及开展时间安排、展会活动时间安排等）、展会时间跨度以及办展频率是否合理等。

（4）展会地点。展会举办城市的展会需求情况、经济发展水平和可进入性以及会展场馆的规模、设施、设计等。

（5）展会规模。展会规模是指展会展览面积、参展商和观众数量等。

2. 展会效果评估

（1）展会目标效果。展会目标评估包括展会目标可达性，展会的情况是否达到目标以及与目标的差距。

（2）招商、招展工作效果。招商、招展工作效果包括展会前期招展、招商的工作开展情况，如招展及招商方案的科学性、人员分工和时间进度安排的合理性、工作效率、工作中出现的问题、最终招展招商效果、员工建议等。

（3）广告宣传和公关效果。广告宣传和公关效果包括展会从筹备到结束整个过程的广告投入与收益分析、发放纸质和电子资料的数量和涵盖范围、新闻媒体的关注度及报道效果以及广告和公关投入程度与展会形象、展会实际收益的关联程度等。

（4）展示效果。展示效果主要指展品品牌、展品质量、展品与展会主题是否契合、展品的运输与储存情况以及现场展会区域划分、展位搭建和形象设计效果及其对展会实际收益的影响程度等。

3. 展会价值评估

（1）展会主办方收益。展会主办方收益包括从项目启动到收尾过程的总成本（展会主办方运营和租借场馆过程中产生的支出费用）与总收入（向参展商收取的展位费和服务费等参展费、向观众收取的门票收入、广告收入等）、利润率、展会的品牌价值、展会知名度等。

（2）展会参展商。参展商评估主要评估参展商数量与质量，包括不同地域、不同类型参展商的组成结构；参展商对于展会各项服务（如展前展位搭建、展中餐饮、咨询、卫生）、展示设计的满意度以及参展商参展成本收益比、成交情况，并把这些数据与往届对比，得出差距，总结经验。

（3）展会观众。展会观众评估即调查和分析展会观众数量与质量；专业观众与普通观众比例；有效观众占比；观众对于展会各项服务（如展中餐饮、咨询、卫生）、展示设计、展品的满意度以及对展会的总体印象等。值得一提的是展览记忆率，它是反映参展效果的专业评估指数，与参展效果成正比。

（4）展会相关媒体及相关新闻报道。展会相关媒体包括行业杂志、行业网站、协会刊物、大众传媒、户外广告等，对媒体的评估包括媒体的权威性和知名度、媒体对展会服务和展示设计等方面的满意度与评价等。

新闻报道是对展会项目进行评估的一个重要方面。新闻媒体包括展会举办地新闻媒体、展会专业媒体和政府级媒体等。评估新闻报道主要从两方面着手，一是新闻报道的次数，这体现了展会的知名度和影响力以及在当地的受重视程度；二是新闻报道是正面的，还是负面的，这表现了新闻媒体对展会的态度和评价，从而反映展会效果。

（5）展会服务方收益。展会服务商包括展览场馆方、搭建方、运输方、旅行社、酒店、中介服务商等。展会服务商收益评估就是统计服务商因展会而创造的收入情况以及服务商的服务质量。

（6）展会协助方收益。展会协助方为展会的成功举办提供一系列资源支持和保障。展会协助方评估包括协助方为展会投入的资源与收益的相应比例以及协助方的参与对展会成功举办的贡献程度。

（7）展会成交评估。对于贸易性的展会而言，成交评估在展会评估中占据着举足轻重的地位。成交评估一般包括参展商是否达到销售目标和成交量，其中成交量又分为意向成交量、实际成交量、与新客户成交量、与老客户成交量、预计后续成交量，等等。这类评估只面向参展商，即展会需要向参展商收集成交数据。

（8）经济效益与社会效益。展会的经济效益是指展会创造的总成交额，包括主办方的利润率、在拉动内外需求方面的作用等。

社会效益主要指展会对举办地的交通、住宿、餐饮、广告、保险、旅游业的正面和负面作用以及展会为举办地环境、当地居民生活、政府等带来的效益或影响。

4. 展会管理评估

（1）展会现场工作。根据工作的类型，可以把展会现场工作分为展会现场服务和展会现场管理。展会现场服务包括中介服务商如翻译、礼仪接待、咨询、清洁、餐饮、安保等服务，还有主办方提供的投诉受理等服务。现场服务的调查对象主要是参展商、观众、新闻媒体等，可以通过问卷调查来获取评估数据。

展会现场管理包括组展方现场工作人员的分工和工作效率、展会紧急和突发情况处理、秩序维持等。此部分以主办方自评和第三方评估机构评估为主。

（2）展会后勤服务。展会后勤服务是指组展方提供的展场指南、食宿安排、交通服务、展会会刊等服务的实际效果和客户满意度。此类评估可通过针对客商的问卷调查来获取评估数据。

（3）调研评估。调研评估是指针对展会前期的各类立项调研结果和实际效果的鉴定和评价，包括立项调研结果是否准确反映了行业和市场需求及特征，是否明确展会发展和努力的方向、展前调研对展会成功举办的贡献率等。

（4）竞争评估。竞争评估是指与展会同级竞争对手相比，展会的各个方面的表现、与竞争对手的差距。这除了需要评估人员广泛搜集本届展会项目数据外，还需要广泛了解主要竞争对手的各类数据和评估报告。

展会全部评估指标体系，整理成表格，见表12-1。

表 12-1 展会评估指标体系

一级指标	二级指标	三级指标
展会评估指标		
展会基本信息评估	展会发展历史和地位	已举办届数、历届参展商数量、地位、声誉
	展会主题	主题是否明确、是否符合行业特征、是否紧贴行业脉搏、是否服务地方经济社会文化
	展会时间及办展频率	展会时间、日程安排、时间跨度、办展频率
	展会地点	展会举办城市和会展场馆的状况
	展会规模	展览面积、参展商数量、观众数量
展会效果	展会目标	展会目标可达性、展会是否达到目标、与目标的差距
	招商、招展工作效果	招商、招展方案的科学性、人员分工和时间进度安排的合理性、工作效率、工作中出现的问题、最终招展、招商效果、员工建议
	广告宣传和公关效果	广告投入与收益分析、发放资料的数量和涵盖范围、媒体的关注度和报道效果、广告和公关投入程度与展会形象、展会实际收益关联程度
	展示效果	展品品牌、展品质量、是否与展会主题相契合、展品运输与储存情况、展会区域划分、展位搭建、形象设计效果
展会价值	展会主办方收益	总成本、总收入、收益率、品牌价值、展会知名度
	展会参展商	参展商数量和质量
	展会观众	观众数量质量、专业观众与普通观众比例、观众满意度
	展会相关媒体及相关新闻报道	媒体的权威性和知名度、媒体对展会服务和展示设计等方面的满意度与评价
	展会服务方收益	服务商的服务质量、服务商因展会而创造的收入情况
	展会协助方收益	协助方投入资源和收益比例、协助方参与对展会成功举办的贡献程度
	展会成交评估	销售目标、成交量
	经济效益与社会效益	总成交额、主办方的利润率、对各行业、举办地环境、当地居民生活和政府等带来的效益或影响
展会管理	展会现场工作	展会现场服务、展会现场管理
	展会后勤服务	展场指南、食宿安排、交通服务、展会会刊等服务的实际实施效果和客户满意度
	调研评估	立项调研评估结果是否准确反映行业和市场需求及特征、是否明确展会发展和努力的方向等，展前调研对展会成功举办的贡献率
	竞争评估	与展会同级竞争对手对比展会各方面的表现、与竞争对手的差距

资料来源：王艳平. 关于展会评估指标体系的初探 [J]. 北方经贸，2010 (11).

二、会展评估方法

由于展会评估需要遵循客观、公正、权威、科学、系统等原则，所以一般综合使用定性分析和定量分析两种方式进行。

相比而言，定量分析更加科学客观，但需要专业的统计学知识，而定性分析主观色彩更强烈，在数据资料不充分或分析者统计学基础较为薄弱时比较适用。特别地，两种分析方法是相互联系的，都离不开比较和对照这一分析方法。现代定性分析方法同样要采用数学工具进行计算，而定量分析则必须建立在定性预测基础上，二者相辅相成，结合起来灵活运用才能取得最佳效果。

1. 定性分析类

定性分析主要以"质"的分析为主，亦称"非数量分析法"，是指主要依靠分析者的直觉、分析能力和丰富的实践经验，分析对象过去和现在的延续状况及最新的信息资料，通过分析、综合比较、抽象概括三个步骤，判断分析对象的性质、基本特征、发展规律和变化趋势，并以文字的形式进行描述的一种方法。

具体而言，定性分析的方法包括管理人员的判断、专家意见、销售人员的估计、顾客调查和市场测试、小组讨论、集合意见法、德尔菲法等。

（1）专家意见法。专家意见法是指展会组展方邀请会展学术研究领域的专家学者、会展行业资深人士、政府相关部门负责人、会展媒体知名人士对展会的各个方面提出意见。由于目前我国会展行业学术研究发展稍晚于行业实践，所以组展方在进行展会评估时，需要更加重视行业资深人士对展会的评价与建议。

（2）管理人员判断法。管理人员判断法是指组展方最高管理层对展会提出意见和建议，这种方法完全依赖于管理层队伍的实践经验、主观感受和分析才能。因此，这种方法在管理层决策正确率高、实践经验丰富、与员工和顾客密切联系的团队中使用效果较好。

（3）基层员工估计法。基层员工估计法是指组展方对展会中各种直接接触客户的员工进行意见调查。这类员工是包括提供 VIP、咨询、餐饮、投诉受理、客商联系等服务的基层员工。这部分员工一般最接近客户，其意见能够全面反映与客户关系建立与维护的全过程，是极具价值的展会信息来源。但由于工作人员在提供服务的过程中受影响因素较多，调研结果具有一定偏向性和主观性，所以在进行样本选取和结果分析时需要注意科学性。

2. 定量分析类

定量分析则是以"数量"形式表达研究对象的性质或关系，分析一个被研究对象所包含成分的数量关系或所具备性质间的数量关系；也可以从数量上对几个对象的某些性质、特征、相互关系进行分析比较，并以数字对分析结果加以描述，如数据、公式、图表等。如在满意度调查问卷中，利用 1~5 分分别表示"不满意、一般、基本满意、满意、很满意"表示受访者对展会不同项目的满意程度，就是问卷调查中把主观感觉量化的常用方法。

定量分析的常用方法包括实验法、观察法、访谈法、问卷法、描述法、预测法；基本分析方法有比率分析法、趋势分析法、结构分析法、相互对比法、数学模型法等。

（1）观察法。观察法是指展会评估人员根据特定的评估目的在展会前、中、后期对展会的某一特定方面进行实地考察。例如，调查人员在展会期间于办证中心进行工作质量调查，就需要现场观察办证工作人员的工作流程、分工、工作效率和紧急事件处理情况。需要注意的是，观察需要尽量细致，记录需要尽量量化和准确化，如将办证工作人员的工作效率量化为客户进入办证柜台到取得证件所需用时。此外，需要注意采集的样本量应具有一定规模，以提高评估结果的普遍性和真实性。

（2）访谈法。访谈法是指展会评估人员围绕某一评估目的采访特定目标人群，并对访谈结果进行记录和整理。如在进行办证中心工作质量调查时，评估人员除使用观察法外，还可以对办证工作人员以及办证中心负责人进行访谈，这往往能够获得更加深入、细致的调查信息。访谈法需要注意访谈对象的代表性和广泛性，如进行参展商访谈时，一般以企业代表或高层等具有决策权的人员为对象，使调查结果更能反映参展企业意愿。

（3）问卷法。问卷调查即展会评估人员向目标评估对象派发和收集问卷，并进行问卷结果统计分析的过程，是展会评估中较常见的调查方法。设计问卷时，要注意先设置客观问题，后设置主观问题，最后设置涉及个人隐私的问题。如对于办证速度问题的调查，在进行选项设置时应以"秒"、"分钟"等数量单位为标准，避免使用"快"、"慢"等主观色彩较浓的等级标准，以避免主观感知差异所导致的结果偏差。此外，在问卷设计过程中应尽量避免涉及个人隐私的问题，以减少受访者的反感情绪。

需要注意的是，样本中性别、年龄、职位等组成比例要恰当，并尽量提高问卷回收量，以提高调查结果的代表性和权威性。

在收集好调查数据后，还需要进行数据整理分析。常用方法包括：比率分析法、趋势分析法、结构分析法、相互对比法等。

1）比率分析法。比率分析法是对同一期财务报表上若干重要项目数据进行比率比较，从而分析和评价展会项目目前或历史状况的一种方法，是财务分析的基本方法。

2）趋势分析法。趋势分析法是指对某一展会项目连续几年的财务指标数据作纵向对比，观察其成长性。通过趋势分析，评估者可以了解展会项目在特定方面的发展变化趋势。

3）结构分析法。结构分析法是指通过对组展方财务指标中各分项目占总体项目中的比重或构成的分析，考量各分项目在总体项目中的地位及合理性。

4）相互对比法。相互对比法是指通过经济指标的相互比较来揭示经济指标之间的数量差异，既可以是本期同上期的纵向比较，也可以是同行业不同企业之间的横向比较，还可以与标准值进行比较。通过比较找出差距，进而分析形成差距的原因。

在展会评估中，针对不同的评估目标，需要使用不同的评估方法，甚至需要多种方法综合使用。每一种方法都需要定性和定量分析相结合，而且尽量使用数学方法和系统工程分析得出评估结果，以规避主观性，增强评估效果的客观性和科学性。

第三节　会展评估过程

展会评估贯穿于展会的前、中、后期，是一个连续的过程。具体而言，展会评估包括确立评估目标、选择评估标准、制定评估方案、实施评估方案、撰写评估报告等步骤。

一、确立评估目标

展会评估目标多样，但主要目标是评估展会的工作效率和办展效益。工作效率包括正常工作服务效率、处理紧急情况和突发事件的效率、组织内部协调效率等；效益主要指展会所带来的经济和社会文化效益。由于展会评估涉及项目与成果之间复杂的因果关系、反作用关系、直接与间接关联等关系，所以评估目标十分复杂，难以做到面面俱到。因此，组展方应根据展会主题、办展目的和展会实际情况确立评估的目标体系，并依据评估目标的主次、开始时间先后和持续时间合理安排评估顺序。

二、选择评估标准

展会效果的评估标准系统包括展会整体成效、宣传效果、交易成果、财务收益、社会效益等。展会评估标准的主次划分应该根据展会性质、定位、主题等确定。如消费类展会往往将观众规模、现场交易成果作为展会重要的评估指标。

而且，需要进一步规范评估标准。展会评估标准规范化是指评估标准必须明确具体、客观、协调统一，各项指标应具体明了、可操作性强且切合实际；同时，评估标准应可被量化，并且不同指标之间互不冲突，形成一个统一、完整的指标体系，以确保评估的科学性和完整性。

三、制定评估方案

评估方案是指根据展会效果的评估目标及标准，对评估目标、对象、内容、标准、方法、时间阶段和人员安排以及经费预算进行统一规定的评估预案。制定评估方案应包括以下内容：①明确评估目标、内容、对象、标准、方法、时间阶段和人员安排以及经费预算，明确各项必要措施和出台问题防范措施。②设计各种调查问卷及情况统计表，如参展商问卷调查表和展会举办情况记录表等。③根据评估对象，选取小样本进行小范围问卷试行，分析问卷结果，修改问卷。④对评估人员进行培训。

各组评估人员根据时间进度安排开展评估工作，通过特定的方法收集一手资料和信息，及时进行调查数据的汇总与整理，并由评估专家运用各种数学方法和模型对各类数据和信息进行分析。

四、撰写评估报告

首先分别对各板块内容进行评估，然后根据各个板块的评估结果对整个展会活动过程进行综合评价，最后撰写展会评估报告。报告内容一般包括评估项目概况、评估目标、评估对象、评估内容、评估标准、评估过程与方法、评估结果分析、评估结论与改进建议、评估漏洞和改进方案以及包含问卷和记录表等原件的附录等。

第四节　展后服务内容

展后服务属于展会项目的收尾工作，具有巩固客户展会认知、树立展会品牌形象、提升客户满意度、为下届展会预热等重要的作用。然而，目前我国会展行业中大多数组展方往往在每一次展会顺利闭幕之后，就立即投入下一届展会的筹备阶段，普遍忽视展会后续工作的重要性。

事实上，展会工作是长期的、周期性的，组展方与各个利益相关方的互动关系是长久的。展会现场短暂的面对面接触相当于"播种"，为组展方建立客户关系提供平台，而展后长久的跟踪交流和持续服务才是"耕耘"客户关系的重要过程。通过良好的沟通机制和完善的服务，可将新客户培养成为展会忠诚客户。后续工作应当作为展会日常工作的有机组成部分，融合在展前、展中和展后全过程。

一、及时跟踪

及时跟踪是指组展方根据客户在展会期间对展会服务的及时反馈进行信息汇总，从参展商、观众、协助方、服务方及媒体等不同利益相关方的角度了解展会具体需求，并在展后与其保持联系，跟踪企业的发展动态。具体工作包括：更新展会客户资料数据库、巩固现有的客户关系、向客户邮寄展会总结和致谢函等。

二、后续跟进

后续跟进是指对在展会上所收集到的信息进行高效的分类处理，并尽可能快速地与潜在目标顾客建立详细联系，以发掘潜在商机，落实商业合作。展会主办方可根据不同客户的实际情况，灵活综合地运用邮寄、传真、电话营销和上门拜访等方法联系客户。联系内容包括展会满意度调查、下届参展意向、改进意见等，以便顺利开展后续跟进和展后评估总结工作。此外，还需要不断接触潜在客户，发展与潜在客户的关系，开发新的商业合作。

三、客户回馈

本书认为，展后评估与总结过后，展会组展方应该持续向客户发布下一届展会的信息，包括下一届展会的创新与改善之处、新老客户优惠信息等，以维持展会在客户心中的深刻印象，保持展会认知度。

实务分析

首届广东（广州）高校设计交流展（CUDI）
展会评估计划

一、问卷调查

展会每天定量收集少量商家和专业观众的信息调查和服务质量满意度反馈情况。

首届广东（广州）高校设计交流展（CUDI）参展商调查问卷

为进一步提高广东（广州）高校设计交流展（CUDI）的综合水平，特印发此调查问卷，热切希望您能提出宝贵意见，我们将根据您的意见和建议，不断改进工作质量，为展会参展商和采购商提供更优质的服务，感谢您的支持和参与。

广州 IFCE 会展策划工作室

（1）您所属的高校是？_____

（2）您获取本次信息的渠道是？（　　）

A. 主办方的邮件或传真邀请　　　　　　B. 主办方的电话邀请

C. 本次展会的官方网站或其他网络宣传　　D. 协会或校方老师推荐

E. 其他媒体宣传（电视、报纸广告等）　　F. 同学或朋友

G. 其他_____

（3）您对本次展会宣传工作的评价是？（　　）

A. 非常好　　　　　B. 比较好　　　　　C. 一般　　　　　D. 比较差

E. 非常差

（4）您参展最主要的目的是？（　　）

A. 设计交流　　　　B. 增加实践经历　　　C. 寻求工作或实习机会

D. 其他_____

（5）您对展览现场各服务人员的综合评价是？（　　）

A. 非常好　　　　　B. 比较好　　　　　C. 一般　　　　　D. 比较差

E. 非常差

（6）您对展会现场卫生的评价是？（　　）

A. 非常好　　　　　B. 比较好　　　　　C. 一般　　　　　D. 比较差

E. 非常差

（7）您对展会周围交通条件及引导标志的评价是？（　　）

A. 非常好　　　　　B. 比较好　　　　　C. 一般　　　　　D. 比较差

E. 非常差

（8）您对本次展会的意见和建议是_____

_____

展位号：_____　　签名：_____

联系电话：_____　　日期：_____

首届广东（广州）高校设计交流展（CUDI）专业观众调查问卷

为进一步提高广东（广州）高校设计交流展（CUDI）的综合水平，特印发此调查问卷，热切希望您能提出宝贵意见，我们将根据您的意见和建议，不断改进工作质量，为展会参展商和采购商提供更优质的服务，感谢您的支持和参与。

广州 IFCE 会展策划工作室

（1）您来自的地区是？＿＿＿＿＿＿＿＿＿＿＿＿＿＿＿＿＿

（2）您获取本次信息的渠道是？（　　　）

A. 主办方的邮件或传真邀请　　　　　　　B. 主办方的电话邀请

C. 本次展览会的官方网站或其他网络宣传　　D. 协会或校方老师推荐

E. 其他媒体宣传（电视、报纸广告等）　　　F. 同学或朋友

G. 其他＿＿＿＿＿＿＿＿＿＿

（3）您对本次展会宣传工作的评价是？（　　　）

A. 非常好　　　　　　B. 比较好　　　　　　C. 一般　　　　　　D. 比较差

E. 非常差

（4）您前来观展最主要的目的是？（　　　）

A. 设计交流　　　　　B. 寻找用人单位　　　C. 其他＿＿＿＿＿＿＿＿

（5）您觉得参展商的数量和整体质量怎样？（　　　）

A. 非常好　　　　　　B. 比较好　　　　　　C. 一般　　　　　　D. 比较差

E. 非常差

（6）您对展会现场各服务人员的综合评价是？（　　　）

A. 非常好　　　　　　B. 比较好　　　　　　C. 一般　　　　　　D. 比较差

E. 非常差

（7）您对展会周围交通条件及引导标志的评价是？（　　　）

A. 非常好　　　　　　B. 比较好　　　　　　C. 一般　　　　　　D. 比较差

E. 非常差

（8）您对本次展会的意见和建议是＿＿＿＿＿＿＿＿＿＿＿＿＿＿＿＿

＿＿＿＿＿＿＿＿＿＿＿＿＿＿＿＿＿＿＿＿＿＿＿＿＿＿＿＿＿＿＿＿

展位号：＿＿＿＿＿＿＿＿＿＿　　　签名：＿＿＿＿＿＿＿＿＿＿＿

联系电话：＿＿＿＿＿＿＿＿＿　　　日期：＿＿＿＿＿＿＿＿＿＿＿

二、更新展会信息

统计观众人次；整理参展商、赞助商名录；建立与更新展会客户资料信息库；建立行业信息中心。

三、各项评估内容

1. 进行成交评估

统计采购商商品购买（第一届展会不收取任何中介费用）和用人合同签订项目。成交评估的内容有：①成交额。②成交笔数。③意向成交额。④预计后续成交额。⑤用人合同签订数量。⑥用人合同签订公司数量，等等。

2. 接待客户评估

（1）参观展会的观众数量。参观展会的观众数量，可以细分为接待参观者

数、现有客户数和潜在客户数。其中潜在客户数是重点。

（2）参观展会的观众质量。按照评估内容和标准分类统计观众的用人决定权、建议权、影响力、行业、区域等，然后根据统计情况将参观观众分为"极具价值"、"很有价值"、"一般价值"和"无价值"等情况。

（3）接待客户的成本效益。接待客户的成本效益计算方法是用展会总支出额除以所接待的客户数或者所建立的新客户关系数。

3. 调研评估

调研评估即通过展会对市场和产品有无新的了解和认识，有无更明确的发展和努力方向等来进行评估。

4. 竞争评估

竞争评估指对在展会工作方面和展会效果方面与竞争对手相比较的表现评估。

5. 宣传、公关评估

宣传、公关评估具体包括宣传公关有无效果，效率、效益多大，是否需要增加投入提高展出者形象以及形象对实际成交有多大关系等。展会评估是一个很复杂的体系，其中有些内容还具有一定的争议性，所以评估时应该根据实际情况审慎选择，谨慎操作。

6. 其他评估

对搭建设施、现场服务、后勤工作、项目预算、成交统计、边际效益（展会活动对城市经济的贡献率）等的评估报告。

四、召开总结大会

组织所有参加展会举办、筹备和管理人员进行开会总结，并要求每个工作人员会后就自己的发言写一份书面总结材料，本工作室再将会议记录和书面材料，整理成一份完整的总结报告。总结内容有：

- 对展会策划进行总结。
- 对展会筹备工作进行总结。
- 对展会招展工作进行总结。
- 对展会招商和宣传推广工作进行总结。
- 对展会服务进行总结。
- 对展会现场管理工作进行总结。
- 对展会的指定服务商进行评估。
- 对展会的时间管理办法进行总结。
- 对展会的客户关系管理措施进行总结。
- 对展会的各种相关活动进行评估。
- 财务总结。

五、实施评估方案

通过收集现成资料、安排记录、召集会议、组织座谈、利用调查问卷向参观者收集情况等方式收集各种信息。

整理收集的信息，处理分析数据。

六、撰写评估报告

根据不同阶段的效果测评，汇总分析，对整个展会活动过程的效果进行总体评价，写出评估报告。报告内容一般包括评估项目、评估目的、评估过程与方法、评估结果统计分析、评估结论与可行性建议及附录等。

七、准备下一届展会

准备下一届展会包含的工作内容：策划方案的制定，招商办法和招展方案的制定，宣传推广方案的策划，编印下届展会的招展书、观众邀请函，制定展区和展位划分办法，等等。

资料来源：陈浩然，代璐，段青，沈聪.《2015 年首届广东（广州）高校设计交流展（CUDI）策划书》(2012 级会展策划大赛优秀团队策划方案)，2013.

思考与展望

通过本章的学习，会展策划人员需要掌握会展评估基本方法，同时强化展后服务意识。对于展会组展方而言，展会闭幕式并非展会结束的标志，展后评估工作与服务是提高展会效益的大好时机。因此，展会组展方应该重视展会后续工作与服务，这样才能从时间上延长展会的效益，树立良好的品牌形象。

同时，由于会展行业中的成员具有较强的协同效应，所以可在组展方、参展商、观众、协助方、服务方和媒体的互动与协作下，搭建大会展平台。组展方进行展后评估和后续跟踪服务时，除了面向参展商和观众外，还应该关注其他利益相关方的需求，增强其归属感，建立更加稳固的合作关系。

参 考 文 献

［1］Donald Getz. Event Tourism: Definition, Evolution and Research ［J］. Tourism Management, 2008（29）.

［2］Geigenmüller A.The Role of Virtual Trade Fairs in Relationship Value Creation ［J］. Journal of Business & Industrial Marketing, 2010, 25（4）: 284-292.

［3］Getz D. Festivals. Special Events and Tourism ［M］. New York: Van No strand Reinhold, 1991.

［4］Joe Goldblatt. Special Events: Twenty-First Century Global Event Management ［M］. United State. Wiley & Sons, Incorporated, 2002.

［5］PMI. A Guide to the Project Management Body of Knowledge（PMBOK Guide）-Fourth Edition ［M］. Pennsylvania: Project Management Institute, Inc., 2008.

［6］Porter M. E. Competitive Strategy: Techniques for Analyzing Industries and competitors ［M］. New York: The Free Press, 1980.

［7］Stan Maklan Simon Knox. Competing on Value ［M］. Upper Saddle River, N. J.: Prentice Hall, 2000.

［8］Tomas A. Brunner, Michaela Wänke. The Reduced and Enhanced Impact of Shared Features on Individual Brand Evaluations［J］. Journal of Consumer Psychology, 2006, 4（16）: 101-111.

［9］Thomas T. Nagle, Reed K. Holden. The Strategy and Tactics of Pricing 3rd ed［M］. Upper Saddle River, N.J.: Prentice Hall, 2002.

［10］［美］阿尔文·托夫勒. 未来的冲击 ［M］. 蔡伸章译. 北京: 中信出版社, 2006.

［11］［美］艾·里斯, 杰克·特劳特. 定位 ［M］. 寿雯译. 北京: 机械工业出版社, 2013.

［12］［美］菲利普·科特勒等. 市场营销原理（亚洲版·第二版）［M］. 何志毅等译. 北京: 机械工业出版社, 2011.

[13] [美] 菲利普·科特勒, 凯文·莱恩·凯勒.营销管理 (第14版) [M]. 北京: 中国人民大学出版社, 2012.

[14] [美] 威尔伯·施拉姆, 威廉·波特. 传播学概论 [M]. 北京: 新华出版社, 1984.

[15] [美] 小伦纳德·霍伊尔. 会展与节事营销 [M]. 北京: 电子工业出版社, 2003.

[16] [美] 约瑟夫·派恩, 詹姆斯·吉尔摩. 体验经济 [M]. 北京: 机械工业出版社, 2002.

[17] 陈劲, 王鹏飞.管理学的新体系 [J].管理学报, 2010 (11).

[18] 陈威如, 余卓轩.平台战略 [M].北京: 中信出版社, 2013 (1).

[19] 陈行.基于消费需求的体验营销之探析 [D]. 合肥: 安徽大学硕士学位论文, 2006.

[20] 陈泽炎.关于会展项目评估的若干问题 [R].东莞: 中国会展经济研究会, 2007.

[21] 戴光全. 从TPC谈会展产品和管理的属性[J].中国会展, 2006 (21).

[22] 董珊珊.中国会展业的产业聚集和产业竞争力研究 [D].北京: 北京工业大学硕士学位论文, 2005.

[23] 傅婕芳. 大型会展场馆及其与周边配套设施空间关系研究 [D].上海: 上海师范大学硕士学位论文, 2007.

[24] 巩婷. 符号的力量——品牌命名元素之符号学分析 [D].青岛: 中国海洋大学硕士学位论文, 2013.

[25] 过聚荣. 会展导论 [M].上海: 上海交通大学出版社, 2006 (2).

[26] 何瑞群.整合营销传播视角下的展会推广策略研究——以广交会、上海世博会为例 [D].广州: 暨南大学硕士学位论文, 2012.

[27] 何荣勤.CRM原理、设计、实践 [M].北京: 电子工业出版社, 2003.

[28] 胡晓蕾.浅论中国会展场馆管理模式的构建 [J].商场现代化, 2005 (30).

[29] 华谦生.会展策划与营销 [M].广州: 广东经济出版社, 2004 (4).

[30] 黄慧.整合营销传播背景下的会展策划 [J].媒体时代, 2010 (9).

[31] 黄威敏.体验经济视角下的广东会展传播策略创新 [D].广州: 华南理工大学硕士学位论文, 2011.

[32] 江金波.会展项目管理——理论、方法与实践 [M].北京: 清华大学出版社, 2014 (2).

[33] 李翔. 发展会展经济优势, 建设现代大型商品会展中心 [J].集团经济

研究，2006（3）.

[34] 林学强. 构筑产业链提升区域竞争力 [J]. 福建经济，2002（5）.

[35] 林元媛. 国内会展传播现状及其策略研究 [D]. 南昌：南昌大学硕士学位论文，2012.

[36] 刘大可. 会展经济学 [M]. 北京：中国商务出版社，2004（8）.

[37] 刘大可. 会展营销教程 [M]. 北京：高等教育出版社，2006（11）.

[38] 刘大可. 展览会组织与经营 [M]. 北京：中国人民大学出版社，2012（9）.

[39] 刘大可，张丛. 2012 年京、沪、穗展览市场对比分析 [M]. 北京：社会科学文献出版社，2013（9）.

[40] 刘嘉龙. 会展活动策划整合理论研究 [J]. 中国城市经济，2011（29）.

[41] 刘雅祺. 会展策划的借势、融势与造势 [J]. 中国会展，2008（7）.

[42] 卢泰宏，谢飙. 品牌延伸的评估模型 [J]. 中山大学学报（社会科学版），1997（6）.

[43] 卢晓. 节事活动策划与管理 [M]. 上海：上海人民出版社，2009（11）.

[44] 罗秋菊. 专业观众展览会参观动机研究——来自东莞的证据 [J]. 暨南学报（哲学社会科学版），2008（2）.

[45] 罗秋菊，保继刚. 参展商参展目的、绩效评估及其相关关系研究——以东莞展览会为例 [J]. 旅游科学，2007（5）.

[46] 马勇，陈慧英. 会展项目质量评价综合指标体系研究 [J]. 商业研究，2013（5）.

[47] 倪亚磊. MERIT 五核分析法在展会策划中的研究 [D]. 济南：齐鲁工业大学硕士学位论文，2013.

[48] 庞守林. 品牌管理 [M]. 北京：清华大学出版社，2011（1）.

[49] 仇其能. 中国会展产业链及运作模式研究 [D]. 上海：上海社会科学院硕士学位论文，2006.

[50] 苏东水. 产业经济学 [M]. 北京：高等教育出版社，2010（8）.

[51] 王春雷，诸大建. 中美会展产业发展系统比较研究——兼论美国会展产业发展对中国的启示 [J]. 世界地理研究，2006（6）.

[52] 王慧敏. 旅游产业的新发展观：5C 模式 [J]. 中国工业经济，2007（6）.

[53] 王立群. 现代企业客户关系管理研究 [D]. 北京：首都经济贸易大学硕士学位论文，2004.

[54] 王起静. 会展产业的本质及发展模式研究 [J]. 北京第二外国语学院学报，2013（9）.

［55］王艳平. 关于展会评估指标体系的初探［J］. 北方经贸，2010（11）.

［56］王莹. 项目管理理论综述及其前沿问题探讨［A］. 2010 年中国通信学术会议论文库［C］. 广西南宁，2010.

［57］王玉，南洋，许俊斌. 国内外管理学研究热点和发展趋势的比较分析：2001~2009［J］. 经济管理，2010（8）.

［58］王壮飞. 会展产业与展会项目管理［J］. 科技创新导报，2011（25）.

［59］韦福祥. 品牌国际化：模式选择与度量［J］. 天津商学院学报，2001（1）.

［60］武邦涛，柯树人. 会展项目管理［M］. 北京：北京大学出版社，2010（3）.

［61］吴善群. 中国会展市场营销初探［J］. 龙岩学院学报，2011（1）.

［62］吴彦艳. 产业链的构建整合及升级研究［D］. 天津：天津大学博士学位论文，2009.

［63］邢振超. 基于利益相关者的我国会展营销体系研究［D］. 哈尔滨：哈尔滨工业大学硕士学位论文，2006.

［64］许传宏. 论会展评估的 5W 问题［J］. 中国会展，2008（17）.

［65］徐坡. 城市会展产业综合效应分析及其评价研究——以西安为例［D］. 西安：西北大学硕士学位论文，2012.

［66］杨治. 产业经济学导论［M］. 北京：中国人民出版社，1985（1）.

［67］杨志慧. 公共关系视野下的会展品牌研究［D］. 长沙：湖南师范大学硕士学位论文，2006.

［68］庾为. 我国会展企业实施客户关系管理问题研究［J］. 北京联合大学学报（人文社会科学版），2008（4）.

［69］余向平. 会展产业链的结构及其产业延展效应［J］. 商业研究，2008（8）.

［70］郁义鸿. 产业链类型与产业链效率基准［J］. 中国工业经济，2005（10）.

［71］赵秀丽，纪红丽. 产业经济理论的回顾与发展——基于网络的视角［J］. 税务与经济，2011（2）.

［72］张会恒. 论产业生命周期理论［J］. 财贸研究，2004（6）.

［73］张前.“滴灌”营销：展览营销的新方向［J］. 中国会展，2009（19）.

［74］周朝琦，侯文. 品牌经营［M］. 北京：经济管理出版社，2002（1）.

［75］周三多，陈传明，鲁明泓. 管理学——原理与方法（第五版）［M］. 上海：复旦大学出版社，2009（6）.

［76］诸强华. 工业品销售，从客户关系切入［DB/OL］. http://blog.sina.com.cn/s/blog_62f72fa101019mvu.html.

［77］第 81 届中国电子展回顾 ［DB/OL］. http：//shenzhen.icef.com.cn/Show-info.aspx？listId=2435&listChiId=2998.

［78］广州国际设计周官方网站 ［DB/OL］. http：//www.gzdesignweek.com.

后 记

本人作为从事会展和旅游研究的教育工作者，深刻感受到社会以及高等院校对于会展业发展的经验总结和理论体系搭建需求的迫切性。本书是在本人主持数项策划规划实践和十余年教学实践经验基础上总结的一套相对完善的会展策划理论体系，并撰写成书。

本书编写过程中，多届会展专业的同学参与了资料收集和整理工作，教学相长，不断提升。其中特别感谢2009级会展专业黄诗卉同学，她承担了本书框架探讨和编辑工作，并负责若干案例收集；感谢2011级会展专业成睿同学，2012级会展专业程潇潇、宋金鑫、涂秋实、乔娜、黄舒琦同学，2013级会展专业尚希磊、黎倩华、赖依聪、夏玉婷、陈鼎等同学对本书的资料收集贡献。

特别感谢经济管理出版社王光艳女士提出的宝贵建议和支持，感谢经济管理出版社有关编辑的大力支持，使本书得以顺利出版。

吴志才

2015 年 7 月于广州